融合·创新·引领
促进信息消费升级

中国信息通信研究院◎主编

人民邮电出版社
北京

图书在版编目（CIP）数据

融合·创新·引领：促进信息消费升级 / 中国信息通信研究院主编. -- 北京：人民邮电出版社，2019.7
ISBN 978-7-115-51222-2

Ⅰ. ①融… Ⅱ. ①中… Ⅲ. ①信息消费—研究—中国 Ⅳ. ①F126.1

中国版本图书馆CIP数据核字(2019)第088116号

内 容 提 要

为全面学习、贯彻党的十九大精神，深入落实国家一系列部署，宣传、推广信息消费成果和应用，工业和信息化部信息化和软件服务业司支持中国信息通信研究院组织编写了本书，从信息消费发展总体态势、国家政策指引、地方实践经验和企业创新案例四个方面，对信息消费进行了系统性梳理和深度阐述。本书旨在分享成功经验，指导工作实践，为政府、企业、高校、科研单位等社会各界理解信息消费内涵，进一步加快推进信息消费扩大和升级提供重要参考。

◆ 主　　编　中国信息通信研究院
　责任编辑　赵　娟
　责任印制　彭志环

◆ 人民邮电出版社出版发行　　北京市丰台区成寿寺路 11 号
　邮编　100164　　电子邮件　315@ptpress.com.cn
　网址　http://www.ptpress.com.cn
　三河市中晟雅豪印务有限公司印刷

◆ 开本：700×1000　1/16
　印张：16　　　　　　　　2019 年 7 月第 1 版
　字数：287 千字　　　　　2019 年 7 月河北第 1 次印刷

定价：68.00 元

读者服务热线：(010)81055493　印装质量热线：(010)81055316
反盗版热线：(010)81055315

融合·创新·引领：促进信息消费升级

编　写　组

组　长：刘　多

副组长：何桂立　胡坚波　辛勇飞　徐志发

成　员：何　伟　张　丽　唐　炜　王　锐　王秋野
刘一鹏　苏　乐　韦柳融　左铠瑞　曹　英
杜　娟　孙　鑫　屠晓杰　尹昊智　郑安琪
张雅琪　裴　艳　齐　荣　赵　勇　周　倩

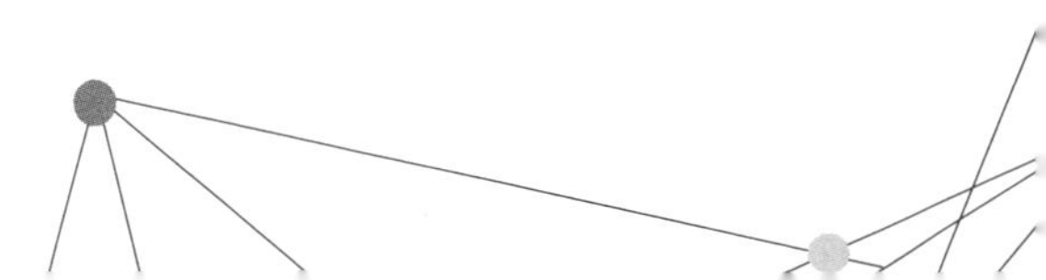

前 言

当前，中国特色社会主义进入新时代，我国经济已由高速增长阶段转向高质量发展阶段。伴随着居民收入水平不断提高和消费结构的深刻变革，我国消费需求总量快速提升，结构不断迈向高端，对经济发展的基础性作用日益凸显。在拉动经济增长的“三驾马车”中，最终消费贡献日益突出，2018 年最终消费支出对经济增长的贡献率达 76.2%，高于资本形成总额 43.8 个百分点，已成为拉动我国经济增长的第一引擎。消费提质升级趋势加快，居民消费需求加速从“有没有”向“好不好”升级，从实物消费向实物与服务消费并重转变，旅游、文化、体育等服务消费规模迅速扩大，品质消费、信息消费、绿色消费等方向成为新的热点。信息消费作为新兴的消费领域，是消费的重要组成部分，也是创新最活跃、增长最迅速、辐射最广泛的经济领域之一，对拉动内需、改善民生和引领产业升级发挥着重要作用。

党中央、国务院高度重视扩大和升级信息消费工作。2013 年 7 月，国务院印发了《国务院关于促进信息消费扩大内需的若干意见》（国发〔2013〕32 号），对加快推动信息消费持续增长做出了重要部署。此后，信息消费连续四年被写入《政府工作报告》。2017 年 5 月，国务院常务会部署扩大和升级信息消费，释放内需潜力，培育发展新动能。8 月，国务院发布《进一步扩大和升级信息消费 持续释放内需潜力的指导意见》（国发〔2017〕40 号文）（以下简称《指导意见》），部署进一步扩大和升级信息消费，提出了未来一段时期信息消费发展的重点领域和具有针对性的政策措施。2018 年 8 月，为贯彻落实《指导意见》相关工作部署，工业和信息化部联合国家发展改革委印发了《扩大和升级信息消费三年行动计划（2018-

2020年)》，文件的出台对于推动我国信息消费纵深发展，持续释放内需潜力，促进经济社会更高质量、更可持续的健康发展具有重要意义。

为全面学习贯彻党的十九大精神，深入落实国家系列部署，宣传推广信息消费成果和应用，工业和信息化部信息化和服务业司支持中国信息通信研究院组织编制了《融合·创新·引领 ：促进信息消费升级》一书，从信息消费发展总体态势、国家政策指引、地方实践经验和企业创新案例四个方面，对信息消费进行了系统性梳理和深度阐述。本书旨在分享成功经验，指导工作实践，为政府、企业、高校、科研单位等社会各界理解信息消费内涵，进一步加快推进信息消费扩大和升级提供重要参考。

信息消费对做大做强数字经济，打造经济转型升级新动能意义重大。我们将继续加强对信息消费发展趋势的研判和认知，坚持理论实践相结合，开展前瞻性研究和探索。也希望社会各界共同努力，将扩大和升级信息消费进一步推向深入，为深化供给侧结构性改革、促进新旧动能接续转换、推动经济高质量发展注入新的动力，为加快推动“数字中国”建设、全面建成小康社会和实现中华民族伟大复兴的中国梦贡献更大力量！

编委会

2019年7月

目　　录

第一篇　总体态势篇

第二篇　政策指引篇

第三篇　地方实践篇

第四篇　企业案例篇

第一篇　总体态势篇

第一章　信息消费发展情况

一、信息消费的概念与作用

信息消费是指居民或政府为满足个人或公共需要在核算期内购买使用的信息产品和信息服务，可分为信息产品消费和信息服务消费。其中，信息产品包括智能手机、可穿戴设备、数字家庭等各类产品；信息服务包括通信服务、互联网信息服务、软件应用服务等。同时，通过互联网平台（电商、O2O等）、移动支付等手段，信息消费可以极大地带动其他领域的消费，促进网络购物、网上外卖、在线旅游、共享出行、在线教育、远程医疗等新兴消费蓬勃发展，打造数字经济新生态。

信息消费是消费的重要组成部分和驱动力量。我国已进入消费需求持续增长、消费结构加快升级、消费拉动经济作用明显增强的重要阶段。信息消费是密切融合物质产品与精神需要的一种消费行为，作为重要的新兴消费领域，未来发展蕴藏着巨大的增长潜力，对拉动内需、改善民生、促进就业和引领产业升级发挥着关键作用。信息消费对国民经济的贡献不仅局限于其作为社会消费品市场的组成部分，更为重要的是，信息通信技术产品与服务在国民经济各领域全面渗透、广泛应用，在工业、农业、服务业等领域不断融合创新，孕育和形成新的消费热点，开辟了更广阔的消费空间。

二、信息消费发展成效显著

信息消费规模快速增长。近年来，信息产品与信息服务在国民经济各领域的渗透和应用日益广泛，孕育形成了新的经济增长点，开辟了更为广阔的消费空间。图1-1所示的为2013—2017年我国信息消费规模增长态势。中国信息通信研究院统计测算，2018年上半年，信息消费规模达2.3万亿元，同比增长 15%，全年达 5 万亿元。

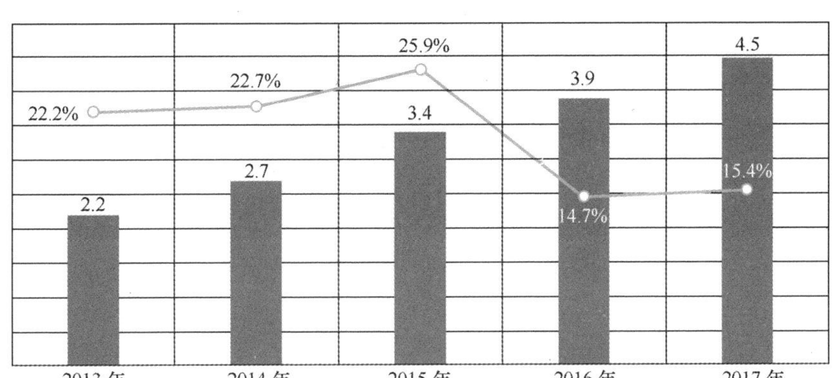

图1-1　2013—2017年中国信息消费规模

信息消费带动作用凸显。信息消费作为消费的重要组成部分，蕴藏着巨大的发展潜力和空间，成为扩大内需、推动经济增长的重要力量。据测算，2017 年信息消费对 GDP 增长贡献已经超过 0.4 个百分点。智能联网产品、在线教育、在线医疗、共享经济等新消费热点突破传统消费的增长瓶颈，有力推动着消费保持强劲的增长势头。相关数据显示，2017 年网络约租车用户约 2.9 亿，同比增长 27.5%；网络订外卖用户约 3.4 亿，年增长达 65%。2017 年，全国网上零售额 7.2 万亿元，同比增长 32.2%，其中实物商品网上零售额 5.5 万亿元，增长 28.0%，占社会消费品零售总额比重达到 15.0%，比 2016 年提高 2.4 个百分点。

第二章　信息消费发展新特征新趋势

近年来，我国信息基础设施加快演进升级，移动互联网、云计算、大数据、人工智能等新一代信息技术快速发展，互联网与经济社会各领域的融合更加深入，信息消费正从1.0阶段加速向2.0阶段跃迁，即从“信息的消费”转向“信息＋消费”，由线上为主的消费向线上线下融合的新消费形态转变，消费主体不断增加、边界逐渐拓展、模式深刻调整，带动其他领域的消费快速增长。信息消费呈现5个方面的显著变化。

一、消费主体由低渗透转向广普及

信息基础设施是信息消费供给的必要条件和重要载体，网络支撑能力、资费水平、普及程度等决定了信息消费的覆盖面。随着信息基础设施覆盖范围的扩大和支撑能力的升级，移动宽带在消费者中的普及率持续提升，信息消费群体大幅扩张，新兴主体快速崛起。

（一）消费者网络普及水平持续提升

提速降费扎实推进，促进信息消费主体快速扩张。在“宽带中国”专项行动、网络提速降费行动的持续推动下，我国网络支撑能力不断提升，资费水平稳步下降，促进网民规模持续扩大，为信息消费发展提供了庞大的用户基础。截至2018年上半年，我国固定宽带用户达3.8亿，家庭宽带普及率达82%，较5年前基本翻番。移动互联网用户发展迅猛，总数达13.4亿，人口普及率达96.6%，5年年均提高7个百分点左右，如图2-1所示。电信普遍服务的深入推进，填补了大量农村特别是行政村、自然村居民接入互联网的“空白”，农民通过固网或移动网络等多种方式实现上网，农村网民规模突破2亿。

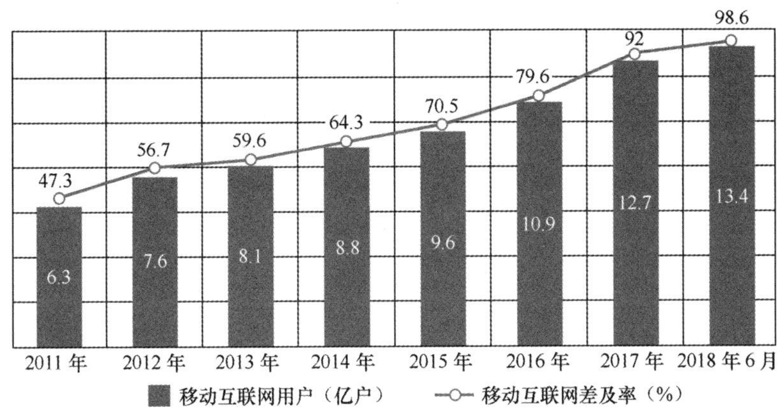

图2-1　2011—2018年中国移动互联网用户发展情况

数据来源：工业和信息化部

用户结构加速向高速化、移动化升级。我国已建成大容量、高速率、高可靠的信息通信网络，光纤宽带全球领先，4G 网络实现跨越式发展。截至 2018 年上半年，光纤宽带用户占比达 86.8%，位列全球第一。3G 和 4G 用户达 12.6 亿户，占移动电话用户总数的比重突破 80%；4G 用户规模迅速壮大，达 11.1 亿户，渗透率达 73.5%，如图 2-2 所示。

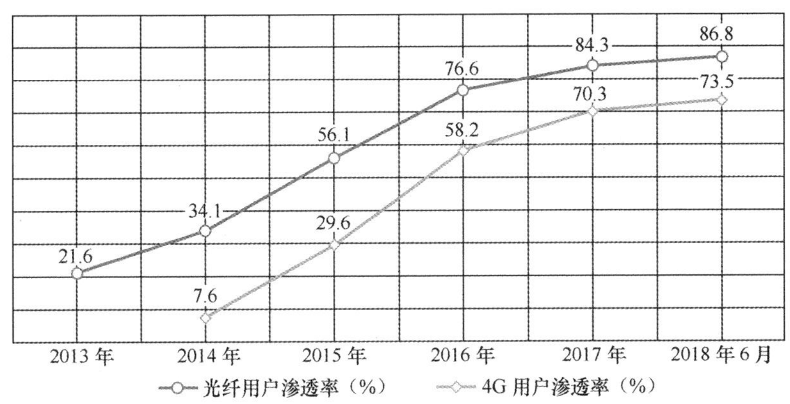

图2-2　2013—2018年中国光纤用户和4G用户渗透率发展情况

数据来源：工业和信息化部

（二）新兴消费主体快速崛起

网民以 10 ~ 39 岁群体为主，新生代消费群体壮大。10 ~ 39 岁年龄段的网民占比达到 73.1%，其中 20 ~ 29 岁网民占比最高，达到 30.0%；“80

后”“90后”在网络购物用户中占比超过65%，成为带动网络零售消费的主要力量。“拇指消费”渐成主流，带动信息消费向个性化、品质化方向升级。同时，随着互联网的日益普及、媒体宣传的扩大和信息技能的提升，互联网继续向低龄、中高龄两端渗透，10岁以下低龄群体和40岁以上中高龄群体的占比不断提升，合计达26.3%，较2013年年底提高3个百分点，如图2-3所示。

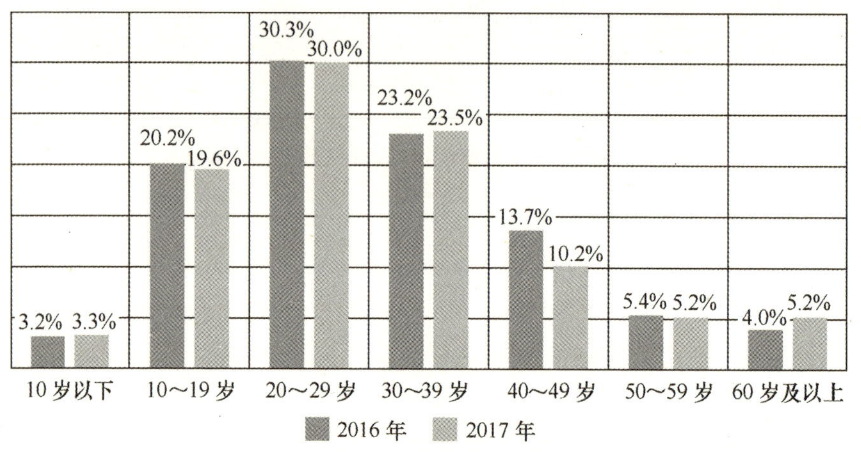

图2-3　2016—2017年中国网民年龄结构变化情况

数据来源：中国互联网络信息中心

二、消费对象由传统信息产品升级至新型联网硬件

近年来，随着互联网与消费领域的深度融合，新技术、新产品、新业态、新模式不断涌现，信息消费产品和信息服务的边界正在快速扩展。

（一）新型信息产品消费加快成长

在智能手机领域，信息产品加快向中高端迈进。2018年上半年，国内智能手机出货量累计1.85亿部，占手机出货量的94.6%，较2013年提高超20个百分点。在可穿戴设备领域，面向消费者运动、娱乐、社交、健康等需求的智能手表、智能手环、智能服饰、虚拟现实设备、智能诊断监护设备等穿戴产品日渐普及，如图2-4所示。IDC统计，2018年第二季度小米手机出货量达420万部，同比增长19.8%，市场份额为15.1%，排名全球第二，仅次于苹果手机。在智能家居领域，产业化应用快速发展，2017年各类智能家电产品占比进一步提升。相关研究报告显示，智能电视机市场渗透率达 85% 以上、智能冰箱市场渗透率为 13%。智能炒菜机、智能扫地机器人等智能小家电的创新层出不穷。

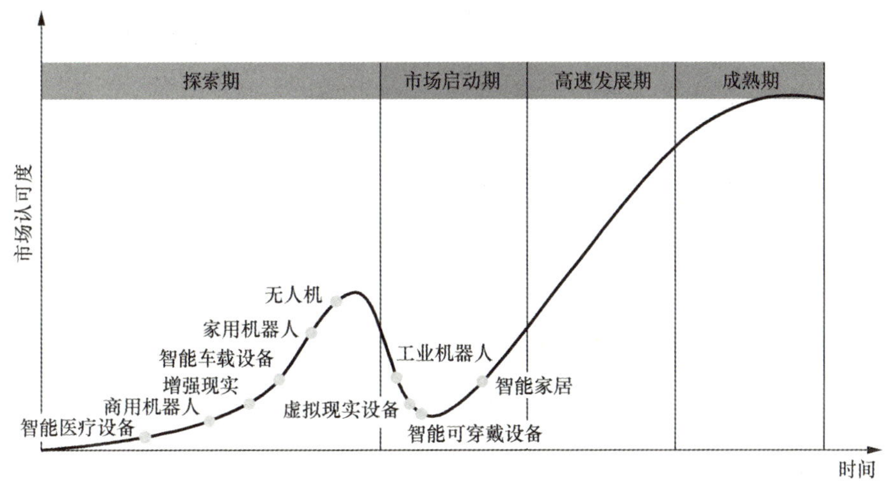

图2-4　智能硬件细分领域应用成熟度发展曲线

数据来源：Gartner

（二）智能硬件产品边界不断扩展

新一代智能硬件变革推动联网设备边界从 PC、手机、电视机等传统信息通信设备向汽车、医疗设备、机器人、无人机等物品广泛延伸，共享化、智能化和场景多元化趋势日益凸显，如图 2-5 所示。

2018 年，我国智能硬件全球市场占有率超过 30%，产业规模超过 5000 亿元。智能硬件大大提升了传统消费品的附加值，延伸上下游产业链，给信息消费创造了新的增长空间，为百姓带来智能便利的生活。在智能网联汽车领域，车联网成为共识，目前主要通过蜂窝通信技术实现，4G 蜂窝联网方式进入快速增长期。中国信息通信研究院统计，截至 2017 年 8 月，中国联通的车联网用户数突破 2000 万，中国电信的车联网用户数达 1106 万，中国移动的车联网用户数达 2700 万。4G 车载联网终端自 2016 年起开始迅速增长，从零增加至百余款用了一年多的时间，未来 3 年将继续保持快速发展势头。在消费级无人机领域，市场体量持续扩大。

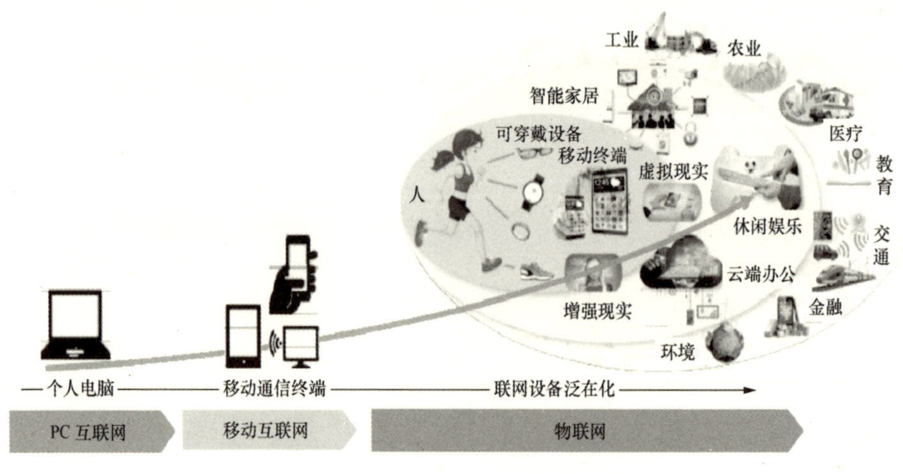

图2-5　智能联网边界的扩展情况

三、消费方式由线上线下分离转向线上线下结合

如今人们不再满足于线上获取信息，即时通信、搜索引擎、网络资讯等线上业务趋于饱和，网民使用率超过80%，增长率低于10%。线上线下融合业务创新活跃，服务内容日益丰富，服务对象不断拓展，服务质量显著提升，有效满足了居民多元化、多层次的消费需求，成为未来重要的新兴消费方向。

（一）线上线下结合服务模式提升生活便利性

网络零售持续多年高速发展，从“低价”到“正品低价”，再到“品牌低价”不断满足消费者增长的需求和欲望，从而刺激消费者加大网购比例，网购人群不断壮大。2018年上半年，我国网络零售额达4.08万亿元，同比增长30.1%；网络零售占社会消费品零售总额比重达22.7%，如图2-6所示。其中，农村地区保持加速增长态势，上半年农村网络零售额达6322.8亿元，同比增长34.4%，增速高于全国水平4.3个百分点，占全国网络零售额的15.5%。交通出行、上门服务、餐饮外卖等传统领域的互联网应用迅速崛起，截至2018年6月，网络约、租车用户规模达3.46亿，同比增长20.8%；网络订外卖用户规模达3.64亿，相比2017年年末增长6.0%。

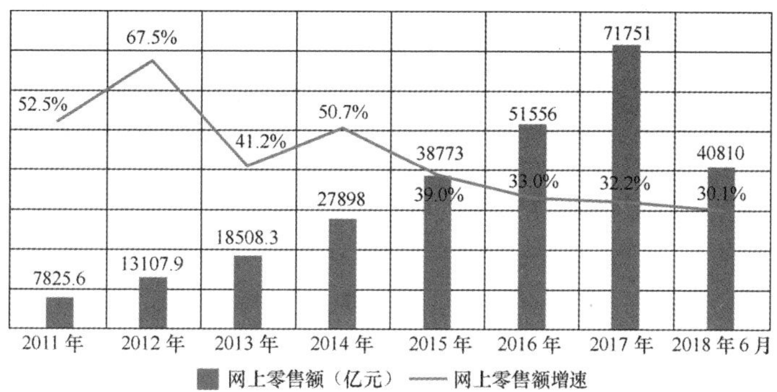

图2-6　2011—2018年中国网上零售规模及同比增速

数据来源：国家统计局

（二）在线教育、在线医疗、电子政务需求不断释放

截至 2018 年 6 月，在线教育用户规模达 1.72 亿，同比增长 10.7%；在线政府服务用户规模达 4.7 亿，占总体网民的 58.6%，其中，通过支付宝或微信城市服务平台获得政务服务的使用率为 42.1%，是网民使用最多的在线政务服务方式，其次为政府微信公众号、政府网站、政府微博、政府手机端应用等。在线医疗服务平台热度提升，吸引了大量资本涌入，互联网巨头纷纷布局在线医疗行业。例如，“百度医生”App 为用户提供了找医生、约医生、评医生的服务闭环，在线上提供预约挂号服务，在线下与 301 医院达成合作，建立医疗领域的 O2O 服务模式。2007—2018 年各类互联网政务用户使用率如图 2-7 所示。

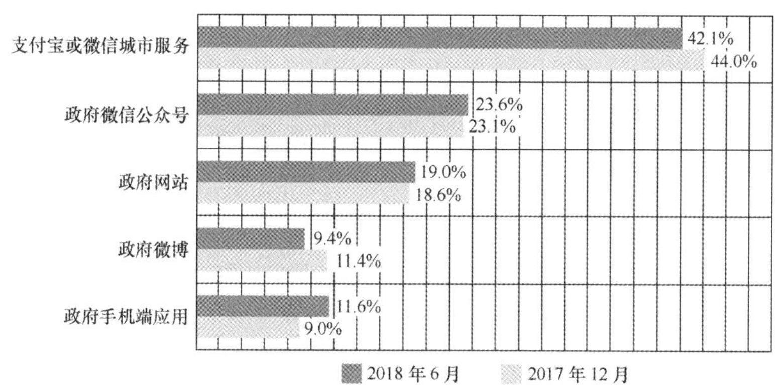

图2-7　2017—2018年各类互联网政务服务用户使用率

数据来源：中国互联网信息中心

四、消费场景由碎片式转向全覆盖

（一）移动支付快速普及，促进信息消费向各领域渗透

过去，人们主要依赖桌面互联网在某些领域、某些场景实现消费，如网络购物、在线游戏、音视频等，表现出零散、碎片化特征。如今，无处不在的移动宽带网络、智能终端的广泛普及和方便快捷的移动支付发展，使人们能够实现基于移动终端的全新领域和全新场景消费，形成围绕个人需求的完整的消费闭环。无论是在娱乐、旅游、教育、出行等衣食住行的各个领域，还是在街边、超市、菜市场、地铁、机场、景区等各种场景，随时随地都能看到支付宝、微信等移动支付手段的标识，"出门不带钱，一部手机走天下"成为信息消费 2.0 时代的典型特征。据统计，2017 年我国移动支付交易达 375.5 亿笔，金额达 202.9 万亿元，如图 2-8 所示。移动支付全面渗透老百姓的日常生活，商场、餐馆、街边小店都支持手机扫码支付，支付宝和微信支付正加速向日本、韩国等国家和中国香港、中国台湾等地区拓展。杭州成为全球移动支付典范城市，98% 的出租车支持移动支付，已有超过 95% 的超市便利店可以使用移动支付。

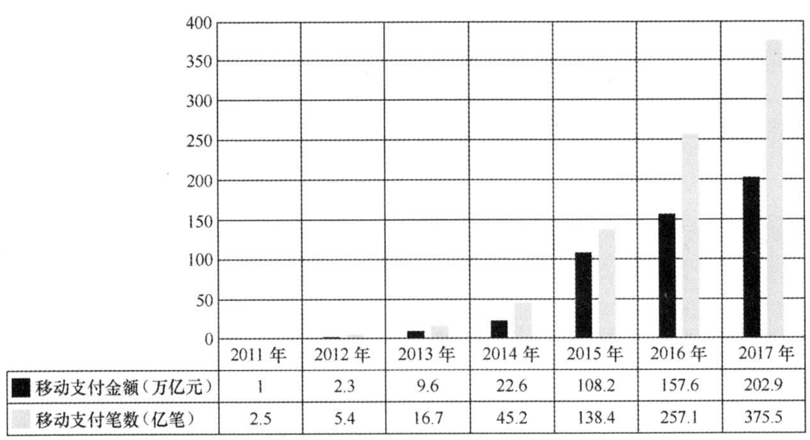

	2011 年	2012 年	2013 年	2014 年	2015 年	2016 年	2017 年
移动支付金额（万亿元）	1	2.3	9.6	22.6	108.2	157.6	202.9
移动支付笔数（亿笔）	2.5	5.4	16.7	45.2	138.4	257.1	375.5

图2-8　2011—2017年中国第三方移动支付规模发展情况

数据来源：中国人民银行

（二）新兴移动应用层出不穷，带动流量消费爆发式增长

信息消费全场景的使用，催生了直播、短视频、游戏、唱吧、电台、儿

童教育等海量的新兴移动应用，大大增强了用户黏性，提高了用户的上网时长，激发了数据流量消费的快速攀升，居民通信服务支出由传统语音业务向数据业务加速迁移。截至 2018 年 6 月底，每月每户移动数据流量突破 4GB，是 2013 年的 32 倍；数据流量消费占居民通信支出的比重由 2013 年的 30% 持续提升至 2017 年的 59.1%，如图 2-9 所示。

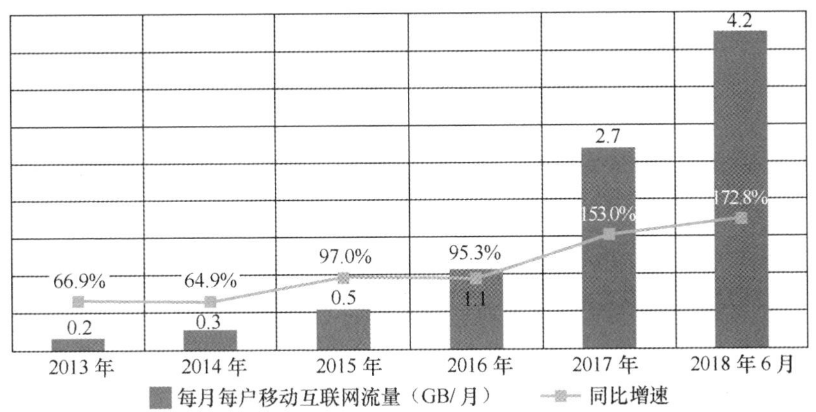

图2-9　2013—2018年居民通信支出结构变化情况

数据来源：工业和信息化部

五、消费理念由独占到共享、从免费到付费

（一）“共享”新消费观念被广泛接受

共享经济新业态在较好地解决广大民众需求的同时，也通过网络信息技术提高了产业附加值，为释放资源潜力、增强经济发展活力提供了有效手段。网约车、分时租赁等消费模式深入人心，新的业务形态快速兴起。据统计，2017 年中国共享经济市场交易额约为 4.9 万亿元，同比增长 47.2%，7 亿人参与共享经济活动，比 2016 年增加 1 亿人左右。其中，生活服务、生产能力、交通出行、知识技能、房屋住宿、医疗分享等重点领域的共享经济交易规模共计达到 2.1 万亿元，同比增长 66.8%，如图 2-10 所示。

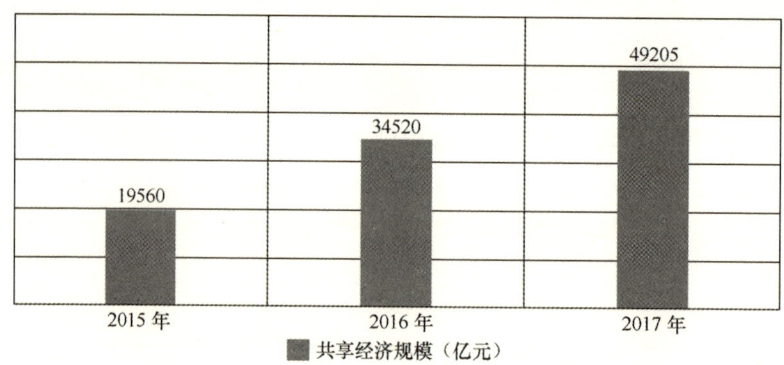

图2-10　2015—2017年中国共享经济市场规模发展情况

数据来源：国家信息中心

（二）用户付费习惯日渐成型

随着支付手段的成熟、版权内容的保护以及“80 后”“90 后”消费主力军对优质内容和个性化服务的追求，越来越多的消费者愿意为优质、个性的视频、音乐、游戏、教育等网络资源付费。以“为知识付费”为例，70% 的学习者为在线教育学习付费；再以网络视频为例，2017 年来自付费用户的收入占行业总收入的比重由 2013 年的 5.1% 提升至 25%，用户付费意愿显著增强，如图 2-11 所示。

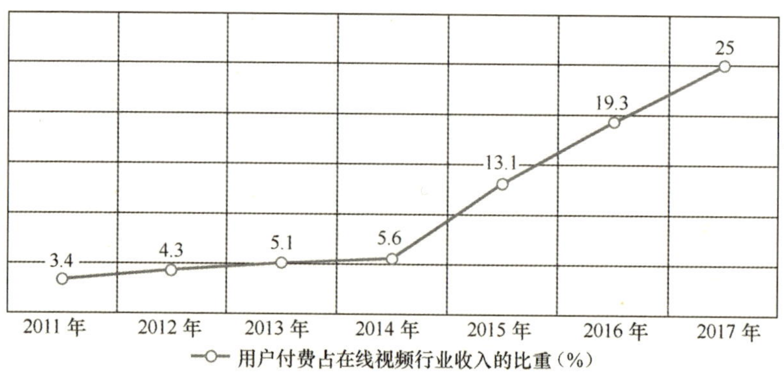

图2-11　2011—2017年中国用户付费占在线视频行业收入的比重变化情况

数据来源：艺恩《中国视频行业付费市场研究报告》

第三章　信息消费发展评价

为客观反映信息消费的发展水平和走势，中国信息通信研究院首次构建了信息消费发展指数（ICDI），对全国及各地区信息消费的发展水平进行量化监测。

一、信息消费发展指数构建方法

信息消费发展指数，基于经济学供需理论进行整体设计，是一个综合考虑需求、供给及环境 3 个方面的评价体系。

在指标选取方面，综合考虑可获取、可统计、可量化、可对比原则，数据来源选取权威机构官方数据或公开可获得的第三方组织，包括国家统计局、工业和信息化部、商务部、中国信息通信研究院等。信息消费发展指数包含 3 个一级指标，即消费需求活跃度、产业供给水平、基础支撑水平，并逐级细化为 10 个二级指标和 14 个三级指标。

消费需求活跃度子指数，是从消费主体角度进行监测，包括消费者购买力、消费者信息服务使用情况、信息消费规模等指标，直接或间接地反映居民信息消费能力。

产业供给水平子指数，是从消费对象和内容，即信息服务和产品提供水平进行监测，采用与信息消费密切相关的细分行业运行态势反映供给情况，包括通信服务、软件服务、融合服务以及电子制造产品的发展水平等指标。

基础支撑水平子指数，是重点关注信息消费全流程中的关键支撑能力，包括网络支撑能力、网络普及水平、消费者数字技能等其他关键支撑能力。

在评价方法方面，信息消费发展指数主要采用德尔菲法并参考 IDI 等国际指标通用实践，综合确定各级指标权重分配。为实现不同时期、不同地区的数据可比性，统一采用 2015 年上半年作为基期，以半年为周期进行测算。

信息消费发展指数评价体系见表 3-1。

表3-1 信息消费发展指数评价体系

一级指标	二级指标	三级指标	数据来源
A.消费需求活跃度	A1.消费者购买力	A11.居民可支配收入	国家统计局
	A2.信息服务使用情况	A21.人均快递业务量	商务部
		A22.人均移动互联网接入流量	工业和信息化部
	A3.信息消费规模	A31.人均信息消费规模	中国信息通信研究院
B.产业供给水平	B1.通信服务发展水平	B11.人均基础电信业收入	工业和信息化部
	B2.软件服务业发展水平	B21.人均软件与信息服务业收入	工业和信息化部
	B3.电子制造业发展水平	B31.人均电子制造业收入	工业和信息化部
	B4.融合服务发展水平	B41.网络零售交易额占社会消费品零售总额比重	商务部
		B42.人均增值电信企业数量	中国信息通信研究院
C.基础支撑水平	C1.网络支撑能力	C11.固定宽带网络平均下载速率	宽带发展联盟
		C12.4G网络平均可用下载速率	宽带发展联盟
	C2.网络普及水平	C21.每百人中固定宽带用户数	工业和信息化部
		C22.每百人中移动宽带用户数	工业和信息化部
	C3.消费者数字技能	C31.平均受教育年限	国家统计局

二、全国信息消费发展情况

近年来，我国信息消费蓬勃发展，信息领域新产品、新服务、新业态大量涌现，不断激发新的消费需求，信息消费已成为继住房、汽车之后的全新的消费热点与亮点。从信息消费发展指数监测结果来看，全国信息消费发展势头强劲，信息消费发展指数从 2015 年上半年的 0.58 快速增长到 2018 年上半年的 0.87，年均增速达到 14.3%，如图 3-1 所示。四年来，我国信息消费网络支撑能力显著增强，产品和服务供给水平持续提升，政策环境不断完善，支撑手段日益成熟，共同推动我国信息消费步入纵深发展新阶段。

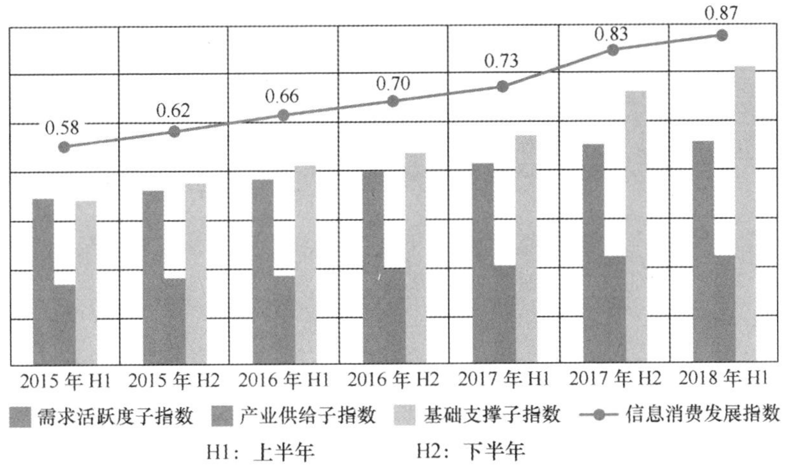

图3-1　全国信息消费发展指数变化情况

（一）信息消费需求日益旺盛

监测结果显示，信息消费需求活跃度子指数从 2015 年上半年的 0.69 快速增长到 2018 年上半年的 0.92，年均增速达 10%。从具体指标看，消费者购买力显著提升，人均可支配收入从 2015 年的 1 万元提升至 2018 年上半年的 14063 元，年均增速达 8.8%，为信息消费提供基础支撑。同时，消费结构升级势头明显，居民用于在线旅游、医疗健康、在线教育等个性化、高品质服务的消费支出快速增长。信息服务消费蓬勃发展，电子商务的飞速发展推动智慧物流步入快车道，2017 年，全国快递服务企业业务量累计完成 400.6 亿件，连续 4 年稳居世界第一。视频、游戏等高带宽应用日益丰富和普及，带动移动互联网接入流量爆发式增长。截至 2018 年 6 月底，我国移动互联网接入流量累计达 266.3 亿 GB，同比翻番，每月每户使用移动流量达 4.2GB。信息消费规模持续扩大，信息技术创新不断加快，信息领域新产品、新服务、新业态大量涌现，不断激发新的消费需求，2018 年上半年信息消费规模达 2.3 万亿元，同比增长 15%，是同期 GDP 增速的 2.2 倍。

（二）产业供给水平持续提升

监测结果显示，产业供给子指数从 2015 年上半年的 0.33 提升至 2018 年上半年的 0.44，年均增速达 10.2%，这主要得益于两个方面。一是 ICT 产业自身的不断壮大。随着产业结构持续优化、技术创新迭代升级和信息设施加速普及，行业收入规模稳步攀升。相比 2015 年上半年，人均基础电信业务收入由417.7元提升至483.4元，年均增速达5%；人均电子制造业收入由3710.7元提升至4870.9元，年均增速达9.5%；人均软件与信息服务业收入由1478元提升至2094.7元，年均增速达12.3%。二是融合创新服务的快速发展。互联网加速与传统领域渗透融合，以电子商务、共享经济、移动支付等为代表的融合业务飞速发展，带动互联网企业数量不断增加，成为推动信息消费蓬勃发展的重要动力。2018年上半年，网上零售额达4.08万亿元，同比增长30.1%，占社会消费品零售总额的比重达22.7%，3年提升11.3个百分点。互联网企业数量达5.4万家，是2015年年底的1.6倍。

（三）基础支撑能力显著增强

监测结果显示，信息消费基础支撑子指数从2015年的0.68加速提升至2018年上半年的1.22，年均增速达21.4%。驱动因素主要有以下3个。一是网络提速工作扎实推进。截至2018年二季度，我国固定宽带网络平均下载速率达21.3Mbit/s，是2015年二季度的3.5倍；4G网络平均下载速率达20.2Mbit/s，已进入全球较快国家行列。二是网络普及水平大幅提升。相比2015年上半年，我国固定宽带用户人口普及率由15.1%提升至27.2%，与发达国家平均水平的差距由14个百分点缩小至4个百分点左右；移动宽带用户人口普及率由49.3%提升至90.4%，与发达国家平均水平的差距由40个百分点缩小至6个百分点左右。三是随着城乡义务教育一体化发展、高中阶段教育加快普及和高等教育质量保障体系不断完善，我国居民平均受教育程度逐年提高，消费者数字技能得到全面提升，为信息消费的广泛普及提供了基础条件。

三、区域信息消费发展情况

由于居民消费水平、经济基础、资源禀赋等宏观环境的客观差异，以及各地区产业结构、信息服务和产品供给能力、信息化领域政策导向等产业发展环境的不同，各省市信息消费发展呈现以下特征。

信息消费发展水平在地区间呈现明显的阶梯分布，如图3-2所示。按照2018年上半年各省（自治区、直辖市）信息消费发展指数，可将全国各省划分为三个梯队[1]：第一梯队包括北京、上海、江苏、浙江、广东、天津，信息消费发展指数均在1.0以上；第二梯队包括福建、山东、内蒙古、重庆、湖北、

1 不包含西藏与港澳台（下同）。

辽宁、陕西、宁夏、四川、海南、新疆、吉林、河南，信息消费发展指数均在 0.7 以上；第三梯队包括广西、湖南、安徽、河北、青海、黑龙江、江西、贵州、山西、甘肃、云南，信息消费发展指数均在 0.7 以下。

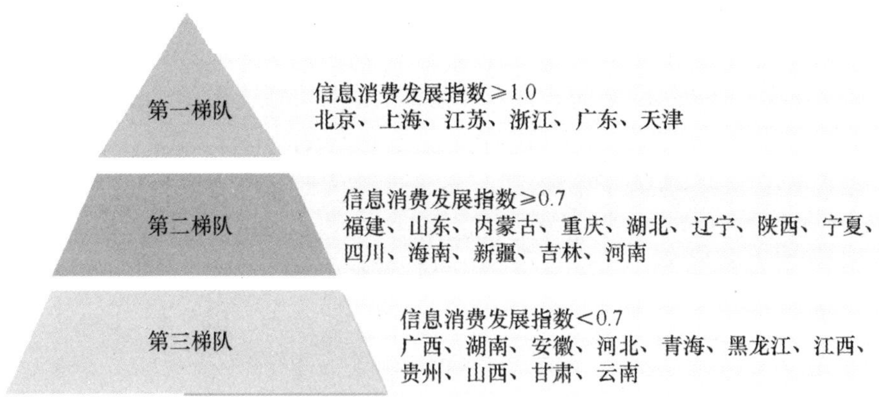

图3-2　2018年上半年各省信息消费发展梯队分布

信息消费发展水平在地域分布上呈现自东向西逐级递减的趋势。第一梯队主要集中在东部沿海地区，这些地区经济发展动力强劲，既是信息消费大省，也是信息通信技术产业大省，带动各领域信息化协同发展，新兴业态培育最为活跃。第二梯队主要集中在东部和中部，其中福建、山东、重庆等地在信息消费需求较为旺盛的同时，信息通信技术产业也具有一定规模，具有较大的发展潜力。第三梯队主要集中在中西部地区。从信息消费发展成熟度来看，东部地区信息消费市场存量和增速均相对领先，中西部地区进一步推动信息消费发展和提升的空间巨大。

各省信息消费发展水平与地区经济发展存在较高正相关性。从信息消费的影响力来看,各省份信息消费的繁荣程度与总体经济的繁荣程度密切相关。2018 年上半年信息消费发展指数前九名，也是同期全国人均 GDP 排名前九的省市。这个结果也说明，信息消费已广泛渗透到经济社会的各个领域，引领消费结构升级，对各地拉动内需、促进实体经济优化升级起到至关重要的带动作用。

信息消费发展梯队构成相对稳定,梯队内排名小幅波动。首先,从 2015—2017 年各省信息消费发展排名变化来看，不同梯队的省市构成变化不明显，梯队分布相对稳定。特别是第一梯队和第二梯队前列省市 3 年间持续巩固优势地位，所属梯队未发生变化。其次，排名变化主要集中在同一梯队内部。其中，第二梯队中后部及第三梯队的部分地区变化较为明显，如内蒙古、广西等，近年来通过不断加强基础设施建设、大力培育新兴产业，信息消费得到快速发展。

信息消费发展地区聚集效应显著，十强省市具备综合优势。2018 年上半年，信息消费发展指数排名前十名的为北京、上海、江苏、浙江、广东、天津、福建、山东、内蒙古、重庆，如图 3-3 所示。以上地区综合优势十分明显，信息消费普及水平较高，产业规模和创新实力快速提升，居民具备良好的信息素养和消费能力，地方政策能够充分发挥扶持作用。从评价结果来看，十强省市在信息消费需求活跃度、产业供给水平和基础支撑水平 3 个子指数上均取得较高得分，在一定程度上表明信息消费发展超前地区均在供需平衡基础上持续创新发展，不断向高水平供需平衡跃升。特别是北京、上海、江苏、浙江、广东五强优势最为突出，在新兴产业布局、技术研发投入、融合领域信息化发展方面成效显著，具有创新引领示范作用。

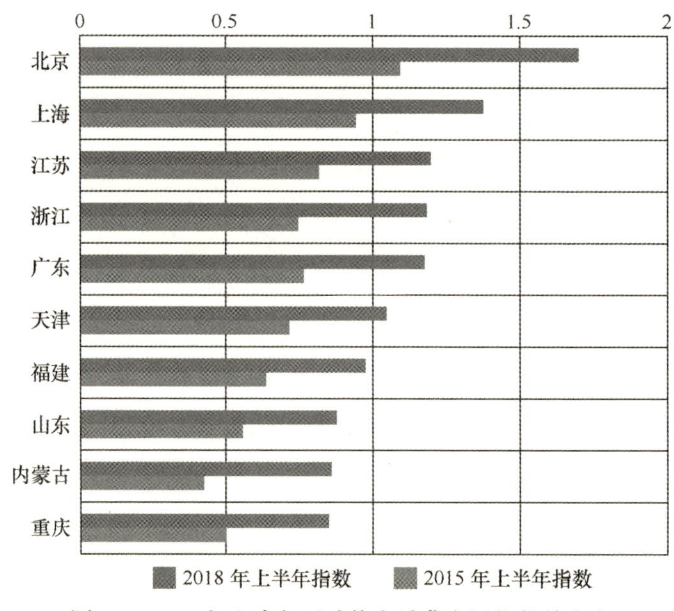

图3-3　2018年上半年区域信息消费发展指数前十名

特色地区信息消费跨越式发展，有望实现后发赶超。2015—2018 年，信息消费发展指数增幅最大的前十名地区为内蒙古、青海、甘肃、海南、宁夏、河南、广西、新疆、贵州、安徽。其中，贵州省高度重视新兴产业发展，围绕实施大数据战略行动建设国家大数据综合试验区，推动信息基础设施实现跨越式发展，促进大数据在各行各业不断深化应用，并涌现出智能电视机、3D 打印、无人机等一批智能终端产品，全省信息消费得到了快速发展。

同时，部分省市加强实践和探索，结合自身资源禀赋，积极引入新兴产业，以优势领域先行推动信息消费领域特色化发展，未来市场前景巨大。如安徽省积极发挥主体作用，不断推动科技创新，形成了以科大讯飞为代表的新兴产业集群，不仅带动了本地智能产业的蓬勃发展，更为全国信息消费升级提供了广阔空间。甘肃省持续加强网络支撑能力，网络普及水平显著提升，带动信息消费发展指数加速攀升。

第四章　信息消费发展形势与展望

当前，消费已成为中国经济稳定运行的“压舱石”，也是推动经济增长的“主力军”。2018 年上半年，最终消费对经济增长的贡献率高达 78.5%，比 2017 年同期提高了 14.2 个百分点，对经济发展的基础性作用进一步凸显。未来两年，随着个税改革提速、日用消费品进口关税大幅调降以及完善促进消费体制机制、扩大和升级信息消费等重磅利好政策密集出台实施，新的消费红利将加快释放。信息技术创新迭代与新型消费需求迸发形成叠加效应、聚合效应、倍增效应，加速激发市场活力，进一步释放消费潜力，引领经济迈向高质量发展新阶段。

一、政策深入推进营造新环境

围绕“互联网 +”“大众创业、万众创新”，国务院和有关部门已密集出台了一系列政策文件，随着相关政策的持续深入推进，将为行业持续健康发展营造出良好的政策环境。

一是细化落实信息消费政策，加快形成多方协同推进的局面。目前，工业和信息化部已形成并发布了关于扩大和升级信息消费的《重点任务分工方案》，近 20 个省市结合本地实际情况制定了推进信息消费扩大和升级的实施方案，其他一些地区也开始积极开展政策研究。随着地方工作方案和实施细则的持续细化落实，各级政府将调动多方资源，协调多方力量，推动扩大和升级信息消费取得实质性开展。此外，工业和信息化部将通过资金引导、政策配套，推动信息消费试点示范的创新发展，探索布局一批电子商务、智能物流、智慧家庭、公共服务信息化、数字文化等领域发展前景好、带动作用大、示范效应强的项目，加快推动信息消费新兴业态壮大发展。

二是积极开展信息消费技能培训和体验活动，持续扩大覆盖面和影响力。经过多年发展，我国数字教育水平不断提高，居民数字技能有了很大提升。

但是，我们也看到了仍然有一部分群体特别是中西部地区的农村居民、老年人，由于不懂电脑、互联网接入设备受限、互联网使用技能缺乏等，不能上网、不会上网，“信息文盲”占比较高。《指导意见》明确提出将开展消费者信息技能提升工程，各地紧密联合行业骨干企业，分片区、分步骤地面向重点人群推动开展信息技术培训，宣传引导并广泛普及信息应用、网络支付、风险甄别等相关知识，这些举措将大大提升消费者的信息技能，进一步扩大信息消费群体的覆盖面。同时，信息消费城市行、信息消费体验周、优秀案例示范等各种体验活动将深入推进，不断扩大信息消费的影响力。线上与线下体验中心和体验馆的加快建设，虚拟现实、增强现实、交互娱乐等技术的运用，将进一步丰富消费体验，培养消费者的信息消费习惯，不断激发居民信息消费的需求和意愿。

三是加快构建安全可信的消费环境，为信息消费健康有序发展提供重要保障。一方面，市场监管体系不断完善。“放管服”改革将深入推进，平台企业市场行为日趋规范，“双随机、一公开”监管机制进一步健全，行业信用管理机制向更深程度、更广范围延伸，推动全流程信息监管加速形成。防范打击通信信息诈骗、骚扰电话、垃圾短信治理力度持续加大，将有效促进我国信息消费有序发展。另一方面，加速推进网络安全保护立法。2017 年《网络安全法》的正式施行是网络安全立法的新起点。未来，以《网络安全法》为核心和基础的网络安全法律体系，如《关键信息基础设施安全保护条例》《互联网新业务安全评估管理办法》《个人信息和重要数据出境评估管理办法》等一系列基本制度将加快完善出台，为信息消费健康发展营造良好的法律环境。

二、消费结构升级激发新需求

近年来，消费在我国国民经济中扮演的角色日益突出，对经济增长的拉动作用凸显，成为拉动经济增长的“三驾马车”中的第一引擎。随着居民收入水平的不断提高，城乡居民对消费质量提出了更高要求，消费理念、消费内容、消费模式都发生了重大变化。产品升级和产业创新发展将驱动传统消费提质升级、新兴消费蓬勃兴起，为进一步扩大和升级信息消费，释放内需潜力源源不断地注入新动能。

消费拉动经济增长潜力巨大。一方面，我国居民收入水平不断提高，极具消费潜力的人群规模大且增长快。瑞士信贷预测，到 2021 年，全球消费者群体将新增2亿人，其中一半将来自中国。另一方面，消费对GDP的带动作用仍有很大的提升空间。近年来，我国消费占GDP的比重稳步提升，但与美、日、德、英等发达国家消费占GDP的比重相比仍有一定差距，未来发展潜力巨大。

消费结构升级空间广阔。第一，我国居民的消费需求、消费内容加速转变。随着收入的提高，城乡居民的消费需求将从生存型消费升级为发展型、享受型消费，消费结构将向多样化、个性化、高品质方向发展。在线教育、医疗保健、文化、娱乐、旅游等消费需求将快速释放，逐步成为消费市场增长的主力军。第二，消费升级催生的相关产业发展、科技创新、基础设施建设、公共服务等领域的新投资新供给，蕴藏着巨大的发展潜力。“十三五”时期，服务消费、信息消费、绿色消费、时尚消费、品质消费等新兴消费需求将进一步迸发，激发出数万亿级的消费市场，带动传统产业数字化转型，促进新一代信息通信技术与生产、流通、消费各环节的深度融合与创新，实现信息消费升级与实体经济转型的协同并进、共同发展。

三、信息消费释放增长新空间

从发达国家的经济史看，人均可支配收入进入中等发达国家水平后，具有高技术含量、服务含量、可扩展性的信息消费是消费结构升级的重要表现，蕴藏着巨大的发展潜力，成为扩大内需、推动经济增长的重要力量。

一是信息消费规模持续扩张。随着扩大和升级信息消费指导意见、“宽带中国”专项行动、网络提速降费行动、“双创”等国家大政方针的深入实施，将促进我国信息消费的环境进一步优化，消费主体进一步扩张，消费模式向线上线下融合发展加速转变，消费规模将保持快速发展的态势，预计2018—2020年，信息消费规模年均增长5000亿元，占GDP的比重将提升至6.5%。此外，信息通信技术产品与服务在国民经济各领域全面渗透、广泛应用，在工业、农业、服务业等领域不断融合创新，孕育和形成新的消费热点，开辟新的消费空间。预计到2020年，信息消费间接带动经济增长15万亿元。

二是信息消费结构不断优化。目前，我国智能手机对功能手机的替代基本完成，出货量的增长将持续放缓，换机需求将带动智能手机消费升级，零售均价将保持上涨态势。同时，智能可穿戴设备、车载智能终端、智能家居等新兴领域的智能硬件产品有望迎来爆发期，预计信息产品的消费规模将稳步提升，到2020年达2.6万亿元。同时，随着各行各业应用信息技术水平的持续提升，信息服务的广度和深度持续拓展，以电子商务、移动支付、共享经济、数字内容等为代表的信息服务消费突飞猛进，信息服务消费成为引领信息消费增长的关键动力。预计到2020年，信息服务的消费规模将达3.4万亿元，对信息消费增长的贡献率达80%。

四、融合创新打造消费新生态

信息通信技术和传统产业的深度结合和融合，将持续改变整个社会的生产、生活、消费方式，数字化、网络化、智能化不断创造新的发展生态，信息消费需求层次逐级得到释放，个性化、多样化、品质化、舒适化消费逐渐成为主流，新零售、人工智能等新兴消费热点迸发出巨大的发展潜能，驱动线上线下协同互动的信息消费新生态发展壮大。

一是共享经济发展潜力巨大，从生活到生产广泛延伸。2017年我国共享经济发展迅速、创新活跃。例如，知识分享有效满足了信息交互社交化、实时化、分散化的消费需求，借助在线问答、慕课、在线健康咨询等模式构建出互联网环境下的知识传播新路径，创新空间巨大，共享经济将加速向生产服务领域融合渗透。随着技术进步和企业转型的不断碰撞，“资源共享+协同制造”将成为重要的生产组织模式。生产服务共享的应用范围将不断扩大，应用领域将由研发设计、科研仪器、机床设备的共享逐渐拓展至数据资源、生产能力、用工资源的共享等多个方面。

二是新零售引领消费方式变革，线上线下一体化的场景式体验加速迸发。2017年以线上服务、线下体验与现代物流进行深度融合为核心的零售新模式加速推广，互联网巨头纷纷抢滩，阿里巴巴已把高鑫零售、银泰百货、百联、盒马鲜生等大型线下零售商囊括旗下。预计2018—2020年，新零售革命将进一步爆发，线上与线下的融合使商业关系被重新构建，依托大数据、人工智能等先进技术手段，传统商品的生产、流通与销售过程将被升级改造，新的零售服务商、新的商业模式将大量涌现，推动以消费者需求为中心的新门店、新场景、新服务体验持续升级，形成供给与需求精准匹配的闭合循环，不断延长消费链条，刺激新的消费“蓝海”。

三是智能家居、车联网、虚拟现实等新型智能硬件成为竞逐焦点。智能家居围绕语音技术展开入口争夺。随着语音交互技术的成熟，智能家居硬件正由环境感知类设备向自动控制、语音交互类设备发展。智能音箱依托天然的语音属性有望成为智能家居的入口级产品，亚马逊、谷歌、苹果、京东、阿里巴巴、腾讯、百度、小米等巨头争相涌入，“百箱大战”将持续发酵，物美、价廉、质优的智能音箱将加快步入千家万户，不断扩展家居信息服务边界，丰富家庭应用场景。车联网产业生态即将迎来爆发。车联网将成为继手机产业之后的第二大移动互联网入口，大量新技术、新产品、新服务不断涌现。车联网业态创新将步入发展快车道，传统汽车产业正向“汽车即服务”方向转型，共享出行、车联网大数据、紧急救援等领域成为服务创新发力点，车联网产业的巨大消费潜力将进一步释放。虚拟增强现实走出“炒作期”。虚拟增强现实技术与产业发展轨道尚未完全定型，未来发展呈现终端由单一迈向多元、产业由硬件转向内容的趋势。当前 VR/AR 终端以盒子式为主导，2 ～ 3 年后一体机将成为主流产品，预计到 2020 年，主机式与一体式 VR 渗透率将升至 50% 左右。增强现实或先于虚拟现实成为规模应用技术。AR 相对于 VR 技术而言，门槛较低，且 AR 的应用场景更加丰富，在电商、旅游、文化等行业均有应用，成长空间要高于 VR 产业。“VR/AR+”的时代已开启，消费潜力蓄势待发。

第二篇　政策指引篇

第五章　国务院加强总体部署

一、发布《关于进一步扩大和升级信息消费　持续释放内需潜力的指导意见》

党中央、国务院高度重视发展信息消费。2017 年 5 月 10 日，国务院常务会议专题研究信息消费工作。2017 年 8 月，国务院正式印发《关于进一步扩大和升级信息消费　持续释放内需潜力的指导意见》（国发〔2017〕40 号，以下简称《指导意见》），部署进一步扩大和升级信息消费，提出了未来一段时期信息消费发展的重点领域和政策措施。《指导意见》的出台对于加快信息消费扩大升级、持续释放发展活力和内需潜力、推动供给侧结构性改革具有重要意义。

《关于进一步扩大和升级信息消费　持续释放内需潜力的指导意见》全文

各省、自治区、直辖市人民政府，国务院各部委、各直属机构：

近年来，随着互联网技术与经济社会深度融合，我国信息消费快速发展，正从以线上为主加快向线上线下融合的新形态转变，网络提速降费深入推进，消费主体不断增加、边界逐渐拓展、模式深刻调整，带动其他领域消费快速增长，已成为当前创新最活跃、增长最迅猛、辐射最广泛的经济领域之一，对拉动内需、促进就业和引领产业升级发挥着重要作用。但与此同时，我国信息消费有效供给仍然创新不足，内需潜力仍未充分释放，消费环境亟待优化。为进一步扩大和升级信息消费、持续释放发展活力和内需潜力，现提出以下意见。

一、总体要求

（一）指导思想

全面贯彻党的十八大和十八届三中、四中、五中、六中全会精神，深入贯彻习近平总书记系列重要讲话精神和治国理政新理念新思想新战略，认真落实党中央、国务院决策部署，统筹推进“五位一体”总体布局和协调推进“四个全面”战略布局，坚持稳中求进工作总基调，牢固树立和贯彻落实创新、协调、绿色、开放、共享的发展理念，以推进供给侧结构性改革为主线，优化信息消费环境，进一步加大网络提速降费力度，加速激发市场活力，积极拓展信息消费新产品、新业态、新模式，扩大信息消费覆盖面，加强和改进监管，完善网络安全保障体系，促进信息消费升级，不断释放人民群众日益增长的消费需求，促进经济社会持续健康发展。

（二）基本原则

坚持创新驱动。推动信息消费与“大众创业、万众创新”“互联网＋”深度融合，鼓励核心技术研发和服务模式创新，促进新一代信息技术向消费领域广泛渗透，创造更多适应消费升级的有效供给，带动多层次、个性化的信息消费发展。

坚持需求拉动。以满足人民群众期待和经济社会发展需要为出发点和落脚点，加快拓展和升级信息消费，推动信息产品供给结构与需求结构有效匹配、消费升级与有效投资良性互动，用安全、便捷、丰富的信息消费助力经济升级和民生改善。

坚持协同联动。以企业为主体，促进信息消费产业链协同发展，加强网络、平台、支付、物流等支撑能力建设，构建完善的信息消费生态体系。统筹促发展与保安全，持续优化信用安全、市场环境和权益保护，营造“能消费、敢消费、愿消费”的环境，形成政府、企业、消费者多方协同的良好发展格局。

（三）发展目标

到2020年，信息消费规模预计达到6万亿元，年均增长11%以上；信息技术在消费领域的带动作用显著增强，信息产品边界深度拓展，信息服务能力明显提升，拉动相关领域产出达到15万亿元，信息消费惠及广大人民群众。信息基础设施达到世界领先水平，“宽带中国”战略目标全面实现，建成高速、移动、安全、泛在的新一代信息基础设施，网络提速降费取得明显成效。基于网络平台的新型消费快速成长，线上线下协同互动的消费新生态发展壮大。公共数据资源开放共享体系基本建立，面向企业和公民的一体化公共服务体系基本建成。网络空间法律法规体系日趋完善，高效便捷、安全可信、公平有序的信息消费环境基本形成。

（四）重点领域

生活类信息消费。创新发展满足人民群众生活需求的各类便民惠民服务新业态，重点发展面向社区生活的线上线下融合服务、面向文化娱乐的数字创意内容和服务、面向便捷出行的交通旅游服务。

公共服务类信息消费。推广高效、均等的在线公共服务，重点发展面向居家护理的智慧健康服务、面向便捷就医的在线医疗服务、面向学习培训的在线教育服务、面向利企便民的“互联网＋政务服务”。

行业类信息消费。培育支撑行业信息化的新兴信息技术服务，重点发展面向垂直领域的电子商务平台服务，面向信息消费全过程的网络支付、现代物流、供应链管理等支撑服务，面向信息技术应用的综合系统集成服务。

新型信息产品消费。升级智能化、高端化、融合化信息产品，重点发展面向消费升级的中高端移动通信终端、可穿戴设备、数字家庭产品等新型信息产品，以及虚拟现实、增强现实、智能网联汽车、智能服务机器人等前沿信息产品。

二、提高信息消费供给水平

（五）推广数字家庭产品。鼓励企业发展面向定制化应用场景的智能家居“产品＋服务”模式，推广智能电视、智能音响、智能安防等新型数字家庭产品，积极推广通用的产品技术标准及应用规范。加强“互联网＋”人工智能核心技术及平台开发，推动虚拟现实、增强现实产品研发及产业化，支持可穿戴设备、消费级无人机、智能服务机器人等产品创新和产业化升级。依托消费品工业“三品”专项行动，促进信息产品相关企业争创“中国质量奖”。

（六）拓展电子产品应用。支持利用物联网、大数据、云计算、人工智能等技术推动各类应用电子产品智能化升级，在交通、能源、市政、环保等领域开展新型应用示范。推动智能网联汽车与智能交通示范区建设，发展辅助驾驶系统等车联网相关设备。推进农业物联网区域试验工程，推动信息技术与农业生产经营、市场流通、资源环境保护等相融合。

（七）提升信息技术服务能力。支持大型企业建立基于互联网的“双创”平台，为全社会提供专业化信息服务。发挥好中小企业公共服务平台作用，引导小微企业创业创新示范基地平台化、生态化发展。鼓励信息技术服务企业积极发展位置服务，社交网络等新型支撑服务及智能应用。支持地方联合云计算、大数据骨干企业为当地信息技术服务企业提供咨询、研发、培训等技术支持，推动提升“互联网＋”环境下的综合集成服务能力。鼓励利用开源代码开发个性化软件，开展基于区块链、人工智能等新技术的试点应用。

（八）丰富数字创意内容和服务。实施数字内容创新发展工程，加快文化资源的数字化转换及开发利用。构建新型、优质的数字文化服务体系，推动传统媒体与新兴媒体深度融合、创新发展。支持原创网络作品创作，加强知识产权保护，推动优秀作品网络传播。扶持一批重点文艺网站，拓展数字影音、动漫游戏、网络文学等数字文化内容，丰富高清、互动等视频节目，培育形成一批拥有较强实力的数字创新企业。发展交互式网络电视（IPTV）、手机电视、有线电视网宽带服务等融合性业务。支持用市场化方式发展知识分享平台，打造集智创新、灵活就业的服务新业态。

（九）壮大在线教育和健康医疗。建设课程教学与应用服务有机结合的优质在线开放课程和资源库。鼓励学校、企业和其他社会力量面向继续教育开发在线教育资源。推动在线开放教育资源平台建设和移动教育应用软件研发，支持大型开放式网络课程、在线辅导等线上线下融合的学习新模式，培育社会化的在线教育服务市场。加强家庭诊疗、健康监护、分析诊断等智能设备研发，进一步推广网上预约、网络支付、结果查询等在线就医服务，推动在线健康咨询、居家健康服务、个性化健康管理等应用。

（十）扩大电子商务服务领域。鼓励电商、物流、商贸、邮政等社会资源合作构建农村购物网络平台。支持重点行业骨干企业建立在线采购、销售、服务平台，推动建设一批第三方工业电商服务平台。培育基于社交电子商务、移动电子商务及新技术驱动的新一代电子商务平台，建立完善新型平台生态体系。积极稳妥推进跨境电子商务发展。

三、扩大信息消费覆盖面

（十一）推动信息基础设施提速升级。加大信息基础设施建设投入力度，进一步拓展光纤宽带和第四代移动通信（4G）网络覆盖的深度和广度，促进网间互联互通。积极参与“一带一路”沿线重要国家、节点城市网络建设。加快第五代移动通信（5G）标准研究、技术试验和产业推进，力争2020年启动商用。加快推进物联网基础设施部署。统筹发展工业互联网，开展工业互联网产业推进试点示范。推进实施云计算工程，引导各类企业积极拓展应用云服务。积极研究推动数据中心和内容分发网络优化布局。

（十二）推动信息消费全过程成本下降。重点在通信、物流、信贷、支付、售后服务等关键环节全面提升效率、降低成本。深入挖掘网络降费潜力，加快实现网络资费合理下降，充分释放提速降费的改革红利，支持信息消费发展。建立标准化、信息化的现代物流服务体系，推进物流业信息消费降本增效。鼓励金融机构开发更多适合信息消费的金融产品和服务，推广小额、快捷、便民的小微支付方式，降低信息消费金融服务成本。

（十三）提高农村地区信息接入能力。深化电信普遍服务试点，助力网络扶贫攻坚、农村信息化等工作，组织实施“百兆乡村”等示范工程，引导社会资本加大投入力度，重点支持中西部省份、贫困地区、革命老区、民族地区等农村及偏远地区宽带建设，到2020年实现98%的行政村通光纤。全面实施信息进村入户工程，开展整省推进示范，力争到2020年村级信息服务站覆盖率达到80%。

（十四）加快信息终端普及和升级。支持企业推广面向低收入人群的经济适用的智能手机、数字电视等信息终端设备，开发面向老年人的健康管理类智能可穿戴设备。推介适合农村及偏远地区的移动应用软件和移动智能终端。构建面向新型农业经营主体的生产和学习交流平台。推动民族语言软件研发，减少少数民族使用移动智能终端和获取信息服务的障碍。鼓励各地采用多种方式促进信息终端普及。

（十五）提升消费者信息技能。实施消费者信息技能提升工程，选择部分地区开展100个以上信息技能培训项目，通过多种方式开展宣传引导活动，面向各类消费主体特别是信息知识相对薄弱的农牧民、老年人等群体，普及信息应用、网络支付、风险甄别等相关知识。组织开展信息类职业技能大赛，鼓励企业、行业协会等社会力量开展信息技能培训。

（十六）增强信息消费体验。组织开展“信息消费城市行”活动。鼓励地方和行业开展信息消费体验周、优秀案例展示等各种体验活动，扩大信息消费影响力。鼓励企业利用互联网平台深化用户在产品设计、应用场景定制、内容提供等方面的协同参与，提高消费者满意度。支持企业加快线上线下体验中心建设，积极运用虚拟现实、增强现实、交互娱乐等技术丰富消费体验，培养消费者信息消费习惯。

四、优化信息消费发展环境

（十七）加强和改进监管。坚持包容审慎监管，加强分类指导，深入推进“放管服”改革，继续推进信息消费领域“证照分离”试点，进一步简化优化业务办理流程，推行清单管理制度，放宽新业态新模式市场准入。强化事中事后监管，积极应用大数据、云计算等新技术创新行业服务和管理方式，在信息消费领域推行“双随机、一公开”监管，完善守信联合激励和失信联合惩戒制度。严厉打击电信网络诈骗、制售假冒伪劣商品等违法违规行为，整顿和规范信息消费环境。深化电信体制改革，鼓励民间资本通过多种形式参与信息通信业投融资。做好自由贸易试验区电信领域开放试点，加大基础电信领域竞争性业务开放力度，适时在全国其他地区复制推广。

（十八）加快信用体系建设。健全用户身份及网站认证服务等信任机制，提升网络支付安全水平。结合全面实施统一社会信用代码制度，构建面向信息消费的企业信用体系，加强信息消费全流程信用管理。规范平台企业市场行为，加大对信息消费领域不正当竞争行为的惩戒力度，推动建立健全企业“黑名单”制度，将相关行政许可、行政处罚等信息纳入全国信用信息共享平台和国家企业信用信息公示系统，并依法依规在“信用中国”网站公示，营造公平诚信的信息消费市场环境。

（十九）加强个人信息和知识产权保护。贯彻落实《网络安全法》相关规定，加快建立健全个人信息保护法律法规体系和管理制度。严格落实企业加强个人信息保护的责任，全面规范个人信息采集、存储、使用等行为，防范个人信息泄露和滥用，加大对窃取、贩卖个人信息等行为的处罚力度。健全知识产权侵权查处机制，提升网络领域知识产权执法维权水平，加强网络文化知识产权保护。

（二十）提高信息消费安全性。加强网络信息安全相关技术攻关，为构建安全可靠的信息消费环境提供支撑保障。落实网络安全等级保护制度，深入推进互联网管理和网络信息安全保障体系建设，加强移动应用程序和应用商店网络安全管理，规范移动互联网信息传播。完善网络安全标准体系，建设标准验证平台，支持第三方专业机构开展安全评估和认证工作。做好网络购物等领域消费者权益保护工作，依法受理和处理消费者投诉举报，切实降低信息消费风险。

（二十一）加大财税支持力度。深入推进信息消费试点示范城市建设。鼓励各地依法依规采用政府购买服务、政府和社会资本合作（PPP）等方式，加大对信息消费领域技术研发、内容创作、平台建设、技术改造等方面的财政支持，支持新型信息消费示范项目建设。落实企业研发费用加计扣除等税收优惠政策，促进社会资本对信息消费领域的投入。经认定为高新技术企业的互联网企业，依法享受相应的所得税优惠政策。

（二十二）加强统计监测和评价。完善信息消费统计监测制度，进一步明确统计范围，将智能产品、互联网业务、数字内容等纳入信息消费统计。加强中央、地方、行业、重点企业间的协调联动，强化信息消费数据采集、处理、发布和共享。建立健全信息消费评价机制，研究建立并定期发布信息消费发展指数，加强督查检查，指导和推动信息消费持续健康发展。

各地区、各部门要进一步统一思想，充分认识新形势下扩大和升级信息消费对释放内需潜力、促进经济升级、支持民生改善的重要作用，按照本意见要求，根据职责分工，加强组织实施，抓紧制定出台配套政策措施，强化协调联动，形成工作合力。各地方要因地制宜制定具体实施方案，明确任务、落实责任，扎实做好相关工作，确保各项任务措施落实到位。

二、《指导意见》系列解读

（一）解读之一：总体考虑与定位

《指导意见》可用“一四二六”来概括文件的重点部署，即围绕一条主线、聚焦四类领域、把握两大抓手和做好六个保障。

1. 围绕“一条主线”，加快消费升级

《指导意见》围绕深化网络信息技术融合创新应用，围绕推动供给侧结构性改革这一主线，坚持问题导向和目标导向，从信息消费结构和供需结构变化出发，突出创新驱动发展，提升有效供给能力，加速激发市场活力；积极创造良好的消费环境，夯实信息消费基础；以信息消费升级带动产业转型，不断释放人民群众日益增长的消费需求，促进经济社会持续健康发展。

在此基础上，《指导意见》提出了扩大和升级信息消费的指导思想、基本原则和发展目标。指导思想方面，深入贯彻习近平总书记系列重要讲话精神和治国理政新理念、新思想、新战略，积极拓展新产品、新业态、新模式，扩大信息消费覆盖面，加强和改进监管，完善网络安全保障体系，不断释放人民群众日益增长的消费需求。基本原则方面，坚持创新驱动，创造更多适应消费升级的有效供给，带动多层次、个性化的信息消费发展；坚持需求拉动，推动信息产品供给结构与需求结构有效匹配、消费升级和有效投资良性互动；坚持协同联动，营造“能消费、敢消费、愿消费”的环境，形成政府、企业、消费者多方协同的良好发展格局。发展目标方面，《指导意见》围绕信息消费总规模、带动作用、信息基础设施、生态体系、服务能力、消费环境等环节提出了 2020 年的发展目标。

2. 聚焦“四大领域”，全面满足需求

《指导意见》将扩大和升级信息消费聚焦在生活类信息消费、公共服务类信息消费、行业类信息消费及新型信息产品四大重点领域，着力拓展高品质消费，不断满足人民群众日益增长的信息消费需求。

在生活类领域，重点发展线上线下融合（O2O）服务、数字创意内容和服务、交通旅游服务等便民惠民新业态；在公共服务类领域，重点发展智慧健康、在线医疗、在线教育及“互联网+政务服务”；在行业类领域，面向垂直领域的电子商务平台、支撑信息消费全过程的网络支付、现代物流、供应链管理等支撑服务；在新型信息产品领域，大力推广中高端移动通信终端、可穿戴设备、数字家庭等产品，创新发展虚拟现实、智能网联汽车、智能服务机器人等前沿产品。

3. 把握“两大抓手”，实现供需匹配

《指导意见》兼顾远近目标，从供给侧和需求侧两端发力，加快突破发展瓶颈。一方面，从供给端着手，扩大有效供给，提供产品质量和服务水平，以供给创新释放消费潜力，实现低水平供需平衡向高水平供需平衡跃升；另一方面，从需求端发力，扩大信息消费覆盖面，让更多人民群众都能用得起、用得惯、用得好信息消费，共享技术发展成果。

在供给方面，增强供给能力，提升供给质量。一是增加信息产品有效供给。丰富数字家庭产品供给，大力发展高端智能终端。推动应用电子产品智能化升级，在交通、能源、农业等领域开展应用示范，提高产品品质。二是提升信息服务能力水平。培育一批系统解决方案供应商，提高面向各行业的信息化综合集成能力。三是丰富数字创意内容和服务，面向消费者个性化、多样化服务需求，构建新型优质的数字文化服务体系。四是鼓励重点领域创新发展。推动在线开放教育资源平台建设，丰富在线医疗服务内容，进一步扩大电子商务服务领域，打造农村电商、工业电商等平台。

在需求方面，扩大消费覆盖面，改进提升民生福祉。一是推动信息基础设施升级，扩大农村信息接入。促进光纤和4G网络广泛覆盖，力争2020年启动5G商用，加快工业互联网、云计算等应用，优化网络布局。继续开展电信普遍服务试点，到2020年实现98%的行政村通光纤。二是加快信息终端普及和升级，提升国民消费技能。推广面向细分人群的信息产品，促进信息终端普及。组织开展消费者信息技能提升工程，依托社会力量开展信息技能培训。三是推动信息消费全过程成本下降，增强信息消费体验。围绕通信、物流、信贷、支付、售后服务等关键环节，全面提升效率、降低全过程成本。鼓励地方和行业通过各种方式丰富消费者体验，培养消费习惯。

4. 夯实“六类保障”，营造良好环境

《指导意见》以优化信息消费环境为支撑，提出六项政策措施，创新制度体系，提高信用和安全水平，让老百姓“能消费、敢消费、愿消费”，保障信息消费良性发展。

在行业监管方面，要求坚持包容审慎监管，加强分类指导，深入推进“放管服”改革，创新行业服务和管理方式，深化电信体制改革。在信用体系建设方面，要求健全用户身份及网站认证服务等信任机制，构建面向信息消费的企业信用体系，加强信息消费全流程信用管理，营造公平诚信的信息消费市场环境。在个人信息和知识产权保护方面，全面规范个人信息采集、存储、使用等行为，加大对窃取、贩卖个人信息等行为的处罚力度，加强网络文化知识产权保护。在消费安全方面，要求加强网络信息安全相关技术攻关，推进互联网管理和网络信息安全保障体系建设，支持第三方专业机构开展安全评估和认证，做好网络购物等领域消费者权益保护工作。在财税支持方面，要求深入推进信息消费试点示范城市建设，鼓励各地加大对信息消费领域的政策支持力度，促进社会资本对信息消费领域的投入。在统计监测和评价方面，要求完善信息消费统计监测制度，进一步明确统计范围，建立健全信息消费评价机制，研究建立并定期发布信息消费发展指数。

（二）解读之二：提高信息消费供给水平

近年来，随着互联网技术与经济社会各领域的深度融合，我国信息消费加速发展，正从线上为主加快向线上线下融合的新形态转变，带动其他领域消费快速增长，对拉动内需、促进就业和引领产业升级发挥着重要作用。信息消费快速发展的同时，也对信息消费供给水平提出了更高的要求。

为此，《指导意见》明确提出以推进供给侧结构性改革为主线，加速激发市场活力，鼓励核心技术研发和服务模式创新，积极拓展信息消费新产品、新业态、新模式，创造更多适应消费升级的有效供给，推动供给结构与需求结构的有效匹配。《指导意见》从信息产品和信息服务两个方面明确了下一步的发展方向和着力点。

1. 推动信息产品智能化高端化升级

当前，新一代智能硬件正在加速变革。信息产品从手机、电脑向数字家庭、虚拟现实 / 增强现实、智能网联汽车等新型产品不断延伸，应用场景向家庭居住、个人穿戴、交通出行、医疗健康等更多领域快速拓展。新型智能硬件产品的功能也从简单的联网向数据分析、内容推送、语音交互等方向升级。

《指导意见》结合产业发展趋势，重点推动数字家庭产品和应用电子产品应用推广。在数字家庭产品方面，提出要鼓励企业发展面向定制化应用场景的智能家居“产品＋服务”模式，推广智能电视、智能音响、智能安防等新型数字家庭产品。支持虚拟现实、增强现实、可穿戴设备、消费级无人机、智能服务机器人等产品创新。依托消费品工业“三品”专项行动，推动相关企业争创“中国质量奖”。在应用电子产品方面，提出要支持利用物联网、大数据、云计算、人工智能等新一代信息技术推动应用电子产品的智能化升级，在交通、能源、市政、环保等领域开展应用示范。拓展相关电子产品在交通、农业等领域的应用。

2. 培育信息服务融合发展业态

随着“互联网＋”深入推进，信息消费边界加速拓展，线上线下融合业务成为未来重要的发展方向。信息服务正向垂直领域延伸拓展，交通出行、上门服务、餐饮外卖等领域的信息消费迅速崛起。

但是，加快推动融合型信息服务创新发展也面临诸多问题和挑战，如优质数字内容供给不足、新兴应用使用率偏低、行业融合应用的广度和深度有待拓展等，亟须进一步创新服务模式、丰富服务内容，不断满足个性化、多样化的信息消费升级需求。

《指导意见》坚持问题导向，重点就提升信息技术服务能力、丰富数字创意内容和服务、壮大在线教育和健康医疗、扩大电子商务服务领域等方面提出具体要求。信息技术服务领域，要支持大型企业建立基于互联网的“双创”平台，引导小微企业创业创新示范基地平台化、生态化发展。鼓励信息技术服务企业积极发展新型支撑服务和智能应用，加快提升“互联网＋”环境下的综合集成服务能力。数字创意内容和服务领域，要实施数字内容创新发展工程，构建新型、优质的数字文化服务体系。支持原创的网络作品创作，拓展数字影音、动漫游戏、网络文学等数字文化内容，丰富高清、互动视频节目，培育形成一批具有较强实力的数字创新企业。积极发展融合性数字内容业务和知识分享平台。在线教育和健康医疗领域，要建设课程教学与应用服务有机结合的优质在线开放课程和资源库。支持大型开放式网络课程、在线辅导等线上线下的学习新模式，培育社会化的在线教育服务市场。进一步推广在线就医服务，推动在线健康咨询、居家健康服务、个性化健康管理等应用。电子商务服务领域，要鼓励社会资源合作构建农村购物网络平台，推动建设一批第三方工业电商服务平台。培育基于社交电子商务、移动电子商务及新技术驱动的新一代电子商务平台，积极稳妥地推进跨境电子商务发展。

（三）解读之三：扩大信息消费覆盖面

伴随着网络提速降费的深入推进，我国信息消费主体不断增加，边界逐渐拓展。截至 2017 年 6 月，我国互联网普及率已达 54%。但是，我国在信息网络建设、智能终端普及、消费者信息技能提升等方面还依然存在较大差距。

为此，《指导意见》提出坚持需求拉动的原则，以满足人民群众期待和经济社会发展需要为出发点和落脚点，进一步加大网络提速降费力度，扩大信息消费覆盖面，促进新一代信息技术向消费领域广泛渗透，用安全、便捷、丰富的信息消费助力经济升级和民生改善。《指导意见》从网络建设、终端普及、提升技能等方面，提出了未来的发展方向和工作重点。

一是网络建设层面。信息基础设施是信息消费供给的载体，网络支撑能力、资费水平、普及程度等决定了信息消费的覆盖面。目前，我国已建成全球领先的光纤宽带网络和 4G 网络。光纤宽带用户在固定宽带用户中占比突破 80%，4G 用户渗透率达 65%。但同时，城乡和地区之间数字鸿沟仍较为显著。《指导意见》提出推动信息基础设施提速升级，进一步扩展光纤宽带和 4G 网络覆盖的广度和深度，力争 2020 年启动 5G 商用，加速推动工业互联网和云计算应用，优化网络布局。重点在通信、物流、信贷、支付、售后等关键环节全面提升效率、降低全过程信息消费成本。提高农村地区信息接入能力，深化电信普遍服务试点，实施信息进村入户工程，推进农村和偏远地区宽带网络覆盖和升级，力争 2020 年实现 98% 的行政村通光纤，促进信息消费广泛延伸。

二是在终端覆盖方面。智能手机为广大人民群众提供了更为便捷的互联网接入，已成为推动信息消费发展的重要终端。但是，我国农村、低收入人群的智能手机普及水平还较低，发展潜力巨大。《指导意见》支持企业推广面向低收入人群的经济适用的智能手机、数字电视等信息终端设备，推介适合农村及偏远地区的移动应用软件和移动智能终端。构建面向新型农业经营主体的生产和学习交流平台。推动民族语言软件研发。鼓励各地采用多种方式促进信息终端普及。

三是在提升技能方面。我国国民信息技能目前总体偏低，制约了信息消费的发展。为此，《指导意见》提出提升消费者信息技能，增强信息消费体验。通过实施消费者信息技能提升工程，面向各类消费主体特别是信息知识相对薄弱的农牧民、老年人等群体，普及信息应用、网络支付、风险甄别等相关知识，依托社会力量开展信息技能培训。同时，鼓励开展信息消费城市行、信息消费体验周、优秀案例展示等各种体验活动，扩大信息消费影响力。鼓励企业利用互联网技术深化用户协同参与程度，提高消费者的满意度。支持企业运用虚拟/增强现实、交互娱乐等技术丰富消费体验，培养消费者的信息消费习惯。

（四）解读之四：优化信息消费发展环境

伴随着信息消费加速向各领域的融合渗透，信息消费环境日趋复杂，线上线下问题聚合交错，对现有管理制度提出了全新的挑战。《指导意见》统筹促发展和保安全，从六个方面着手，提出了针对性的保障措施，推动构建包容审慎、安全诚信的监管体系，持续优化信用安全、市场环境和权益保护，积极营造“能消费、敢消费、愿消费”的环境，保障信息消费良性发展。

在行业监管方面，为适应信息消费快速发展的新需求，亟须探索新型监管方式，做好新业态、新模式的引导和培育工作。《指导意见》提出，要坚持包容审慎监管，加强分类指导，深入推进“放管服”改革，放宽新业态、新模式市场准入，强化事中事后监管，严厉打击电信网络诈骗、制售假冒伪劣商品等违法违规行为，整顿和规范信息消费市场环境，深化电信体制改革。

在信用体系建设方面，信息消费发展面临线上线下企业信用体系不完善、网络支付安全风险、用户身份及网站信任服务有待加强等问题。《指导意见》提出，要健全用户身份及网站认证服务等信任机制，提升网络支付安全水平，构建面向信息消费的企业信用体系，规范平台企业市场行为，推动建立健全的企业“黑名单”制度，营造公平诚信的信息消费市场环境。

在个人信息和知识产权保护方面，针对信息消费过程中存在的个人信息、数字内容知识产权保护问题，《指导意见》提出，要贯彻落实《网络安全法》相关规定，加快建立健全个人信息保护法律法规体系和管理制度。全面规范个人信息采集、存储、使用等行为，防范个人信息泄露和滥用。健全知识产权侵权查处机制，加强网络文化知识产权保护。

在信息消费安全方面，面对信息消费网络安全保护的要求，《指导意见》提出加强网络信息安全相关技术攻关，落实国家网络安全等级保护制度，深入推进互联网管理和网络信息安全保障体系建设，加强移动应用程序和应用商店安全管理。完善网络安全标准体系，支持第三方专业机构开展安全评估和认证工作。做好网络购物等领域消费权益保护工作，切实降低信息消费风险。

在财税支持方面，扩大升级信息消费涉及多个领域，需要以财政资金为引导，带动企业及社会资本持续投入。《指导意见》提出要深入推进信息消费试点示范城市建设。鼓励各地依法依规采用多种方式加大对信息消费领域技术研发、内容创作、平台建设、技术改造等方面的财政支持。落实企业研发费用加计扣除等税收优惠政策。支持认定为高新技术企业的互联网企业依法享受相应的所得税优惠政策。

在信息消费统计监测和评价方面，为适应信息消费快速发展的情况，需要完善信息消费统计监测制度。《指导意见》提出要进一步明确统计范围，加强各方联动，强化信息消费数据采集、处理、发布和共享。建立健全的信息消费评价机制，研究建立并定期发布信息消费发展指数，指导和推动信息消费持续健康发展。

第六章　主管部门积极落实部署

一、印发《扩大和升级信息消费三年行动计划（2018—2020年）》

为深入贯彻《指导意见》，进一步细化落实相关工作部署，2018 年 8 月 10 日工业和信息化部、国家发展改革委联合印发了《扩大和升级信息消费三年行动计划（2018—2020 年）》（以下简称《行动计划》）。

《扩大和升级信息消费三年行动计划（2018—2020年）》全文

我国经济已由高速增长阶段转向高质量发展阶段，消费对经济发展的基础性作用日益凸显。信息消费是创新最活跃、增长最迅速、辐射最广泛的新兴消费领域之一，对拉动内需、促进就业和引领产业升级发挥着重要作用，已成为新时期提振国民经济、深化供给侧结构性改革、实现高质量发展的关键抓手。扩大和升级信息消费，有利于在更高水平、更高层次、更深程度实现供需新平衡，有利于优化经济结构，普惠社会民生。为深入贯彻落实《国务院关于进一步扩大和升级信息消费　持续释放内需潜力的指导意见》，大力推动信息消费向纵深发展，壮大经济发展内生动力，制定本行动计划。

一、总体要求

（一）指导思想

以习近平新时代中国特色社会主义思想为指导，全面贯彻落实党的十九大精神，认真落实党中央、国务院决策部署，以推进供给侧结构性改革为主线，以加快提升产业供给能力为重点，以优化信息消费环境为保障，深化信息技术融合创新应用，促进信息消费升级，不断满足人民群众日益增长的消费需求，促进经济社会更高质量、更可持续地健康发展。

（二）基本原则

坚持需求拉动、创新发展。以满足人民群众期待为出发点和落脚点，加快提升产业供给能力，推动信息消费供给结构与需求结构有效匹配、消费升级与有效投资良性互动。

坚持多方联动、协同发展。以企业为主体，加强“产、学、研、用”各方协作，促进产业链协同发展，构建完善的信息消费生态体系，扩大信息消费覆盖范围。

坚持因地制宜、特色发展。引导各地根据经济基础和产业特色合理定位，结合信息消费需求发展的新变化、新趋势，不断调整完善政策体系，分类别、分层次、分步骤地有序推进。

坚持有序推进、安全发展。树立正确的网络安全观，统筹促发展与保安全，加强信息消费市场监管体系建设，完善安全管理体系，持续优化产业发展环境。

二、主要目标

消费规模显著增长。到 2020 年，信息消费规模达到 6 万亿元，年均增长 11% 以上。信息技术在消费领域的带动作用显著增强，拉动相关领域产出达到 15 万亿元。

覆盖范围惠及全民。到 2020 年，98% 的行政村将实现光纤通达和 4G 网络覆盖、加快补齐发展短板、释放网络提速降费红利。

载体建设稳步推进。创建一批新型信息消费示范城市，打造区域性信息消费创新应用高地，培育一批发展前景好、带动作用大、示范效应强的项目。

产业体系逐步健全。加强核心技术研发，推动信息产品创新和产业化升级，提升产品质量和核心竞争力。在医疗、养老、教育、文化等多领域推进“互联网 +”，推动基于网络平台的新型消费成长，发展线上线下协同互动消费新生态。

消费环境日趋完善。信息消费法律法规体系日趋完善，高效便捷、安全可信、公平有序的信息消费环境基本形成，努力实现消费者“能消费、敢消费、愿消费”。

三、主要行动

（一）新型信息产品供给体系提质行动

提升消费电子产品供给创新水平。利用物联网、大数据、云计算、人工智能等技术推动电子产品智能化升级，提升手机、计算机、彩色电视机、音响等各类终端产品的中高端供给体系质量，推进智能可穿戴设备、虚拟/增强现实、超高清终端设备、消费类无人机等产品的研发及产业化，加快超高清视频在社会各行业的应用普及。针对家庭、社区、机构等不同应用环境，发展便携式健康监测设备、家庭服务机器人等智能健康养老服务产品，满足多样化、个性化的健康养老需求。

加快新型显示产品发展。支持企业加大技术创新投入，突破新型背板、超高清、柔性面板等量产技术，带动产品创新，实现产品结构调整。推动面板企业与终端企业拓展互联网、物联网、人工智能等不同领域应用，在中高端消费领域培育新增长点，进一步扩大在线健康医疗、安防监控、智能家居等领域的应用范围。

深化智能网联汽车发展。推进技术测试等支撑平台建设，制定车联网产业发展标准体系建设指南，推进车载智能芯片、自动驾驶操作系统、车辆智能算法等关键技术产品研发，构建一体化智能车辆平台，培育多元化应用。推进基于宽带移动互联网的智能汽车和智慧交通应用项目建设。到 2020 年，建立可靠、安全、实时性强的智能网联汽车计算平台，形成平台相关标准，支撑高度自动驾驶（HA 级）。

（二）信息技术服务能力提升行动

组织开展“企业上云”行动。面向行业企业开展宣传培训工作，推动云计算服务商与行业企业深入合作，利用云上的软件应用和数据服务提高企业管理效率,组织开展典型标杆应用案例遴选。推动中小企业业务向云端迁移，到 2020 年，实现中小企业应用云服务快速形成信息化能力，形成 100 个“企业上云”典型应用案例。

提升信息技术服务研发应用水平。推进新型智慧城市建设,支持云计算、大数据、物联网综合研发应用，加速提高居民生活信息消费便利化水平。组织开展区块链等新型技术应用试点。发布信息技术服务标准（ITSS）体系 5.0 版，持续开展贯标活动，支持企业以标准为引领加快提升综合集成服务能力，到 2020 年贯标企业超过 2000 家。

培育行业信息消费支撑服务。积极发展工业电子商务,深化制造业和互联网融合，建设一批有较强影响力和带动力的垂直电商平台。支持企业发展网络支付、现代物流、供应链管理等面向信息消费全过程的支撑服务。到 2020 年，实现重点行业骨干企业电子商务普及率达到 60%。

推动信息消费领域“双创”发展。支持大型企业建立基于互联网的“双创”平台，培育信息消费融合发展新业态、新模式。建设一批国家中小企业公共服务示范平台，为中小企业提供信息、技术、创业、培训、融资等服务。公告一批国家小型微型企业创业创新示范基地，广泛吸引中小企业入驻，引导示范基地积极整合社会服务资源，提供多方面、多种形式的服务，助力信息消费创新发展。

（三）信息消费者赋能行动

推动信息基础设施提速降费。深入落实“宽带中国”战略，组织实施新一代信息基础设施建设工程，推进光纤宽带和第四代移动通信（4G）网络深度覆盖，加快第五代移动通信（5G）标准研究、技术试验，推进 5G 规模组网建设及应用示范工程。深化电信普遍服务试点，提高农村地区信息接入能力。加大网络降费优惠力度，充分释放网络提速降费红利。在工业、农业、交通、能源、市政、环保等领域开展试点示范，到 2020 年实现城镇地区光网覆盖，提供 1000Mbit/s 以上接入服务能力；98% 的行政村实现光纤通达和 4G 网络覆盖，有条件的地区提供 100Mbit/s 以上接入服务能力；确保启动 5G 商用。

实施消费者信息技能提升培训工程。依托信息消费试点示范城市建设，面向各类消费主体特别是信息技能相对薄弱的农牧民、老年人等群体，组织开展信息消费培训，普及信息应用、网络支付、风险甄别等相关知识。鼓励企业、行业协会等社会力量结合当地特色和优势，组织开展信息类职业技能、创业创新等系列大赛，提升信息消费技能。2020 年之前选择重点地区实施 100 个以上信息技能培训项目。

组织开展信息消费体验活动。组织开展“信息消费城市行”，通过政策解读、展览展示、互动体验、现场参观等形式，扩大信息消费影响力。支持各地组织信息消费体验周、建设信息消费体验馆等各种活动，积极运用虚拟/增强现实、交互娱乐等技术，深化用户在应用场景定制、产品功能设计、数字内容提供等方面的协同参与，提高消费者的满意度，丰富信息消费体验，培养信息消费习惯。

（四）信息消费环境优化行动

加强和改进行业监管。深入推进“放管服”改革，进一步简化行政审批，对信息消费领域的新模式、新业态采取鼓励创新、包容审慎的监管模式，营造行业健康发展环境。持续创新监管方式，加强信息通信行业信用体系建设，利用云计算、大数据等完善监管技术手段。夯实互联网基础资源管理，实行网站、域名实名联动管理，强化企业主体责任。

维护市场竞争秩序。完善以信用为核心的全流程市场监管体系，进一步规范互联网网络接入服务市场，加大骚扰电话防范和治理力度，维护信息通信市场秩序。优化市场竞争法律法规环境，规范市场主体竞争秩序，依法查处不正当竞争行为，加大知识产权保护力度，激发创新创业活力。

加强个人信息保护。落实《网络安全法》相关规定，推动出台电信和互联网网络数据管理政策，规范网络数据收集、传输、存储和使用行为。建立完善数据与个人信息泄露公告和报告机制，加强行业个人信息保护监督执法，督促企业切实落实用户个人信息保护责任。

构建安全可靠的信息消费环境。深入推进网络综合治理，及时有效地应对网络诈骗等新问题，纵深推进防范打击通信信息诈骗工作，有效维护人民群众切身利益。加强监督检查，加大对电信和互联网企业服务和收费违规行为的处置和曝光力度，督促企业加强自律，解决好社会关注和用户反映强烈的热点难点问题，切实维护用户的合法权益。

四、保障措施

（一）加强工作组织协调

各地工业和信息化、发展改革主管部门要加强信息消费重大决策、重大工程和重大问题的统筹协调，做好组织保障。建立完善信息消费发展的协同工作机制，明确地方信息消费发展目标和实施方案，加大对信息消费工作成效的考核力度，做好行动计划的贯彻落实。支持有条件的地方成立信息消费发展专家咨询委员会，为开展工作提供参考和支持。

（二）加大政策支持力度

加大资金支持力度，支持信息消费前沿技术研发，拓展各类新型产品和融合应用。各地工业和信息化、发展改革主管部门要进一步落实鼓励软件和集成电路产业发展的若干政策，加大现有支持中小微企业税收政策落实力度。鼓励有条件的地方设立信息消费专项资金，推动出台支持信息消费发展的政策，切实改善企业融资环境，加大对信息消费领域中小微企业的支持。

（三）推动开展试点示范

完善信息消费示范城市建设方案和管理办法，鼓励地方加大支持力度，打造一批产业基础雄厚、产业链条完备、聚集效应明显、区域特色鲜明的试点示范城市。面向生活类信息消费、公共服务类信息消费、行业类信息消费、新型信息产品消费遴选一批发展前景好、带动作用大、示范效应强的示范项目。

（四）完善统计监测制度

加快制定完善信息消费统计监测制度，进一步明确统计范围。各地工业和信息化主管部门要按照全国统计监测目标、范围和口径，完善本地区统计监测工作机制，及时上报信息消费工作进展情况。建立健全的信息消费评价机制，定期发布信息消费发展指数，指导和推动信息消费持续健康发展。

（五）搭建产业合作平台

充分发挥协会、联盟等行业组织的桥梁纽带作用，整合骨干企业、高等院校、科研院所等各界资源，推动“产、学、研”间开展深入合作，在信息消费标准制定、技术验证、产品孵化、国际拓展等方面，创新管理和运作机制，打造多方协作、互利共赢的产业生态。

二、《行动计划》解读

（一）出台背景

当前，我国经济已由高速增长阶段转向高质量发展阶段。伴随着居民收入水平的不断提高和消费结构的深刻变革，我国消费需求总量快速提升，结构不断迈向高端，对经济发展的基础性作用日益凸显。国家统计局数据显示，2018 年上半年最终消费支出对经济增长的贡献率达 78.5%，是拉动经济增长的第一引擎。

信息消费作为重要的新兴消费领域，正处于快速发展的关键时期。据测算，2018 年上半年我国信息消费规模达 2.3 万亿元，同比增长 15%，是同期 GDP 增速的 2.2 倍，对拉动内需、促进就业、引领产业升级发挥着重要作用。信息消费群体不断扩大、消费边界不断拓展、消费理念加速转变、消费体验明显改善，有力促进了新一代信息技术与经济社会各领域的深度融合与创新，带动传统产业数字化转型，壮大数字经济发展内生动力。但是，发展信息消费也面临高端和有效供给不足、部分地区消费潜力尚未充分释放、消费环境有待优化等一系列问题和挑战。

在此背景下，制定发布《行动计划》，是贯彻落实国务院决策部署，加快扩大升级信息消费，持续释放内需潜力，促进经济社会持续健康发展的客观需要。《行动计划》的出台，一方面，有利于推动各有关方面进一步统一思想、提高认识，准确把握信息消费发展中的新形势、新变化、新趋势，明确今后 3 年的工作目标，加快形成工作合力；另一方面，有利于推动各地主管部门进一步加大工作力度，加快提升产业供给能力、扩大信息消费覆盖范围、持续优化发展环境，充分释放发展活力和内需潜力。

（二）总体思路

《行动计划》以习近平新时代中国特色社会主义思想为指导，全面贯彻落实党的十九大精神，强化信息消费对推动经济发展质量变革、效率变革、动力变革的重要作用，以深入推进供给侧结构性改革，加快提升产业供给能力为突破口，以优化信息消费环境为保障，深化信息技术融合创新应用，促进信息消费升级，推动经济发展质量变革、效率变革、动力变革。

（三）主要内容和举措

《行动计划》的主要内容可用“一条线三个点”来概括，即围绕一条主线、以人民需要为根本出发点、明确四大着力点、抓好五大支撑点。

“一条主线”是指围绕深化信息技术融合创新应用，促进信息消费升级这一主线。坚持问题导向和目标导向，从信息消费供需结构变化出发，深入推进供给侧结构性改革。突出创新驱动发展，提升有效供给能力，加速激发市场活力；积极创造良好的消费环境，夯实信息消费基础；以信息消费升级充分释放内需潜力，带动产业转型升级，促进经济社会持续健康发展。

“根本出发点”是以满足人民日益增长的美好生活需要为出发点。牢固树立以人民为中心的发展思想，针对消费者“不能用、不会用、不敢用、不想用”的各类问题，聚焦重点，从提升供给能力、扩大覆盖范围、提升用户技能、优化消费环境等方面提出系列措施，为广大人民群众提供“用得起、用得惯、用得好”的信息产品和服务，让人民群众能够共享信息技术最新的发展成果，切实提高人民群众的获得感和满足感。

“四大着力点”是指提出四大主要行动。一是新型信息产品供给体系提质行动。加快在中高端消费领域培育新增长点，提升智能可穿戴设备、智能健康养老、虚拟/增强现实、超高清终端设备产品供给能力，深化智能网联汽车发展，引导消费电子产品加快转型升级。二是信息技术服务能力提升行动。通过组织开展“企业上云”、推进新型智慧城市建设、发布信息技术服务标准（ITSS）体系 5.0 版、建立基于互联网的“双创”平台等措施，提升信息技术服务能力，促进实体经济向数字化、网络化、智能化方向演进。三是信息消费者赋能行动。通过加快推进光纤和 4G 网络深度覆盖、深化电信普遍服务试点、开展信息技能培训和各类体验活动，为消费者赋能，从而释放出更大的内需潜力，拉动消费加快升级。四是信息消费环境优化行动。进一步完善以信用为核心的全流程市场监管体系，建立完善的数据与个人信息泄露公告和报告机制，纵深推进防范打击通信信息诈骗工作，加大对电信和互联网企业服务和违规收费行为的处置和曝光力度，切实保障用户权益。

“五大支撑点”是指抓好五项保障措施。一是加强工作组织协调。支持各地加强信息消费重大决策、重大工程和重大问题的统筹协调，建立完善协同的工作机制，明确发展目标和实施方案。支持有条件的地方成立信息消费专家咨询委员会。二是加大政策支持力度。支持信息消费前沿技术研发，拓展各类新型产品和融合应用。进一步加大鼓励软件和集成电路产业发展、支持中小微企业税收政策的落实力度。鼓励有条件的地方设立信息消费专项资金，推动出台支持信息消费发展的专项政策。三是推动开展试点示范。完善信息消费示范城市建设方案和管理办法，打造一批新型信息消费示范城市。面向生活类、公共服务类和行业类信息服务、新型信息产品等领域，遴选一批发展前景好、带动作用大、示范效应强的示范项目。四是完善统计监测制度。加快制定完善信息消费统计监测制度，进一步明确统计范围。推动各地方完善本地区的统计监测工作机制，及时上报信息消费工作的进展情况。建立健全的信息消费评价机制，定期发布信息消费发展指数，推动信息消费持续健康发展。五是搭建产业合作平台。推动“产、学、研”间深入开展合作，在信息消费标准制定、技术验证、产品孵化、国际拓展等方面，创新管理和运作机制，打造多方协作、互利共赢的产业生态。

第三篇　地方实践篇

第七章　北京市信息消费进展情况

一、推进信息消费的主要举措

（一）构建政策保障体系，推进工作顺利实施

北京市高度重视并贯彻落实《指导意见》，针对新时期信息消费发展面临的新情况、新环境，立足首都城市战略定位和“四个中心”功能建设，编制了北京市《关于加快推进软件和信息服务业提升发展的指导意见（2018—2020 年）》《关于印发加快科技创新构建高精尖经济结构系列文件的通知》等一系列支撑政策，力图增强北京市信息消费供给能力。

（二）举办宣传活动，营造浓厚信息消费氛围

2018 年 2 月 8 日，北京市经信委和海淀区政府共同举办 2018 年北京人工智能产业高峰论坛，国内外顶级专家共议北京人工智能产业发展大计。2018 年 6 月 29 日—7 月 2 日，举办了第 22 届中国国际软件博览会，紧扣国家战略和产业热点，吸引了行业领先的厂商参展，举办了近百场会议活动。

（三）着力提升信息安全保障能力，优化信息消费环境

2017 年 12 月，工业和信息化部、北京市签署合作协议，共同打造国家网络安全产业园区，开启国内网络安全产业创新发展的新阶段。2017 年 12 月，举办了首届中国网络安全产业高峰论坛，来自政府、行业领军企业、高校院所、科研机构、投资领域约 500 位代表会聚一堂，分析我国网络安全产业所面临的机遇、挑战和建议，共谋网络安全产业发展之道。

（四）开展试点示范，探索发展新途径

京津冀大数据综合试验区应用感知体验中心和大数据协同处理中心建成

启用。2018 年 3 月，组织开展了北京市信息消费试点示范项目，围绕生活类信息消费、公共服务类信息消费、行业类信息消费、新型信息产品消费、信息消费支撑平台等方面，遴选一批北京市的信息消费试点示范项目，通过试点先行、示范引领，总结推广可复制的经验和做法，加快拓展和升级信息消费。

（五）引进、培育人才队伍，增强持续发展能力

着力引进外部高端人才，重点吸引千人计划、海聚工程等具有国内外优质资源的人才。鼓励企业与高校、科研单位共同创建“产、学、研”合作示范基地。企业与高校、科研单位共建研发基地、产业化基地、实习实训创业基地等，能够根据需要形成技术、人才、研发平台合作等长效机制。

二、信息消费工作取得的成效

（一）信息消费规模持续增长

受信息消费工作带动，北京市信息消费规模持续增长，经济辐射效应凸显。2017 年，北京市规模以上软件和信息服务业实现营业收入 8752.1 亿元，同比增长 13.9%，超额完成年初目标，增速为近五年最高值。软件业务收入 7526.1 亿元，其中，软件产品、信息技术服务、嵌入式系统软件分别实现营业收入 2851.86 亿元、4550.42 亿元、123.83 亿元，增速分别为 12.2%、12.3%、9.0%。2017 年全行业实现增加值为 3169 亿元，增速 12.6%，占北京市 GDP 比重达 11.3%，引领作用持续增强。

（二）信息消费基础设施稳步提升

宽带提速成效显著，高带宽用户占比持续增加，2017 年北京市 6 家运营商（北京联通、北京电信、北京移动、北京鹏博士、北京歌华有线和北京方正宽带）50Mbit/s 及以上固定宽带用户占比为 79%，100Mbit/s 及以上带宽用户占比为 55%。实现 4G 网络城乡全覆盖，完成铜缆网络光纤化改造，宽带平均可用下载速率提高 3 倍，累计在超过 1000 个公共场所提供免费无线上网服务。北京市首张窄带物联网正式商用，百兆及以上宽带用户占比超过 50%。

（三）信息产业快速发展

一是云服务、大数据、电子信息产品设计制造等产业不断壮大，成为信

息消费增长的重要引擎。2017年，全市规模以上计算机、通信和其他电子设备制造业增加值增速10.8%，占全市工业增加值的比重达7.1%，在全市主要工业行业中排第4位。全市手机、微型计算机、智能电视、显示器、集成电路年产量分别达到7483.1万台、742.4万台、316.6万台和93.1亿块。

二是技术创新投入不断增加，产业创新能力显著增强。2017年，北京研究与试验发展（R&D）经费支出1595.3亿元，比2016年增长7.5%，相当于地区生产总值的5.7%。每万人口发明专利拥有量为94.6件，比2016年增加17.8件。全年中关村国家自主创新示范区规模（限额）以上高新技术企业实现总收入51157.9亿元，增长11.1%；其中实现技术收入8327.7亿元。新成立7家产业创新中心，新认定74家企业技术中心。北京市在全国率先发布企业技术中心建设规范标准。积极推进绿色制造工程，启动实施“智造100”工程。32家企业入选中国互联网企业100强，数量居全国之首。在人工智能方面，中关村集聚了300多家以人工智能技术为核心的企业，500余家拓展研究、创新应用人工智能技术的相关外围企业，百余家人工智能相关科研院所，形成了覆盖全产业链、协同发展良好的人工智能产业集群。2018年2月8日，北京前沿国际人工智能研究院正式成立，该研究院以提升人工智能原始创新能力为使命，聚焦人工智能关键共性技术和关键产品，提供全链条创新支持平台，促进科技成果转化和应用落地实践，力争形成一批具有全球影响力的原创成果、国际标准、技术创新中心和创新型领军企业集群。

（四）信息消费公共服务能力进一步增强

一是“北京通”App正式上线。2017年1月，“北京通”App成功上线，11月28日，“北京通”App通过政府验收。截至2017年年底，新增发放“北京通”卡1030万张，累计发卡2297万张。“北京通”App具备了实名认证、电子证照展示、数据服务平台等支撑平台的基础功能，提供了与“北京通”实体卡相互呼应的虚拟卡展示、线上与线下卡应用融合服务能力。在2018年4月召开的首届数字中国建设峰会上，“北京通”App入选数字中国建设年度最佳实践，面向全国进行推广。

二是智慧社区广泛普及，公共服务信息消费进一步扩大。继2016年年底，全市建成1672个星级智慧社区后，2017年，综合利用利用互联网、物联网、大数据、云计算等先进信息技术为民服务的智慧小区建设全面启动，第一批12个智慧小区在全市开展示范。

三是社会信用体系建设进一步完善，信用信息服务能力显著增强。2017

年，北京市加快社会信用体系建设，印发建立完善信用联合奖惩制度加快推进诚信建设的实施意见。目前，全市统一的公共信用信息服务平台已经建成并与国家信用信息服务平台连接，归集的信用信息数量超过 3.3 亿条，其中市、区两级部门归集 2.6 亿条，从国家平台共享 7000 万条。全市 44 个部门共同对安全生产、食品药品、互联网等 13 个重要领域列入异常经营名录的 32.6 万家企业采取了限制从事政府采购、限制取得政府供应土地、限制任职资格等 18 项惩戒措施，累计限制任职资格 4724 人次，已经累计将 156 户企业的法定代表人列为限制出境对象，将 14.3 万人次列入失信被执行人黑名单，实施限制乘坐飞机和高等级列车等惩戒措施。在全市联合惩戒机制的威慑下，17% 的“老赖”自动履行还债义务，近 50% 的重大税收违法当事人补缴了税款。

（五）新兴消费供给创新发展

一是创新新兴信息消费供给。百度、京东、小米等重点互联网信息技术企业持续布局人工智能、互联网金融等领域。百度举办全球首个 AI 开发者大会，推出两大开放平台，全面开放 60 项核心 AI 能力；深度学习技术及应用国家工程实验室正式揭牌；全资收购硅谷机器视觉公司 xPerception，加速包括 AR、自动驾驶、机器人在内的人工智能业务矩阵的产业化。京东发布“商品、价格、计划、库存、协同”五大领域的智慧供应链解决方案；同时发布登月机器学习平台，为零售创新输出 AI 能力；与博世公司达成战略合作，发力汽车后市场领域。小米发布首款自主芯片松果澎湃 S1 和搭载澎湃 S1 芯片的小米 5C 手机，此外还发布了小米手机 6 和人工智能语音电视——小米电视 4A。2017 年小米手机出货量达到 9200 万台，位列全球第五。

二是行业信息消费供给创新能力显著增强。在工业互联网、工业大数据领域，航天云网、东方国信、用友等一批重点企业快速发展，形成领跑全国的发展态势。东方国信 Cloudiip 工业互联网平台横跨 29 个工业大类（占整个工业行业大类 70% 以上），覆盖行业年产值超万亿元，应用服务包括精益研发、智能生产、高效管理、精准服务等全领域。用友精智工业互联网平台，已云化工业软件 265 类、568 个，工业 App 378 类、1107 个，工业微服务组件超过 2400 个，设备接入 63.9 万台，工业大数据采集量 1120 TB；平台注册工业企业 44 万家，服务大中型企业超过 1300 家，包括江铜集团、鞍钢集团、航天八院等，覆盖 20 多个制造细分行业，聚集 600 多家工业 App 生态伙伴。航天云网 INDICS 工业互联网平台，依托航天科工技术服务能力体系，发挥航天云网“1+10+N”体系及西门子战略合作能力，已承载航空航天、新一代信息技术产业、高端数控机床和机器人、节能环保等10多个重点行业及机加、电装、测试、环境等21个专业领域行业方案。

三是加快推广北斗产业化应用。合众思壮、北斗星通、四维图新等北斗产业龙头企业形成了行业竞争优势，成为全国北斗产业发展的“火车头”。在全国农用地土壤污染状况详查工作中，超过90%的省份采用合众思壮生产的北斗移动终端设备。目前，该公司北斗定位导航系列产品已经出口到多个国家，打开了北斗产业的国际市场。

第八章　上海市信息消费进展情况

上海高度重视数字经济的发展，积极创建国家信息消费试点、示范城市，围绕激发需求潜力、增强供给能力、完善基础条件、改善发展环境的工作主线，努力使信息消费成为促进经济转型升级的重要驱动力量。

一、推进信息消费的主要举措

（一）做好规划布局

设立促进信息消费专项工作，上海市各部门形成工作联动机制，发布了《上海市贯彻国务院关于促进信息消费扩大内需的若干意见行动纲要（2014—2017年）》（沪府发〔2014〕3号）、《上海市推进“互联网+”行动实施意见》（沪府发〔2016〕9号），启动实施云计算、移动互联网、人工智能、工业互联网等专项规划。发布实施进一步鼓励软件和集成电路产业发展政策，每年配套产业发展专项资金2亿元。制定面向市级规划布局内重点软件企业、核心团队、设计人员等的专项奖励政策，全面落实企业所得税、产品增值税等税收政策。

（二）营造发展环境

自2015年以来，上海市每年举办上海国际信息消费节、上海智慧城市体验周等活动，推广上海信息产品和服务，宣传信息消费理念；按季度召开相关信息消费企业座谈会，协调解决骨干企业遇到的瓶颈问题；持续发现和培育创新特色突出的企业，对优秀企业和项目，在政策辅导、优惠扶持、企业对接、信息沟通、投融资支持等方面分类促进。建立重大企业和项目引进服务工作机制，积极争取国家级示范项目落户，对国家级项目优先落实市级配套资金。依托市软件和集成电路产业发展专项资金、市信息化发展专项资金、市服务业发展引导资金等，以重点项目资助等形式，支持企业和机构的技术攻关、标准制定、项目产业化等。

（三）优化服务体系

重视产业链协作和整合，组建云计算、大数据、人工智能、移动互联网、互联网教育、工业软件、工业互联网、智能网联汽车等市级产业联盟，在凝聚企业资源、加强行业自律、提高风险防范等方面发挥突出作用。发挥产业基地的服务支撑作用，设立互联网金融、互联网教育、移动互联网视频等新兴产业基地。打造人才服务和培养体系，设立软件、信息服务、网络视听高技能人才培养基地，重点培养急需紧缺专门人才和高技能人才；协调复旦、上海交大、同济、华东理工等高校合作开设移动互联网、云计算、大数据等学历教育，组织 UCloud、浪潮等企业和高校对接，开展教学和实习合作。

（四）强化信息基础设施

完善网络提速全链条，按照“长板更长、短板补足”的总体思路，着力于提质增效和提升用户感知，赋予“提速降费”新内涵。加快提升亚太地区国际海底光缆的建设，统筹规模、空间和用能，完善 IDC 的布局规划，通过内容分发服务企业和电信运营企业的合作，使用户感知速率提升超过 15%。率先启动 5G 关键技术研究和外场试验，三大电信运营企业均选择上海作为首批开展 5G 部署的试点城市。开展光纤宽带千兆接入能力技术论证和小区试点，覆盖规模突破万级。

二、信息消费工作取得的成效

（一）以“上海国际信息消费节”为载体，搭建信息消费“一站式”体验平台

2015 年开始，上海市与 GSMA 开展国际合作，连续三年举办“上海国际信息消费节”，聚焦“互联网 +”在衣、食、住、行、学、娱、信、金、体、医等方面的应用，举办相关信息消费展，向市民集中展示信息消费引领的智慧生活场景。搭建“申 · App”平台，对在上海注册的共计 2 万多个 App 根据下载数量、使用数据、社交分享数据、收入数据、用户评价数据、创新性数据进行综合打分，并经第三方机构进行安全检测后，向上海市民推广，并

发布上海“互联网 + 生活”报告。“2017 上海国际信息消费节”共举办高峰论坛、专题展览、线下体验等活动 10 余场，吸引了近 7 万人次现场参与，获得了中央电视台、东方卫视、上海电视台、重庆卫视、新华网、人民网、《解放日报》、《文汇报》等 54 家媒体和社会各界的广泛关注。

（二）关注特殊人群，以信息消费增进民生福祉

上海市每年举办“互联网 + 银发”论坛，让互联网走进老年人群体。倡导安全、方便、快捷的老年人信息消费使用体验，提高老年人的生活品质。建设浦东新区残疾人智慧公共服务平台，融合信息查询、远程咨询、在线康复指导等多项功能，使社区残疾人在家里通过互联网开展康复训练、辅助器材购买租用等服务，方便残疾人信息消费；针对上海老龄化社会和居家养老为主的养老格局，创新提出“老人宝”服务，成为众多社区养老机构为老年人服务的主要选项；针对城市精细化管理，建成了覆盖全市工地的扬尘噪声污染环境监控系统；针对市民上网体验，开展 CDN 网络下沉，覆盖本市用户访问量前 100 的热门网站和资源，使本市用户的网络感知度明显提升，平均达 30% ～ 40%。

（三）推动信息服务应用和电子产品智能化升级

稳步推进“云海计划”，“企业上云”成为信息建设共识，云计算应用水平得到全面提升，涌现了 UCloud、七牛等一批云计算技术企业。工业软件对标国际前沿，部分技术解决方案达到国内一流水平，如索辰科技自主研发的工业流程仿真模拟软件，已基本实现对国外同类软件的功能替代；宝信软件积极探索工业互联网与工业大数据应用，推出“宝之云”云计算平台。大力发展新一代移动通信技术，联通率先在沪建成全球规模最大的 NB-IoT 商用网络并投入使用，联通 NB-IoT 联合开放实验室（上海）正式挂牌，国际旅游度假区核心区域率先实现基于物联网的智能停车。面向手机、无人机等市场的传感器，如矽睿科技的磁力计、深迪半导体的单轴陀螺仪等，每月出货量均突破 100 万颗。

（四）以市场为导向积极培育信息消费新业态

推动跨境电商蓬勃发展，2018 年，上海电子商务交易额保持 20% 的增长率，交易规模突破 2.8 万亿元。网宿、携程、二三四五等 21 家上海互联网企业入围 2018 中国互联网百强榜。2017 年以来，上海互联网模式、业态不断

创新，以阅文集团、bilibili、拼多多等为代表的一批创新企业成功上市，推动产业持续快速发展。上海市发展快递配送众筹众包模式，降低京东到家、饿了么等生活 O2O 配送成本；汇集一批和国际接轨的新兴线上到线下服务平台，如携程 2017 年净营业收入年增长率约为 40% ～ 45%，洋码头 2017 年实现交易额约 26 亿元，邮包数 600 万件；互联网视听娱乐服务继续保持领先，2017 年营业收入超过 120 亿元，占全国市场比例达 25%，以 bilibili、喜马拉雅等为代表的原创视听内容输出平台在内容上不断精耕细作，在国内已围绕原创主体形成了较有影响力的粉丝经济；编制《关于本市推动新一代人工智能发展的实施意见》、聚焦应用场景、数据开放、环境营造、政策保障、前沿布局、产业发展等产业核心要素，力争成为全球人工智能发展高地。

第九章　天津市信息消费进展情况

一、推进信息消费的主要举措

（一）完善政策措施

为深入贯彻落实《国务院关于进一步扩大和升级信息消费　持续释放内需潜力的指导意见》（国发〔2017〕40 号），天津市继 2014 年印发《关于促进我市信息消费扩大内需的实施意见》（津政办发〔2014〕45 号）后，根据新的目标、任务和要求，又编制印发了《天津市进一步扩大和升级信息消费实施方案》（津政发〔2017〕37 号），进一步明确了指导思想、发展目标，在供给保障、扩大覆盖面、优化环境等方面进行了分工和部署，为全面扩大和升级信息消费奠定了政策保障基础。

（二）建立组织机制

为进一步推动信息消费扩大和升级，加强信息消费工作的组织领导和统筹协调，打造促进信息消费升级版，促进当地经济社会持续健康发展，天津市在市委、市政府统一领导下，由市工业和信息化委、市委网信办发起，市发展改革委、市商务委等 30 余家部门单位参加建立了天津市扩大和升级信息消费联席会议制度，共同研究、审议推动全市信息消费发展的规划、政策和重大项目、重要工作安排等，共同研究解决信息消费发展中的困难和问题，共同推动全市扩大和升级信息消费工作的开展。

（三）加大支持力度

为进一步扩大和升级信息消费，天津市各有关部门、各区和相关企业、机构等广泛筹源，加大财政、资源、人力等的支持力度，充分发挥信息化、科技、电商、物流、软件发展等各类专项资金的作用，实施“海河英才”等计划广泛吸引专业人才，引导和鼓励社会各方广泛参加信息消费扩大和升级，在信息消费供需两端和信息消费环境建设、信息消费降本增效等方面，不断拓展边界和补短固强优化，有效地促进了本市信息消费的扩大和升级。

（四）开展试点示范

在生活类信息消费、公共服务类信息消费、行业类信息消费、新型信息产品消费等重点领域，天津市相继实施了政务一网通、“津品网上行”、网农对接、“互联网＋社保”、制造业与互联网融合发展、公共数字文化建设项目等一系列专项工程，在全市广泛开展信息消费扩大和升级扩大活动，选择性地培育了一批样板企业和典型项目，创新孵化出一批新的技术产品和服务模式。天津市今晚网络信息技术有限公司的“基于大数据的资源管理及公共文化互动服务平台”和天津市上线科技有限公司的“医指通掌上智慧医院”被工业和信息化部评选为2018年度信息消费试点示范项目。

（五）加强宣传引导

以信息消费体验中心和实体店为窗口，运用虚拟/增强现实、交互娱乐等信息技术，不断丰富和充实信息消费内容，增强消费者的真实体验和感受。以各类智能终端为载体，加快向社区、村镇、楼宇等人员聚集区域布放，推送新闻、金融、营销、游戏、便民服务等信息，培养消费者的信息消费习惯。以论坛、培训和专题活动为场景，提升消费者的信息技能，加强信息消费宣传和推广，加大信息消费知识普及。

二、信息消费工作取得的成效

（一）信息消费基础设施持续优化

贯彻落实《天津市加快推进通信基础设施建设的实施方案》《天津市公共电信基础设施建设和保护条例》《天津市通信基础设施专项规划》《天津市通信基础设施专项提升计划（2018—2020年）》等政策措施，全面推动信息基础设施的建设和优化；积极推进“2557”政府推动基站建设工程，截至2018年6月底已有655个站址完工，170个开工建设，80个完成选址，总体任务进展率达45%；推动信息消费降本增效。自2018年7月1日起全面取消流量“漫游”费用，用户获得感明显增强，三大基础电信企业持续开展提速降费工作，中小企业专线提速降费取得良好效果，天津电信、天津移动和天津联通接入的受惠企业数量分别达到1197户、1000户和1250户，降低企业成本分别为75.8万元/月、10万元/月和30万元/月；提高农村地区信息接入能力，截至2018年5月底，天津市农村光纤入户覆盖能力达到252万户，农村地区4G基站数达到1.84万个，农村200Mbit/s及以上接入速率达到7.2万户。截至2018年6月底，城市互联网出口带宽达17990Gbit/s，光纤入户能力达1216万户，光纤接入用户数305万户，IPTV用户超过184万户。

（二）信息消费有效供应不断增强

智能产业不断壮大，聚集了深之蓝、海之星等一批高端智能制造创新主体，培育发展川崎机器人、鸿天自动化等一批优势智能制造企业，智能产品研发、生产覆盖了智能手机、智能电视、智能金融终端、可穿戴医疗设备、智能家居等多个领域，麒麟操作系统、南大通用数据库、360安全软件等企业稳步提升，软件和服务产业链聚集效应日趋明显，恒达文博智能讲解系统用于APEC会议、金砖会晤、G20峰会等多个国家级、元首级政务接待；发挥国家动漫产业综合示范基地作用，推动VR、AR、MR等新兴前沿领域技术和产业化发展，鼓励创意创新，整合IP资源、制作技术、资本合作等领域，鼓励打造更大规模、更具发展潜力的大IP产品体系；制造业“双创”平台建设蓬勃发展，创新活力、发展潜力和转型动力得到充分激发，重点企业“双创”平台普及率达到60.9%，天津光电安辰、天津创投之家等7家企业“双创”平台被工业和信息化部选为2017年试点示范项目。

（三）信息消费社会服务广泛深入

推动“互联网+政务服务”，构建了集公开公示、信用承诺、一网通办、全程监督、信用惩戒“五位一体”的智能化政务服务体系，有效解决了企业和群众“办事难、办事慢、办事繁”的问题。加强智慧医疗建设，实现多渠道预约诊疗、门诊自助机服务、多种方式缴费、信息推送等便民惠民服务，全市43家三级医院中38家完成智慧门诊建设，初步实现了诊疗效率和患者就医感受“双提升”，对接基本公共卫生服务和家庭医生签约服务，实现签约居民个人健康信息开放共享。推动便捷出行，在公交、地铁、高速、停车等方面推出“公交电子客票”“高速通”等App移动支付应用，市公交集团联合蚂蚁金服、小码联城推出支付宝乘车码升级版，市民使用“天津公交电子客票”刷码乘公交，可享受每人每天2笔5折优惠，为天津市民及外地游客在便利出行服务上提供新体验。加快发展农村信息服务，全市建成村级益农信息社155个，通过益农信息社推送信息7.14万条；代理各类生活缴费业务15.18万笔，涉及金额1364万元，累计培训信息员1500人次。

（四）信息消费应用场景持续扩大

电子商务服务领域不断扩大，跨境电商、工业电商、农村电商发展迅速，阿里菜鸟、网易考拉等国内知名电商企业成功在津落户，培育认定了东疆保税、红桥大龙网龙工场等7个电商创新试验区，绫致时装、天物大宗等7家本地企业被评为国家级电商示范企业，涌现了中环易采、“51有色”等一批开放型集采集销和特定垂直领域电商平台。制造业新型模式不断涌现，个性化定制、网络协同化制造和服务型制造成为企业发展创新的新模式，天津胜美服饰从传统女装向工业化个性化高端定制转型，在满足个性化定制生产的同时，企业生产效率提升了20%。天津美克国际家私、宜科等7家单位入选工业和信息化部服务型制造示范企业。重点领域取得新拓展，一批产业创新联盟、智慧科技研究院相继成立，实施服务业转型升级、工业科技开发等专项活动，在人工智能、智能网联汽车、机器人、无人机等领域加大研发力度，中科遥感科技的“实时中国遥感技术服务平台”已在上海、深圳等多个省市开展应用，“环保云”建成实现了“一个平台管环境”，为天津的蓝天、青山、绿水保驾护航。

（五）信息消费保障环境优化升级

制定实施《天津市严格知识产权保护实施方案》，建立起覆盖全市的网格化知识产权保护公共服务体系；推行“双随机、一公开”监管，通过“天津市市场主体联合监管系统”一键随机抽取检查企业；加强信用体系建设，运行“天津市行政机关联合奖惩监管系统”；积极推行“证照分离”改革，组织实施《天津市推进“证照分离”改革试点工作方案》；支持金融机构推广普及移动支付、网上支付等便捷支付方式，推动金融IC卡普及应用，累计发放金融IC卡4380万张，覆盖公共交通、医疗卫生、社会保障、生活服务等多个领域；实施职业技能培训补贴政策，积极开展信息知识、信息技能、信息应用等培训。

第十章　辽宁省信息消费进展情况

一、推进信息消费的主要举措

为了贯彻落实《国务院关于进一步扩大和升级信息消费　持续释放内需潜力的指导意见》（国发〔2017〕40号），顺应互联网技术与经济社会深度融合的发展形势，进一步扩大和升级信息消费，持续释放发展活力和内需潜力，优化消费环境，促进辽宁省信息消费快速发展，带动其他领域的消费快速增长，助力供给侧结构性改革，辽宁省出台了《关于进一步扩大和升级信息消费　持续释放内需潜力的实施方案》（辽政发〔2017〕54号）。

各市成立相关领导小组，出台信息消费相关文件，推进信息消费发展。沈阳市成立智慧沈阳建设工作领导小组，组建市大数据管理局，先后制定出台《沈阳市智慧城市总体规划（2016—2020年）》《沈阳市国家大数据综合试验区建设三年行动计划（2018—2020年）》《沈阳市推进电子商务与快递物流协同发展实施方案》。大连市着手编制《大连市关于进一步扩大和升级信息消费　持续释放内需潜力的实施方案》和《大连市智慧城市发展规划》，加大工业和信息化发展专项资金对产业的支持力度，出台制造业创新中心、两化融合贯标、软件平台、集成电路和智能制造5项专项资金管理办法。本溪市成立市信息化工作领导小组、本溪市电子商务协会、电子商务工作领导小组和电商办，并先后制定了《本溪市国家信息消费试点工作方案》《三网融合推广实施方案》《本溪市人民政府关于大力发展电子商务加快培育经济新动力的实施意见》《本溪市人民政府关于进一步扩大和升级信息消费的实施方案》《关于统一规划建设通信基础设施工作的意见》《本溪市人民政府办公厅关于支持5G移动通信网络基础设施建设的通知》。

二、信息消费工作取得的成效

（一）信息产业规模不断壮大，产品结构和产业布局日趋合理

一是数字医疗产业的自主研发能力大幅提高，东软医疗的128层“精睿”CT全球累计销量突破200台，东软医疗云基地产业园项目一期建设完成，东软医疗2018年4月开发出Mobile CT产品，在国内首次将全身CT应用到车载领域。二是数字视听产业发展势头较好，同方集团联合亚马逊(Amazon)共同合作研发全新的高端智能电视，沈阳同方工厂主营业务收入和产值大幅上涨。三是手机和智能终端企业主动适应市场需求，加快转型升级，在特种手机、通信模块、汽车电子等行业研发新产品，开拓新市场，部分产品需求旺盛、订单充足，云狐科技、怡亚通、英佰科技主营业务收入的增幅均有增加，产业呈现积极向上的发展态势，怡亚通车载产品、行车记录仪、机顶盒等出口量呈现爆发式增长。四是云计算产业快速发展，初步形成集聚效应；积极打造东北地区区域云中心，东网科技云计算中心具有1170万亿次/秒的计算能力；华为沈阳云项目落户沈北，与清华紫光签署了工业云战略合作协议，紫光中德技术有限公司已正式落地，累计新培育上云企业99户。五是中小企业公共服务平台的作用明显增强：立足产业集群、工业园区、重点领域，针对中小企业的需求，依托高等院校、科研院所、大型龙头企业、社会服务机构的先进实验室、进口设备(仪器)、工程技术中心、技术援助中心，以企业技术攻关和破解企业技术难题为服务重点，培育建成了一批提供中小企业行业共性技术服务的社会化、开放式中小企业公共服务平台，为中小企业高质量发展提供信息、技术、创业、融资、培训等服务；目前，省级中小企业公共服务平台总数已达203家，2018年开展服务活动12556次，服务中小企业9387户。六是数字内容创新发展：沈阳市图书馆、沈阳市群众艺术馆和沈阳故宫博物院实现了数字化、智慧化改造，构建了线上数字化互动性服务平台，建成824个社区电子阅览室，数字文化服务突破了传统服务范围。七是软件自主研发和应用服务能力不断增强：软件产业由单纯的工业软件开发、IT培训和技术咨询逐渐向以新一代信息技术为核心支撑的数字传媒、电子商务、移动互联、大数据分析、服务外包等领域发展。

（二）信息基础设施持续升级

一是沈阳市成为东北地区最大的网络通信枢纽、十大国家级互联网骨干

直联点城市之一和中国教育网东北地区的核心节点，获批“宽带中国”示范城市和国家电信普遍服务试点城市；互联网出口带宽达到7800Gbit/s,城区光纤网络和4G无线网络实现全覆盖，城区具备100Mbit/s光纤接入能力，行政村全部具备50Mbit/s光纤宽带接入能力，行政机关、医疗教育机构等热点区域实现了免费智能Wi-Fi覆盖；2018年，获国家发展改革委员会批复同意，沈阳市成为东北地区唯一在国内率先开展5G规模组网建设及应用示范的城市。二是大连云计算公共服务平台已为全市100多家企业提供10余项公共服务，被评为“2017年度云计算优秀典型案例”，并召开“大连云计算公共服务平台2017年度发布会”；专业云平台建设成果显著，华为大连软件开发云服务企业1000余家，运行项目10000个，成功召开“2018大连华为软件开发云创新论坛”；工业仿真云、软件人才培养云等专业云平台建设顺利；工业和信息化部将大连推动云计算产业的做法定义为“大连模式”,并在大连市召开了“云计算发展三年行动计划宣贯会暨云平台建设经验交流现场会”。

（三）电子商务快速发展

一是沈阳市已有国家级电子商务示范基地两个，全市独立运营的第三方电子商务平台企业100多家。其中，京东商城、苏宁易购、当当网等外埠企业及中兴云购、网上兴隆、商业城、大悦城、金宝台二手车市场等本土电商企业逐步发展成全市电子商务产业发展的重要支撑力量。二是大连市初步形成高新园区、生态科技创新城、瓦房店市、金州新区等多个电子商务集中发展区域，金普新区跨境电商综合实验区正式启动。再生资源交易所、东北亚煤炭交易中心、泛亚太电子交易公司、东北亚现货商品交易所、北方粮食交易市场等16家大宗商品现货电子交易平台健康发展，建设了一批水产品、农产品电子商务交易和信息平台、本地社区O2O平台和跨境电商平台。三是本溪市发挥“中国药都”产业资源优势，推动生物医药产业与电子商务深度融合，生物医药电子商务示范基地被评为国家级电子商务示范基地，鼓励企业充分利用互联网开展产品营销，药都本溪网、新八达电子、利民商贸、众邦传媒等7家电子商务平台已经上线运行，建立了“一园一村两中心”:“一园”即本溪市电子商务产业园，占地面积10000m^2，建筑面积6000m^2，园区内包括仓储中心、物流服务中心、商企服务中心、线上客服中心、创就业孵化基地，其中，创就业孵化基地分为文化电商“百工坊”、农业电商“养生坊”、旅游电商“景区汇”3个子板块，负责开展电子商务创业人员的短期见习和起步运营扶持工作，园区内设立“海e购”板块，负责开展跨境电子商务的运营和指导工作，并与工商银行“融易购”、阿里巴巴“速卖通”、瑞典华人商会建立了合作关系；“一村”即本溪县政府与阿里巴巴集团签订合作协议，正式启动本溪县村淘项目，目前本溪县农村淘宝正式开业运营，县级公共服务中心已经建成，电商平台运营商和电商服务企业已经入驻，已建设电子商务进农村与淘宝合作村级服务站 33 家；“两中心”即桓仁县建成县级电子商务公共服务中心和物流仓储配送中心，本溪县建设电子商务进农村村级服务站 49 家，整合圆通、韵达、百世汇通、申通、宅急送 5 家企业，提供货物仓储、快件分拣、物流车辆等服务，保障消费品下行和农产品上行的配送，已为全县 12 个乡镇、53 个行政村提供配送服务，打通农村“最后一公里”。

（四）信息消费公共服务能力显著提升

一是智慧医疗扎实推进。辽宁 12320 卫生健康服务平台，提供集电话、网站、微博、微信、短信息、手机 App 等多手段、全方位、立体化的健康惠民服务，开展预约挂号、健康和政策咨询、医疗服务投诉等服务工作。截至 2018 年，辽宁 12320 卫生健康服务平台共提供各类服务 61 万余件，其中电话服务 14 万件、预约挂号 47 万件，手机 App 已接入省内 49 家医院。区域人口健康信息平台加快建设，开展了云医院、蓝卡医疗等“互联网 + 医疗”试点工作，不断创新健康养老服务模式。**二是智慧教育快速推进。**师生信息化技术应用能力明显提升，中小学数字校园全面建成，开展了智慧教室先行试点，发行了电子学生证，教育资源公共服务平台基本建成，注册数和活跃用户数位居全国前列；推进本地“精品课程”共建共享，沈阳市“网络公益学堂”栏目制作并发布了近 4000 节在线网络公益学堂课程。本溪市建录播教室 57 座，录制精品课程资源上传到校本资源库和教育云资源服务平台精品课例栏目，实现全市优质资源开放共享。**三是智慧交通深入推进。**开发上线“沈阳易行”手机 App 和微信公众账号，具备事故快赔、手机违章缴费等实用功能，系统用户数已超过 140 万。“乘车易”App 用户已达 120 万，提供实时到站信息等便民服务。四是智慧城市着力推进。本溪市已建成以线上市民网以及线下市民卡为核心的市民线上线下融合服务平台。自市民网 2014 年 9 月上线以来，已完成 10 大类，44 小类，共计 755 项服务。其中 PC 端涵盖 725 项服务，移动端涵盖 551 项服务，系统接入 53 个委办局单位（对接市平台 47 个，对接省平台 6 个），其中办事大厅 19 项分类共计 466 项服务。微信服务号 23 项服务，微信城市服务 16 项服务。市民卡现已集居民医疗卫生服务、图书借阅、公交、公用事业缴费以及金融服务五大功能于一身，市民卡的发放初步实现了市民卡包的瘦身。目前，市民卡制发卡量已达110余万张，占可发卡人群的80%以上。

（五）优势新兴产业着力培育

一是基于智能终端的新兴文化产业模式不断创新。成立数字文化发展联盟，专门服务于提供新兴文化与数字应用业务及服务的企业，大力推动网络视频、互动媒体、数字音乐、游戏动漫等新兴业务的快速发展；推进市、区县数字文化社区建设，整合数字出版、数字媒体、数字阅读等数字文化资源，搭建“数字图书馆”应用平台，实现智能化、便利化、网络化数字终端阅读；依托智慧社区与无线城市建设，开展智能终端阅读平台建设试点，并将智能终端机引入社区。**二是传统数字视听行业经营模式向“制造业＋增值服务”转型。**大力发展数字新媒体、移动多媒体等新兴文化产业；激光电视机、3D电视、多媒体数字移动电视、3D播放器、激光投影仪、新型显示器等终端产品不断推陈出新，带动数字家庭高清机顶盒、网关设备、家庭影院、电视增值业务、有线电视互联网形成产业化。**三是高度重视动漫游戏产业发展。**设立动漫游戏园区，相继吸引了日本第一大手机社交游戏运营平台DENA、韩国第一大网络游戏运营平台慧搜及国内知名游戏公司腾讯、金山等落户；组建轻游戏、互联网游戏和移动互联游戏体验平台，为区内游戏企业提供游戏上线测试、用户互动体验服务。

第十一章　江苏省信息消费进展情况

一、推进信息消费的主要举措

（一）强化组织领导协调机制

江苏省政府高度重视信息消费工作，国务院关于扩大和升级信息消费40号文件发布以来，江苏省领导批示要求出台相应的贯彻实施意见，经过数轮修改完善，江苏省政府于2018年4月发布了《关于进一步扩大和升级信息消费　持续释放内需潜力的实施意见》（苏政发〔2018〕58号），从供给侧和需求侧提出了江苏省进一步扩大和升级信息消费的指导思想、发展目标、主要任务和重点工程。信息消费示范城市加强组织领导和工作机制，南京市、徐州市、苏州市政府均成立了市信息消费示范城市工作领导小组，由市领导任领导小组组长，市有关部门参加，领导小组办公室设在市经信委，全面统筹领导信息消费示范城市的建设工作。

（二）加强信息消费宣传推广

2017—2018年，江苏连续两年开展了信息化宣传月活动，综合运用新闻媒体、网络宣传、专题论坛、专项活动等多种途径和方式，在全省范围内开展形式多样、富有成效的宣传活动，推动形成加快信息消费的良好环境和工作氛围。江苏省组织了一系列大型的信息化相关活动，举办了中国（南京）国际软件产品和信息服务交易博览会、世界物联网博览会、世界智能制造大会等大型活动，通过新品展览、洽谈交易、人才招聘等系列活动，为企业搭建国内外交流与合作的平台，推动信息化人才和项目快速集聚，促进信息消费向更高层次发展。

（三）加大示范试点建设和资金支持力度

按照工业和信息化部的要求，江苏省组织各地有关部门围绕信息消费发展重点领域，结合各地发展优势特色开展信息消费试点示范项目申报认定工作，经项目初审、专家评审等环节，最终确定将江苏满运软件科技有限公司的“运满满公路干线智慧物流大数据平台”等16个项目上报工业和信息化部。依托江苏省工业和信息化转型升级专项引导资金，江苏省对智慧江苏重大示范工程及行业电商平台项目等信息消费相关项目进行资金支持。江苏省深入推进信息消费试点示范城市建设，全省共有南京、徐州、苏州3个城市入选国家信息消费示范城市，盐城、张家港、扬州广陵区等6个城市入选国家信息消费试点城市，数量均居全国第一。江苏省在南京江宁区、无锡新区、常熟市等18个县市区开展省级信息消费试验区创建工作，及时总结信息消费的经验做法，并向省内其他地区复制推广。

（四）加快“互联网+”和“双创”工作建设力度

江苏省加快“大众创业、万众创新”的载体建设，与地市合作共建第二批6个互联网产业园和16个互联网众创园，众创空间总体数量快速增长，先后涌现“U谷创客”“创新公园”“啡咖啡”等一批新型创业载体，为云计算、互联网金融、电子商务、网游等领域的创业创新提供强大支撑，为创客创业创新提供良好的发展环境。江苏省举办“i创杯”互联网创新创业大赛，吸引千余个优秀创业项目参赛，项目覆盖的消费领域包括云计算与大数据、智能硬件以及“互联网+”工业、农业、教育文化等多领域、多行业，推动互联网创新创业项目、资本与载体实现充分对接，促成有效合作、共同成长。

（五）大力推动信息消费“三品”行动

一是丰富信息消费产品品种和服务领域。实施消费类电子产品升级计划，支持移动智能终端、可穿戴设备、消费级无人机、虚拟增强现实、人工智能设备等产品实现创新和产业化升级，促进新一代信息技术向智能健康、智能养老、智能交通等领域广泛融合渗透，带动新品消费，扩大优质产品和服务供给，更好地满足高品质消费需求；实施智能家居建设计划，加大面向5G的智能电视、智能音响、家庭服务机器人等新型电子产品供给。**二是提升信息消费优质产品供给和服务水平。**推动各类应用电子产品向数字化、网络化、智能化方向发展，在市政、交通、环保、能源、教育、医疗等领域开展新型应用示范，提升信息消费产品和服务供给质量。**三是推动信息消费产品**

品牌创建和服务创优。开展信息消费高端产品认证，制定智能家居、智慧家庭等标准和信息服务业优质服务规范，推动江苏省信息消费领域产品、平台、服务等品牌建设。

二、信息消费工作取得的成效

（一）宽带网络不断提档升级

大力实施“宽带中国”战略，深入推进“光网城市”“光网乡村”工程，2018 年上半年信息基础设施投资约 150 亿元，基本建成全光网省，4G 网络城乡覆盖率超过 90%，各设区市城区主要公共区域实现免费无线网络全覆盖；加快推进 5G 网络、未来网络、量子通信网络试点工程，在南京国家级互联网骨干直联点的基础上加大带宽扩容力度；加快互联网国际通信专用通道建设，打造面向区域级骨干网络互联的区域交换中心、信息交互中心；加快城域网、接入网、互联网数据中心等信息基础设施的 IPv6 升级改造，启动宁苏量子干线南通段工程建设；加快量子通信实验网络建设，大力实施“企企通”工程，建设“网 + 云 + 端”的工业信息基础设施；加快推进宽带网络进企业、入车间、联设备，新增“企企通”应用企业 2500 家。

（二）智能终端供给水平不断增强

加快全省电子信息产业升级发展，产业规模约占全省工业经济的 20%、全国电子信息产业的 25%。2018 年上半年，全省电子信息产品制造业实现主营业务收入约 14000 亿元，同比增长 9% 以上。新一代信息技术产业快速发展，自主创新能力显著增强，拥有国家级和省级企业技术中心 174 家、国家级和省级电子信息产业基地和产业园 48 家。以无锡为核心、南京和苏州为支撑的“一体两翼多元”、辐射全省的物联产业布局已经形成。

（三）信息技术服务能力大幅提升

大力支持软件企业转型，推动产品型企业逐步转向软件服务、平台服务、基础设施服务；大力支持南京高水平建设中国软件名城，加快提升品牌知名度和竞争力；推动建设一批特色鲜明的大数据产业园，建成云计算大数据公共服务平台 30 多个，亿元以上大数据骨干企业超过百家。

（四）行业电商平台优势明显

大力发展行业电子商务，实施大中型企业电商拓市工程，深入开展电商拓市环省行活动，全省大中型企业电商应用基本实现全覆盖。在装备制造、冶金、化工、电子信息、新医药、新材料、纺织、轻工等领域，江苏省重点打造 30 家行业 B2B 平台、25 家大宗商品交易平台和百家行业特色平台。徐工集团、沙钢集团、南钢集团、远东电缆、红豆集团等企业建设的行业 B2B 平台增长迅猛，平台集聚效应明显。行业电商平台建设带动了电商服务产业的发展，以焦点科技、苏宁易购为代表的综合性电商服务平台，以买卖网、香传电子、千米网等专业电商服务平台为代表的一批电商服务企业迅速成长壮大。超过 20 万家制造型企业通过焦点科技打造的百卓采购网进行采购，年采购金额近 1000 亿元。

（五）智慧民生推广应用不断深入

高标准、高起点打造全省政务服务“一张网”，省级和县（市、区）在线率分别达到 98.2% 和 88.5%，28 个部门的 769 项业务已实现“一次登录、全网通行”。江苏省开展“互联网 + 健康医疗”服务行动，落实国家健康医疗大数据中心暨产业园试点示范项目，建成一批“智慧医疗—数字化示范医院”，发放居民健康卡 500 多万张，初步实现居民健康档案管理、医疗机构间信息共享和双向转诊；启动省级教育专网建设，打造苏派优质数字教育资源，省教育信息化公共服务平台已覆盖所有区县和乡镇中心学校；实施智慧交通“232 畅通网”重大工程，实现设区市实时公交信息服务和市县交通“一卡通”互联互通应用；推进“智慧社区”“虚拟养老院”建设，建成覆盖全省、统一规范的城乡社区综合管理和服务信息平台。

第十二章　福建省信息消费进展情况

一、推进信息消费的主要举措

（一）争取支持，积极创建国家试点示范项目

在工业和信息化部的大力支持下，近年来福建省主动作为、先行先试、积极争取国家试点示范工作，通过试点示范，以点带面，不断扩大信息消费影响力，福州、厦门、泉州、石狮入选国家信息消费试点城市，福州、厦门获评国家信息消费示范城市，福州、厦门获批国家数字家庭产业应用示范基地，福州、厦门、泉州、莆田被列入全国首批信息惠民试点城市，泉州市被列为工业和信息化部“中国制造 2025”试点示范城市。同时，福建省争取一批国家试点项目建设，如“基于物联网技术的智慧养老服务系统平台”“厦门停车信息共享服务平台”等 5 个项目入选国家信息消费创新应用示范项目，厦门三五互联等 13 家企业获批开展移动通信转售业务试点。

（二）抢抓机遇，研究出台促进信息消费的政策措施

密切跟踪国家信息消费发展动态，2013 年，在国务院出台《关于促进信息消费扩大内需的若干意见》之后，福建省立即研究制定配套政策措施，率先在全国出台贯彻落实国务院促进信息消费意见的省级政府文件——《福建省人民政府关于促进信息消费扩大内需十二条措施的通知》。2017 年 8 月，国务院《关于进一步扩大和升级信息消费　持续释放内需潜力的指导意见》印发后，福建省立即启动宣贯工作，由经济和信息化委员会同发展改革委员会等部门研究制定贯彻实施意见，将从提高信息消费供给水平、扩大信息消费覆盖面、优化信息消费发展环境等方面，着力激发信息消费的市场活力，着力优化信息消费环境，着力挖掘信息消费新产品、新业态、新模式，着力构

建健全完备的信息消费体系，全力打造福建省信息消费升级版。

（三）突出示范，扎实推进信息消费试点城市建设

部署制定试点工作方案，以福州、厦门、泉州、石狮为重点，推进试点工作深入开展。福州市着力发展公共服务信息消费项目，在全国率先开通基于三维成像技术的旅游电子信息系统，实现全市 4A 级景区 3D 全景导览，建成“福州教育区域云学习中心”，推进“数字青少年宫活动室”在农村中心小学以上学校的全覆盖。厦门市大力推进信息消费体验，初步构建了“城市综合展示、企业市场运营、社区便民体验”三级架构的信息消费体验体系，建成“i 厦门”一站式惠民服务平台和“海峡两岸信息消费体验馆”。泉州市重点实施“数控一代”示范工程，加快信息技术与传统产业融合发展，推进产业优化升级。石狮市重点推进信息服务创新，实施“东方米兰”计划，加大投资和梯次推进甲骨文纺织服装创新发展云平台等信息服务项目，组织企业抱团发展电子商务。

（四）搭建平台，加强信息消费支撑能力建设

一是争取工业和信息化部、中国电子学会的支持，在福州举办第八届中国物联网大会，吸引一批国内物联网优秀企业和项目来闽投资兴业。

二是推动成立福建省海峡物联网应用促进中心，建成物联网线上线下对接服务平台，集中展示物联网优秀产品和解决方案，促进“产、学、研、用”全产业链对接合作；同时加强与厦门物联网协会、福州开发区物联网产业协会、福州大学物信学院等的合作，为物联网企业与传统企业搭建交流对接平台。

三是推动上百家企业跨界合作，成立福建省物联网产业联盟，加速产业集聚发展。

四是举办福建省物联网项目创新大赛、中国物联网生态大会、华为云中国行暨福建智造创新大会等活动，加大信息消费产品宣传推介力度，加强企业与国内行业龙头企业交流合作。

二、信息消费工作取得的成效

近年来，福建省信息消费持续快速发展，2017 年，全省信息消费规模 4728 亿元，同比增长 21.4%，其中通信业务总量 897 亿元，同比增长 53.4%；

软件技术服务消费 2239.3 亿元，同比增长 16.3%；信息终端产品消费 1592.3 亿元，同比增长 21.4%。

（一）信息基础支撑能力持续增强

福建省信息化发展指数为 80.89，居全国第七位：带宽接入能力较高，城市地区 20MB 及以上接入带宽覆盖比超过 90%，商务楼宇光纤通达率 100%，建制村光纤通达率 99%；宽带应用普及率高，宽带普及指数居全国第五位；互联网用户数达 4248 万户，其中 20MB 及以上宽带用户占比为 64.8%，移动互联网用户 3142 万户，全省网民普及率达 69.9%，居全国第四位。

（二）信息消费供给结构持续升级

一是高端产业发展迅速。围绕“增芯强屏”加强“补短板、调结构”，高端产业配套不断完善，其中京东方 8.5 代液晶面板线、厦门天马微二期 6 代低温多晶硅（LTPS）TFT-LCD 及彩色滤光片、莆田华佳彩 6 代中小尺寸面板线、三安光电砷化镓集成电路生产、厦门联芯 12 英寸集成电路生产线等一批项目陆续投产，增强了与信息消费配套的供给能力。

二是智能产品加速发展。面向消费升级的智能网联汽车、可穿戴设备、数字家庭产品、智能服务机器人等信息产品加速向智能化、高端化、融合化优化升级，如厦门金龙汽车公司与百度公司合作，加快研发无人驾驶巴士。

三是信息消费供给向服务化转型。随着智能产品和互联网技术的普及，产业价值逐渐向“产品 + 服务”模式升级，如瑞芯微已由传统的音视频芯片设计公司，转变为物联网全应用平台，为智慧家庭提供成熟的解决方案；智润公司从单纯的仪表仪器生产商，转向前端传感器和数据资源的开发应用，为客户增加传感数据服务，极大提升产品黏性。

（三）信息消费新兴需求持续拓展

一是以物联网、大数据、云计算为基础的应用需求蓬勃发展。全国首家 NB-IoT 规模化商用局在福州正式启用，以城市供水漏损治理为试点的窄带物联网技术应用市场加快发展，基于该技术的智慧城市燃气、路灯、地下管网等潜在市场也得以释放。

二是“互联网 +”消费模式快速兴起。福州、厦门健康医疗大数据中心建设列入国家试点工程，厦门市建成区域医疗卫生信息服务平台，形成社区医院与大医院之间远程会诊、诊间预约、双向转诊、区域心电协同的分级诊疗协作机制，成为市民日常就医保健的重要渠道；建成“1+1”全省统一的数字家庭创新应用及信息服务平台（即 1 个数字家庭管理系统和 1 组数字家庭示范村门户）；通过政务、家居、农业、居家养老、医疗五大“互联网 +”应用场景，可视化、可感知、可体验的农产品生产销售模式成为农村信息化推广应用的典型，深受市场欢迎。

三是网络型服务消费迅猛发展。福建省是全国三大网货制造基地之一。2016 年，福建省电子商务交易额达 10196 亿元，增长 43.3%。2017 年，“双 11”当天在天猫的交易额超过 66 亿元，增幅达 37%，交易额排在全国第八位。动漫游戏等网络产品受到市场热捧，如咪咕动漫收入实现倍增，美图公司的全球用户超过 7 亿人，用户数居全球互联网公司第七位。

（四）信息消费与产业互动发展模式持续兴起

制造业企业与互联网企业融合发展的“双创”服务体系逐渐兴起，围绕智能制造、工业互联网等领域的信息技术服务十分活跃。福建省大力实施“数控一代”示范工程，启动百个示范项目和百家示范企业，推广一批具有典型“机器换工”意义的自动化示范生产线，涌现出一批创新能力强、成长性好、产业化程度高、社会经济效益显著的龙头企业。例如，九牧厨卫投资 15.6 亿元，建设生产过程智能管控与动态优化的高度智能化生产线，生产效率提高 120%，运营成本降低 32%，产品研制周期缩短 40%，不良品率降低 30%，能源利用率提高 15%。又如，中海创集团实施工业互联网战略，基于安全可控的工业控制核心技术，与紫金矿业、金龙客车、振华重工、台塑集团等行业龙头企业开展合作，为智慧工厂、智慧装备、智慧城市、智慧矿山、智慧港口、智慧环保等提供信息技术服务。厦门拙雅通过众筹网站发布和展示产品设计，对接消费者的潜在需求，在完成实物众筹后，再外包给制造企业进行批量生产。

第十三章　山西省信息消费进展情况

一、推进信息消费的主要举措

（一）制定出台信息消费实施意见和行动方案

山西省贯彻落实国务院、工业和信息化部的文件精神，为扩大信息消费覆盖面，提升信息消费发展水平，结合山西省的实际情况，制定印发《山西省进一步扩大和升级信息消费实施意见》，会同有关部门编制印发《扩大和升级信息消费三年行动方案（2018—2020年）》。

（二）完善大数据产业发展保障制度

山西省组织起草《山西省大数据发展应用促进办法》，完成相关调研、修改、论证等工作；将《山西省大数据发展应用条例》列入《山西省十三届人大常委会立法规划（2018—2022年）》，拟通过立法进一步促进大数据产业的发展应用，推动数据资源开放共享，为山西省大数据工作提供法治保障。

（三）实施“政务上云”专项行动

山西省制定印发《山西省级政务云平台建设推进实施方案》，建立“政务上云”的制度体系，召开“政务上云”启动大会。山西省各省直部门的新建业务应用信息系统将在云平台上部署，将原有业务信息系统逐步迁移到云平台（涉密系统除外）；组织专业技术力量深入对接各省直部门，定期研究云平台建设和政务信息系统的部署迁移工作。2017年以来，省直部门新建项目上云率达到65%，完成41个部门170余个信息系统的迁移上云工作。

（四）开展电信普遍服务试点，推动信息扶贫

山西省核实信息扶贫指标，组织有关地市经信部门、省基础电信企业，上报“2017 年度十五个拟脱贫县行政村互联网覆盖”的相关数据并进行了认真核查；完成第三批电信普遍服务试点建设工作，提高了农村地区的信息接入能力；完成第四批电信普遍服务试点申报工作，继续扩大信息消费的覆盖范围。

（五）推动人工智能产业发展

山西省依托中国信息通信研究院开展人工智能产业发展调研，研究制定《山西省人工智能产业规划（讨论稿）》，推动数据标注产业发展，协调百度公司与山西综改示范区、山西焦煤集团围绕数据标注项目进行合作。

（六）研究制定山西省工业互联网落实文件

山西省根据国务院文件精神，结合山西省实际情况，制定印发《山西省关于深化“互联网 + 先进制造业”发展工业互联网的实施意见》，提出要夯实企业软硬件基础，打造平台体系，培育融合发展业态，加强融合产业支撑，构建安全保障体系等工作任务，支持制造业龙头企业、大型互联网企业和细分领域平台企业建设一批综合性、行业性平台，营造山西省良好的工业互联网发展生态。

（七）研究制定《山西省“企业上云”行动计划（2018—2020 年）》

山西省重点明确实施企业上云的行动目标和重点任务，深入实施“企业上云 5+10+4 行动”，即 5 个大目标、10 个重点任务、4 项保障措施；开展服务企业建平台、大型企业上平台、中小微企业用平台、政府搭台“赞”平台等系列行动，迅速构建山西省“企业上云”生态体系。

二、信息消费工作取得的成效

（一）入选工业和信息化部信息消费试点示范项目名单

2018 年 3 月，根据工业和信息化部关于信息消费试点示范工作的有关部署，山西省委面向各地市组织开展了信息消费试点示范项目征集，选出 10 家

较为突出的项目予以上报，最终“山西广誉远国药有限公司”“山西嘉世达机器人公司”两个项目通过工业和信息化部的审核，入选试点示范项目名单。

（二）完成工业和信息化部信息消费地区重点项目摸底

2018年6月，为贯彻落实工业和信息化部信息消费工作的任务安排，山西省组织开展信息消费重点项目摸底工作。通过摸底，山西省委对省内的信息消费发展现状有了准确了解，选定“便携式健康监测设备、安防监控、家庭服务机器人等智慧健康养老服务产品研发及产业化应用示范”“图像、视频识别技术研发及产业化应用”“推动开展企业上云，促进云计算服务商与行业企业深入合作”等任务作为下一步信息消费发展的主要方向；摸底信息经研究分析及汇总归类后，上报工业和信息化部。

（三）规范信息化建设项目资金管理

为夯实信息消费工作基础，引导企业参与信息消费发展环境建设，激发数字经济活力，2018年度山西省委技改资金和大数据发展资金加大了对信息消费领域企业的扶持力度，特别是民生服务领域的大数据项目；制定《山西省直部门信息化建设项目支出预算方案编制规范和预算编制标准（试行）》，指导建设山西省智慧旅游云平台、全民健康医疗大数据平台、工业云服务平台、全民工程大数据项目、教育动态数据分析服务平台、省级跨境电子商务平台等43个信息化或大数据服务项目，支持政府大数据产品开发应用，带动信息消费领域的企业发展。

（四）支持阳泉智慧物联网应用基地建设

组织协调阳泉市相关部门开展“阳泉市大数据发展规划”及配套政策措施，协调院校、科研机构等专家与阳泉市对接，为物联网基地建设提供智力支持；跟踪推动阳泉市编制《新型智慧城市及智能物联网应用基地建设规划》（以下简称《规划》），跟进开展编制《规划》项目招标和建设工作；阳泉市政府已编制完成《规划》并印发实施。

（五）积极培育工业互联网平台

山西省委立足省内的产业实际，打造与经济发展相适应的工业互联网生态体系。目前，山西省委正在积极推动省内工业互联网平台建设；推动百度公司与山西精英科技围绕煤炭行业建设“中国煤炭云”工业互联网平台；推动山西中科曙光围绕园区服务建设“产业园区综合工业互联网平台”；推动山西联通与太原市合作建设“区域工业互联网平台”；支持山西中鼎集团有限公司“中鼎物流云”和山西全球蛙电子商务有限公司“全球蛙新零售云”进一步深化应用。

（六）围绕“大数据”构建特色数字经济产业生态

华为、浪潮、百度、腾讯等一批国内知名优势企业与山西省开展深入合作；山西省省级政务云平台、中科曙光先进计算中心等一批标志性项目投入运营；大数据在政务、公共服务、行业等领域的融合应用深入推进，智慧城市建设在大同、运城等地取得积极效果；中科曙光、和信基业、清众科技 3 家公司项目入选工业和信息化部 2018 年大数据产业发展示范试点项目，山西省本土信息化、大数据企业创新发展能力不断提升，大数据解决方案涵盖政务、金融、消防、教育、能源、医疗等多个领域。

第十四章　吉林省信息消费进展情况

一、推进信息消费的主要举措

一是加强顶层设计。按照习近平新时代中国特色社会主义思想和党的十九大精神，吉林省委、省政府做出建设“数字吉林”的重大决策，吉林省委十一届三次全会审议通过了《关于以数字吉林建设为引领，加快新旧动能转换，推动高质量发展的意见》。吉林省委通过新一代信息技术与传统产业、传统模式融合，打开产业升级突破口；大力发展平台经济、网络经济、共享经济，引导消费升级，打造经济增长新引擎；加强“互联网+政务”应用，推行“只跑一次”改革，促进职能转变；利用云计算、大数据，整合数据资源，提升社会治理能力。

二是完善政策体系。为贯彻落实国务院《扩大和升级信息消费持续释放内需潜力指导意见》，吉林省委推动出台了《吉林省人民政府办公厅关于进一步扩大和升级信息消费的实施意见》（吉政办发〔2018〕13号），从“着眼消费、着力供给、优化环境”3个方面推进信息消费向“信息+消费”转变；起草了《关于推动第五代移动通信网络建设的实施意见》，抢抓5G发展机遇，提升扩大升级信息消费的基础支撑能力。

三是注重协同推进。吉林省委统筹推进扩大和升级信息消费、制造业与互联网融合、制造业与服务业融合、工业互联网发展等各项工作，推动经济转型升级、高质量发展；加强部门协调会商，省直相关部门按照职责分工研究出台相关配套政策，各地和省直相关部门协同配合，根据任务分工推进落实各项任务和重点工作，每半年或在重要时间节点调度工作推进情况。

四是广泛开展合作。在推进全省信息化建设的过程中，吉林省注重引才引智，推动腾讯、华为、浪潮、科大讯飞等知名IT企业与吉林省开展战略合作，围绕云计算大数据产业发展，建设产业基地，打造产业生态，探索传统产业数字化、网络化、智能化发展新路径，共同打造数字经济新动能。

二、信息消费工作取得的成效

（一）着力提升信息消费供给能力

发展智能网联汽车产业。一是推动一汽集团制定了“321”工程（即建设智能网联汽车体验区、示范区和产业区，形成连接3区的城市快速路和高速路，并建设基于智能交通的大数据平台），启动了红旗绿色智能小镇建设。二是推动车载信息产业发展和一汽红旗品牌国际化，协调推动第七届车载信息服务产业应用联盟大会暨首届中国一汽红旗品牌创新生态圈联盟大会于2018年7月17日在长春召开，成立了中国一汽红旗品牌创新生态圈联盟、红旗品牌创新体验空间，启动运营国家智能网联汽车应用（北方）示范区，提升了一汽集团在创新、“黑科技”等方面的影响力。三是推动国家智能网联汽车（北方）应用示范，完成高精地图、5G等方案的论证和场地改造、场景搭建等建设，对红旗、奔腾、解放进行资格审核和封闭测试，正在按国家管理规范修订测试标准、开发测试道具等；推动长春市出台智能网联汽车道路测试管理办法，在测试主体、驾驶人、车辆等方面为应用示范提供法律支撑。

发展大数据产业。围绕大数据采集、存储、应用、交易，推动大数据产业强链、增链。一是推动华为公司与辽源市、白城市签署战略合作协议，加快“两地三中心”在吉林的布局，推动浪潮长春云计算大数据中心、长春一点通公众服务平台上线运行，推动华为、浪潮公司合作伙伴大连楼兰科技、中世北斗等20余家数据开发企业向园区集聚。二是推动“吉林一号”遥感数据应用，“吉林一号”星座组网10颗卫星在轨运行，重访时间由3天缩短至1天，服务能力和应用范围不断提升，上半年持续为北部沈阳某区和北京、吉林、河北等地政府部门以及西安电子科技大学等单位提供遥感影像及视频数据服务。三是推进东北亚大数据交易中心建设，吉视传媒、东北证券等单位合作成立吉林省东北亚大数据交易服务中心有限公司，成立长光卫星等省内14家企业和科研机构参与的东北亚大数据产业联盟，组建大数据专家委员会，完成大数据交易平台系统论证，形成东北亚大数据交易中心业务和产品目录，引入国信优易公司参股东北亚大数据交易中心运营。目前，吉林省委正在与长春发展集团在长春新区规划建设20万平方米东北亚大数据产业园。

发展电子信息产业。一是稳步发展软件和信息服务业。2017年，电子信息产业的业务收入达584亿元，同比增长14.3%，位居全国第十五名；软件企业达1115家，上市企业19家，从业人员2017年突破4.8万人，成立了工业软件研究院。吉林省已初步形成以应用示范为先导，以产教融合协同发展为支撑，以光电子、汽车电子和工业软件为特色的产业格局，推动东师理想、高升科技、易加科技等软件企业分别向教育、内容、智能工厂等细分领域整体解决方案提供商转型。二是着力推进电子信息制造业重大项目建设。吉林华微公司8英寸芯片基地项目已投资2.8亿元，完成一期土建工程建设。长光圆辰公司背照式CMOS图像传感器生产线项目的生产线已建成，正在进行设备工艺验收和整合，已产出工艺样片。璀璨产业园项目列入政府重点工作任务，首钢基金、长春新区、长春光机所3家单位共同组建的运营公司已投入运营。三是扎实推进制造业与服务业融合，确定长春新区为首批试点开发区、吉林市为两业融合发展试点城市，培育了吉林通用机械等30家制造业服务化试点企业，通化东宝等5家企业入选全国首批服务型制造示范企业，组织专家在全省宣讲制造业服务化转型12次，1000余家企业参加。

（二）着力挖掘信息消费覆盖潜力

推动工业互联网平台建设。吉林省重点推动智能网联汽车、溯源食品、能源清洁利用三大跨行业、跨领域平台建设，同时谋划建设一批行业级和企业级平台。一是推进“启明星云”汽车工业互联网平台建设，指导启明公司完善“启明星云”汽车工业互联网平台架构，推动提升平台在数据采集、云基础设施服务、通用平台、数据和云应用5个方面的服务能力，在工业和信息化部组织的2018年工业互联网峰会上正式发布。2018年6月，经吉林省工业和信息化厅推荐，该平台试验测试项目被纳入国家2018年工业互联网创新发展工程试点项目。二是推进能源清洁化工业互联网平台建设，推进浙达公司确定了基本技术方案，并与洮南电厂合作，开展大数据平台、相关数据分析、远程诊断等试点应用。国网电力科学研究院正在进一步调研，并与浙达公司和华为公司进行了两轮沟通，准备起草能源清洁化工业互联网平台可行性研究报告。三是谋划食品溯源工业互联网平台建设。目前，吉林省正在推动省农创集团、春山资本及成都春山大数据公司洽谈相关合作事宜，已沟通了两轮，下一步农创集团将进行实地考察，确定相关合作事宜。四是推进建材、纺织、医药行业云平台建设，亚泰集团虚拟云和吉林化纤纺织云注册供应商分别达到5100家和900家，通钢自信的医药云已经为70余家医药企业提供制造资源、工业软件等云服务，提升了产业链上下游的协同水平，起到了提质增效的作用。

完善电子商务服务。一是构建电子商务公共服务体系，培育建设国家级电商进农村综合示范县（市）18 个、各类县域电子商务运营服务中心 294 个、村级服务站近 13000 个；依托“开犁网”，探索形成了“互联网 + 流通 + 服务”的农村电商模式，2018 年 1 ～ 4 月，农村网络零售额增长 47.8%；深入实施电子商务进社区，电商功能覆盖 300 多个社区，服务上百万居民；开展各类电子商务培训 3400 多期，培训 25 万余人，新增网络店铺近 2 万个，带动 4.65 万返乡大学生和农民创业就业。二是构建网上营销体系，与国内知名电商深入合作，12 个县市落户农村淘宝项目，建设了县域运营中心和村级服务站，3 个县村淘项目正在推进中；在镇赉、大安等多个县（市、区）启动首批农村淘宝“万村万企”项目试点，12 个县（市）近 400 个“村小二”（农村电商服务站站长）办理电商营业执照；借力阿里巴巴农产品进城战略，分别在舒兰、延吉建设了“中心产地仓”；持续组织电商博览会、电商发展论坛和电商峰会、电商资源对接大会。三是构建跨境电商服务体系，与阿里巴巴集团合作引进“一达通”平台，为外贸企业提供通关、运输、码头、外汇、退税等“一站式”服务，建立省级信用保障资金池，为企业提供 3 亿美元的信用保障；依托兴隆综保区，开通跨境电商出口货运包机、“长满欧”货运班列，形成日均 10 万件的处理能力，成为位居全国第三的跨境电商核心节点城市。四是发展快递服务制造业，2018 年 1 ～ 6 月，快递服务制造业业务量 297.8 万件，业务收入 4211.64 万元，直接服务的制造业累计产值 2.9 亿元；建成 6 个快递园区，总投资 22.1 亿元，入驻企业 25 家，日处理量 112.36 万件；建立城市社区综合服务平台 79 个，建设快递末端公共服务站 1565 个。

推动“互联网 + 民生服务”。一是推进“互联网 + 健康医疗”，建设智慧医院，根据国家和行业统一的互联互通标准、功能和技术规范，统一开发部署基层医疗卫生机构管理软件，在基层医疗卫生机构部署应用客户端，搭建省市两级数据中心，配置服务器、存储备份、网络、安全等设备和系统软件，为基层医疗卫生机构配置计算机、网络设备、外部设备等应用终端以及相关系统；推进“互联网 + 电子证照”，收集全省出生医学证明签发、管理机构专用章印模、数字证书申请表；推进“互联网 + 母子健康手册”，现已进入 App 研发阶段。二是推进智慧旅游，建设完成吉林省旅游云服务平台，具备旅游产业监测、旅游综合管理、旅游景区监控、旅游营销平台、地理信息服务等功能；谋划推进智慧旅游“一个中心、五个平台”建设，即省全域旅游数据中心和决策支持平台、综合监管平台、目的营销平台、电子商务平台、市场营销平台。三是推进智慧人社，提升人力资源和社会保障信息服务能力，完成“吉林智慧人社”数据对接标准、业务协同标准、统一认证标准、统一门户标准4个标准体系建设，实现“同人同省同库”，建立了主数据库信息同步更新机制，打造了全国首个面向全社会开放的防伪溯源中心；推动人社信息化创新，包括机关保前置系统、用工备案系统、劳动争议仲裁系统、职业技能鉴定考务管理系统4个系统共计54个办理事项，实现“零跑路”45项，“一跑路”9项；推进就业信息化工作，开发完成就业信息管理系统，具备上线运行条件，吉林就业创业网站、网上办事大厅等正在同步开发中；推进医疗保险信息化工作，2018年完成吉林省医疗工伤生育保险信息化项目主体内容建设，2019年进行系统完善和项目验收。

（三）着力提升信息消费服务能力

推进现代农业服务体系建设。一是推进信息进村入户工程，利用省级现代农业发展专项资金，支持能够提供公益服务、便民服务、电子商务服务和培训体验服务的村级信息服务站建设。二是完善农业卫星数据云平台项目建设，平台一期已积累卫星底图、遥感、气象等数据约2.4TB，已经完成了全省卫星数据云平台二期实施方案的制定工作，确定了应用试点方案。三是推进物联网区域试验项目建设，完成玉米、水稻、杂粮杂豆、设施蔬菜、人参5个产业园区实施方案制定和实地调研和方案论证；2018年5月完成了公主岭市恒通生态产业园建设，其中的1栋玻璃温室大棚、10栋日光温室大棚、1个物联网控制室全部按计划建设完成并投入使用。四是加快农产品质量安全追溯体系建设，优化完善吉林省农产品质量安全监测信息平台，加快推进市、县平台建设和使用，依托省级农产品质量安全监测信息平台开展农产品质量安全追溯体系建设，鼓励引导“三品一标”生产经营主体纳入平台管理，鼓励各地开展农产品产地准出试点，探索建立产地质量证明和质量安全追溯制度，协调推进产地准出和市场准入有效衔接，目前已有300家生产主体信息纳入平台管理，基本实现农产品源头可追溯、流向可跟踪、信息可查询、责任可追究的目标。

推进“互联网+政务服务”。一是推进长春、四平、辽源国家信息惠民示范城市建设，围绕国家互联网+政务服务“一号、一窗、一网”建设目标，推进项目建设；成立信息惠民国家试点城市建设工作协调组，指导试点城市建设；开展信息惠民示范城市预评价工作，组织长春市、四平市、辽源市开展自评价工作，委托专业机构开展信息惠民示范城市省内预评价工作，形成预评价报告。二是推动省级重大电子政务项目建设，包括吉林省安全生产信息化建设、吉林省政务服务一张网、吉林省工商登记全程电子化、吉林省政法机关信息化基础设施建设、信息资源整合共享等项目。三是推动全省政务信息系统整合共享工作，编目工作取得阶段性进展，全省目前编制政务信息资源目录 5717 条；摸清省级政务信息系统底数，截至目前，省级政务信息系统 734 个；组织市州层面工作培训，请国家专家授课，长春市、辽源市介绍了前期工作经验，为市州提供技术咨询服务。

加强信息消费体验和技能培训。一是增强消费体验，依托信息进村入户工程，在远程教育站点植入电子商务、信息服务、便民服务、培训体验服务等内容，在商务部门的电商网店中植入信息服务、便民服务、培训体验服务等内容，重点打造开犁网、吉林大米馆等电商平台。二是加强宣传引导，借助开犁网在吉林省众多农村电商服务站、广大农民用户的渠道资源、客户资源基础，有针对性地开展宣传活动，使更多农民用户、服务站站长通过微信、QQ、飞信等手段更好地了解农民手机培训活动的相关内容，开犁网宣传的直接受众人数为 3700 余人，间接受众人数达 50 余万人。三是加强技能培训，举办了“全省农民手机应用技能培训周”启动仪式；2018 年 1 ～ 5 月，在长春、图们、磐石、大安等地开展信息服务、商务服务等各类业务内容培训，共举办培训 167 场次，培训益农信息社社长、合作社社员等计 5400 人次。

（四）着力提升信息消费支撑能力

推动移动宽带网络建设。完成 4G 基站建设 2009 个，完成共建共享杆路 313.6 千米、管道 40.01 千米。加快 5G 网络部署，吉林移动已在吉林大学经信楼和会展中心开通了 5G 的 1GB 体验站，正在筹备“如意溪”安全教育体验公园 5G 项目建设；一汽启明净月园区无人驾驶试验区 5G 网络已建设完成并开通使用；推进对一汽总部、红旗小镇、中国中车长客厂区等区域的 5G 试验网建设及测试。

加速完善高速宽带网络。目前，互联网省际出口带宽达到 7627 Gbit/s，同比增长 53.1%；互联网宽带接入端口达到 1584.1 万个，同比增长 10.1%；FTTH/O 总数达到 1184.5 万个，占全部互联网宽带接入端口的比重达到 74.8%。

加强云计算大数据基础设施建设。建成吉林云数据基地、启明数据灾备中心等一批云计算大数据中心，具备 20 万台服务器的存储能力，推动华为、浪潮等省内外知名企业落地吉林的数据中心项目建设，建成长春航天信息产业园，上线运行航天信息应用综合服务平台。

（五）着力优化信息消费发展环境

加强和改进监管。依托国家企业信用信息公示系统，搭建了吉林省“双随机、一公开”综合监管平台，基本实现全省“双随机、一公开”的监管全覆盖，目前累计开展“双随机”抽查3971次，检查市场主体11.3万户。

完善信用体系。在省级平台开发了“双公示”报送系统，组织省、市、县三级2500多个部门，全量公示“双公示”信息，并与“信用中国”实现共享；完成全省30多万户企业统一社会信用代码的转换和发证工作，一次性为全省122万户个体工商户建立统一社会信用代码新旧码映射关系，在国家考核评估排名中，进入全国前八，享受减免一次第三方评估的奖励。

加强个人信息和知识产权保护。组织开展“4.26”商标知识产权宣传周活动，全省系统共走访指导企业180余户，举办现场咨询65场次，发放宣传资料10.1万份，举办座谈培训12期；组织开展了元旦春节消费市场专项整治，2018年上半年，全省系统累计查处商标侵权案件74件，案值53.8万元，罚没款75.75万元；调处专利侵权纠纷102件，查处假冒专利案件22件，全部结案。

第十五章　河南省信息消费进展情况

河南省高度重视信息消费工作，充分认识信息消费对拉动内需、促进就业和引领产业升级的重要作用，认真贯彻《国务院关于进一步扩大和升级信息消费　持续释放内需潜力的指导意见》（国发〔2017〕40号），以推进中原经济区、郑州航空港经济综合实验区、郑洛新国家自主创新示范区、中国（河南）自由贸易试验区、国家大数据综合试验区建设为契机，在总结郑州、洛阳、新乡、济源4个国家信息消费试点城市信息消费工作经验的基础上，结合河南省的实际制定系列政策措施，稳步推进信息消费工作，助力河南省的网络强省建设。

一、推进信息消费的主要举措

（一）出台政策文件

河南省政府出台了《河南省进一步扩大和升级信息消费持续释放内需潜力实施方案(2018—2020年)》（豫政办〔2018〕17号），围绕生活服务类信息消费、公共服务类信息消费、行业类信息消费、新型信息产品消费四大领域，提出实施15个专项行动，拟通过进一步升级信息基础设施、发展信息技术产业、增强信息产品供给、丰富数字创意和服务内容、引导信息消费习惯、完善网络安全保障体系、优化信息消费环境等系列办法和措施，不断释放新时代人民群众日益增长的消费需求，促进河南省经济社会的持续健康发展。

（二）开展试点示范

督促郑州、洛阳、新乡、济源被列为“全国信息消费试点城市”的省辖市信息消费推进工作，多层面、多角度地扩大和升级信息基础设施和信息化相关产品供给，进一步扩大和升级信息消费，促进居民消费潜力的释放；积极申报工业和信息化部“信息消费试点示范项目”，河南省“防爆云平台”“全屋无线智能家居系统”入选国际首批信息消费试点示范项目（公示期）；大力推动电子商务发展，确定了河南省第四批电子商务示范基地、示范企业，共计 53 个电子商务基地、236 家电子商务企业；组织开展 2018 年国家和省级制造业与互联网融合发展试点示范申报工作，确定了 61 个省级制造业与互联网融合发展试点示范。

（三）推进“互联网 +”行动

印发《河南省“互联网 +”行动实施方案》，成功举办“互联网 +”开放合作大会，与阿里巴巴、腾讯、百度、浪潮、华为等互联网龙头企业开展战略合作；推动互联网与传统产业融合应用，促进产业提质增效和转型升级，实施智能制造示范工程，建设智能工厂、智能车间，推出中信重工“双创”、宇通客车智能制造、森源重工服务型制造、大信橱柜个性化定制、众品食业平台化转型等一批新业态、新模式。在“互联网 + 高效物流”方面，全国第三个“多式联运监管中心”获批落户郑州，获批 13 个国家的邮包直封权，培育一批智慧物流园和智能物流骨干企业，国际物流多式联运数据交易服务平台、中欧国际多式联运综合信息服务平台、物流信息平台加快建设，推进多式联运信息的开放共享和互联互通。

（四）引进培育互联网企业

优化投资环境，引导国内外互联网企业参与河南省云计算、大数据、物联网、“互联网 +”、智能制造、电子商务等信息化领域投资，鼓励这些企业参与国家级试点示范、试验区等重大建设工程；支持大型互联网企业在河南省拓展业务布局，设立研发中心和业务总部，做大做强互联网总部经济；支持互联网企业与国内外知名企业高校开展深度合作，共建创新平台，参与标准制定，主动融入全国乃至全球创新网络；协调郑州大学、信息工程大学、郑州市政府全力创建国家超级计算中心，创建工作得到科技部的大力支持，并同意列入 2018 年部省工作会商议题；目前，河南省政府已与江南计算研究所、国防科技大学、曙光公司 3 家研制单位进行沟通对接，研究起草了国家超级计算中心的创建方案；确定郑州市郑东新区龙子湖大数据产业基地、高新区大数据产业园两个大数据产业基地，与新华三集团、中国电子、航天科技等大数据领军企业和清华大学、中航五院、电子六所等大数据科研院所开展战略合作，大力推动大数据产业生态园的建设。“一核多园”的产业发展布局已基本形成，华为、浪潮、新华三、紫光、中移在线、奇虎 360 等 100 余家大数据骨干企业落地河南。

（五）大力发展跨境电子商务

以中国（河南）自由贸易试验区建设为契机，加快网络经济开放的步伐，提升郑州航空港经济综合实验区对外开放门户功能，构建开放融合的网络创新平台，推进重点领域、关键核心技术网络协同研发，建设路空衔接的现代智慧综合运输平台，推进中国智能物流骨干网郑州核心节点建设，建立智能化的物流和仓储服务平台，形成以郑州为核心、覆盖中原经济区的物流配送网络，打造“一带一路”国际智慧物流通道；启动 EWTO（电子世界贸易组织）核心功能集聚区建设，充分发挥 EWTO 的作用，探索国际跨境电商行业规则的制定；深化跨境电商“三平台”“七体系”建设，加快构建完整的跨境电商生态链和产业链；建成国际贸易“单一窗口”综合服务平台，实现对跨境电商 24 小时通关保障和全覆盖税收监管。2017 年，全省跨境电商交易额为 1025 亿元，同比增长 33.3%，其中，出口为 763 亿元，进口为 262 亿元，B2B 出口 404 亿元，占出口总额的 53%，快递包裹出口 6803 万件，货值 147 亿元。郑州海关共监管跨境电商零售进出口清单 9129 万票，货值 114 亿元，因此增长 59.1%，其中，进口清单为 7367 万票，增长 32.7%，出口清单为 1762 万票，增长 8.5 倍。建成河南国际贸易“单一窗口”系统，为跨境通关企业提供“秒申报、秒通关”服务，系统承担全省 85% 以上的跨境出口申报，业务量居全国 13 个跨境电商综合试验区前列。

（六）推进新型智慧城市建设

以建设国家级和省级新型智慧城市建设试点为引导，完善智慧城市时空信息平台，加快智能感知和基础设施建设，深化城市智慧服务应用，建设新型智慧城市群；推动公用基础设施智能化改造，优化推进通信、电力、供水、供热等管网综合智能管廊建设；加快智慧城管建设，完善网格化管理服务平台；建设新型智慧社区，促进城市管理智慧化、社区服务便民化；建设智慧交通信息服务体系，开展联网售票、公交调度、交通诱导、智慧出行、换乘联运、停车收费等智能交通服务；加快城市“一卡通”建设与应用，推进社会保障卡、居民健康卡、金融 IC 卡、市政交通卡资源整合集成，实现一卡多用、跨地区通用；整合视频监控资源，建设视频监控服务共享平台，推进综治视联网平台智能化。

（七）深化农村综合信息服务

加快惠农服务信息化建设，推进惠民服务向农村特别是贫困地区延伸；整合文化教育、医疗卫生、社会保障、就业等领域的惠民项目和资源，集约建设“三农”信息综合服务体系，实现涉农信息资源共建共享；统筹城乡网络服务、电商物流、金融保险等服务信息平台建设，推进城乡服务均等化；鼓励发展适合农村和边远贫困地区的基于移动互联网的医疗卫生、文化教育等公共服务，推广普及远程医疗、在线教育等线上服务；加强农村村务管理和村务公开信息化建设；加快益农信息社和村级信息服务站建设，完善农技、农机、农资等服务呼叫中心，开发农业信息服务推广 App，为农民提供生产、生活信息服务。

（八）积极推进“两化”融合

构建工业云平台体系，支持制造业、互联网企业发挥资源优势，建设区域和行业工业云平台，实现制造资源集聚、开放和共享；开展“两化”融合管理体系贯标，完善市场服务机制，推动制造企业建立完善“两化”融合管理体系；加快制造业“双创”体系建设，支持制造企业建设基于互联网的“双创”平台，依托现有开发区、新型工业化产业示范基地、产业集聚区建设“双创”基地。

二、信息消费工作取得的成效

2017 年以来，河南省在信息消费支撑技术创新、产业发展、产品供给、电子商务、智慧物流、惠民服务等方面不断加大推进力度，取得了一定成效，在拉动内需、促进就业、脱贫攻坚、引领推动经济社会发展等方面发挥了重要作用。

（一）电子商务

国家、省、市（县）三级电商示范创建体系建设、电商示范企业、示范基地培育创建取得明显成效，全省累计创建 3 个国家级示范基地、7 家国家级示范企业；认定 56 个省级示范基地、218 家省级示范企业；以冷链物流、快递物流和电商物流为突破口，提出了构建“一中心、多节点、全覆盖”的现代物流空间网络体系，郑州市积极申建国家级城市共同配送试点，已建成 5

个布局集中、服务联动、集约发展的城市物流配送集聚区、2个示范物流园区和4个智慧化城市配送中心。“郑州智慧城市配送云平台”建成运营，整合专线、零担、同城短途货运及城市“最后一公里”配送业务，推行统一仓储、统一下单、统一配送、统一结算的“四统一”城市配送模式。2016年，全省电子商务交易额首次突破1万亿元，同比增长30%；2017年，达到1.3万亿元。中华粮网、世界工厂网、企汇网等一批本土电商平台已位居细分行业前列，加快建设中国（郑州）跨境电子商务综合试验区，郑州跨境电子商务服务试点城市综合指标居全国前列。

（二）智慧旅游

启动省、市旅游大数据平台建设，推进智慧景区建设，积极构建集网络营销、网上预订、在线支付、线下服务等功能于一体的旅游服务模式，建设了一批智慧化的旅游度假区、生态旅游示范区、5A级旅游景区，基本实现无线网络覆盖和电子讲解、智能入园、移动支付、智能停车和大数据分析功能。全国首个景区智能云平台于2017年7月15日在洛阳龙门石窟景区上线，引领旅游迈入智能云时代；推进旅游产业运行监测与应急指挥平台建设，全省4A级景区中已有109家接入视频数据。河南省建成智慧旅游景区5家，2017年年收入在5000万元以上的在线旅游企业已达8家，截至2018年上半年，收入达5000万元的在线旅游企业已有5家；4A级以上景区和智慧乡村旅游试点无线网络覆盖率90%。2018年，河南省作为试点正式启动“华游”项目，联合高德地图开发全域旅游全息信息服务系统，该系统将为游客提供吃、住、行、游、娱、购等全方位旅游信息服务。

（三）公共教育

开展教育系统“三通两平台”建设，全省中小学宽带网络接入率达到95.9%，多媒体教室占教室总数的比例达到79.6%，教师空间开通率达到45%，学生空间开通率达到34.3%。全省134所普通高校基本完成数字校园建设，82%的高校建设了校园无线网络，54%的高校开展了校内信息系统集成和资源共享，完成全国教育资源公共服务平台在河南省的落地部署，与全国教育资源公共服务平台完成技术对接，多级分布、互联互通的数字资源体系初具规模，全省高校已建成国家级精品开放课程97门、省级精品开放课程400门，2017年，新增省级在线开放课程75门、成人高等教育在线开放课程54门、虚拟仿真实验教学中心16个、实验教学示范中心40个，对深化产教融合、提高人才培养质量发挥了重要作用；采取多种措施进一步缩小城乡学校数字鸿沟，通过购买引进、汇聚整合等多种方式，为学校和教师提供专业化、系统化的学科教学资源；众筹型资源共享联盟逐步兴起，各类学科资源网站和教学服务平台得以广泛应用，市场在基础教育资源配置中的作用充分体现。

（四）医疗健康

制定《河南省“十三五”全民健康信息化发展规划》，明确河南省全民健康信息化建设的发展思路，提出了“十三五”建设目标、工作重点及保障措施；构建河南省全民健康信息化标准体系，制定《全民健康信息化标准体系框架》，出台《河南省全民健康信息化数据交换接口规范》《河南省区域全民健康信息综合管理平台医疗机构数据接入规范》等标准规范，2017年，在全省卫生计生系统开展“标准规范年”活动，提高各级贯标意识，推进标准规范施行。“互联网+”医疗健康便民惠民应用逐步拓展，以河南省预约挂号网、郑州大学第一附属医院远程医学中心、省人民医院互联智慧等为代表的信息便民服务快速发展，远程会诊、远程影像、远程教育、预约挂号、手机App等便民服务信息广泛应用；洛阳市、平顶山市居民使用统一的就诊卡或身份证，已实现预约挂号、诊疗付费、健康档案、诊疗记录、检验检查结果查询等功能；省人民医院率先打造的“互联网智慧无人药房”投入使用，24小时为群众提供高效便捷的服务；推进信息技术支撑健康养老，开展智慧健康养老试点示范，发展智慧健康养老新业态，洛阳市、焦作市入选2017年国家智慧健康养老试点示范基地，“河南爱馨养老服务集团有限公司”被确定为示范企业，6个城市街道被确定为示范街道。

（五）网络扶贫

改善农村信息基础设施条件，完成全省最后1157个贫困自然村4G网络覆盖和138个贫困自然村光纤接入覆盖任务，全省所有贫困自然村实现4G网络全覆盖，所有行政村实现两种制式的4G网络全覆盖；对3724个贫困村17.23万户贫困户启动了有线电视网络扶贫建设项目，实现贫困户数字电视、宽带业务开通。加大信息进村入户工作的推进力度，实施信息进村入户全省推进工程，建成验收益农信息社38724个，农村电商发展基础环境进一步改善，确定贫困村电商帮扶试点1972个、电商帮扶对象9800户；实施电子商务进农村综合示范，全省创建34个国家级示范县，确定了42个省级示范县，已建成县级电商公共运营服务中心63个、乡镇服务站714个、村级服务点1.11

万个、新增网店 6.8 万个、人员培训 47 万人次、农村电商就业人员 22 万人，2018 年前 5 个月电子商务交易额为 633.1 亿元、网络零售额为 298.3 亿元。加强精准扶贫信息化管理，建设河南省精准扶贫信息管理平台纵向与全国扶贫开发信息系统的连接，横向与行业部门的数据贯通，实现省、市、县三级平台管理，满足省、市、县、乡、村五级电脑终端和手机终端同时使用，累计开设实名管理用户 5 万多个，7 个省直部门和中央驻豫单位扶贫数据库已实现数据的汇聚共享。

第十六章 湖北省信息消费进展情况

一、推进信息消费的主要举措

（一）强化政策引导

湖北省与中国信息通信研究院合作，研究起草《湖北省关于进一步扩大和升级信息消费 持续释放内需潜力的实施方案》，根据国家进一步扩大和升级信息消费持续释放内需潜力的要求，结合湖北省相关产业与基础设施建设状况，制定湖北省信息消费发展的发展目标、发展思路，明确湖北省信息消费的重点任务内容，研究制定政策保障体系。同时，按照《湖北省云计算大数据发展“十三五”规划》（鄂经信规划〔2017〕17号）、《湖北省软件和信息技术服务业“十三五”发展规划》（鄂经信规划〔2017〕18号）、《湖北省信息化与工业化融合“十三五”发展规划》（鄂经信规划〔2017〕19号）、《湖北省信息化发展“十三五”规划》（鄂经信规划〔2017〕137号）、《省人民政府深化制造业与互联网融合发展的实施意见》（鄂政发〔2017〕26号）等已出台文件，积极贯彻执行国家有关政策文件，做好统筹谋划，健全相关制度，积极服务企业，大力推动信息资源共享，推进跨行业融合创新，支撑经济社会更好地发展，在企业培育、技术创新、产业集聚、支撑能力等方面采取积极措施，形成浓厚的产业发展氛围。

（二）推进政务信息资源共享

充分发挥政府的统筹协调作用，相关部门在政务信息系统整合共享方面率先垂范，先后出台了《湖北省政务信息资源共享管理暂行办法》《湖北省政务信息系统整合共享工作方案》等多个政策文件，保障政务信息系统整合共享工作的有序推进，完成75个省直部门近700个应用系统的上云工作，政务信息资源目录中可共享的目录约占 93.5%，可开放的目录约占 5.6%，目录覆盖信用、交通、税务、民政等重点领域。

（三）增强信息产品和服务供给能力

积极打造“芯、屏、端”软硬一体化的产业链，不断提升信息消费供给水平。

一是加快重大项目建设。积极争取投资 1600 亿元的国家存储器基地项目落户湖北，组建了湖北集成电路产业投资基金，用于支持集成电路企业的加速发展。引进投资 120 亿元的天马、投资 160 亿元的华星光电等重点项目，填补了湖北省在中小尺寸新型显示领域上的空白，推动新型显示产业集群的迅速形成。

二是稳步推进湖北国家数字家庭应用示范产业基地建设。积极开展多个数字家庭应用示范工程，大力推动武汉邮科院的通信产品、摩托罗拉的移动通信终端扩产项目投产。

三是推动软件和信息服务业的跨越式发展。以创建“武汉中国软件名城”为抓手，不断培育和挖掘信息消费新需求，引领信息产品和信息服务升级，并加快催生其他产业的商业模式创新。

（四）不断拓展信息消费领域

一是推动信息惠民。大力支持楚天云、长江云、教育云、医疗云、工业云等平台的建设，全面推广三网融合，使信息服务渠道更加畅通，支持电信及广电创新有线宽带上网业务，提供综合信息服务，在交通、水电、商贸等民生领域推广快捷支付服务。

二是提升智慧城市建设水平。开展国家智慧城市试点示范建设，支持公用设备设施的智能化改造升级，加快实施数字化城管、智能电网、智能交通、智能水务、智慧国土等工程，全面提升城市建设和管理的信息化水平。

三是拓展新兴信息服务业态。引入腾讯、阿里巴巴等国内一流互联网服务孵化平台，共建专门的移动互联网孵化器，深耕大数据、云计算等新兴产业领域，培育孵化新兴信息服务企业。

二、信息消费工作取得的成效

（一）网络支撑能力大幅提升

2017 年，国家级互联网骨干直联点互联带宽达到 320 Gbit/s，骨干网省际出口带宽达到 16000 Gbit/s；湖北省互联网网内和网间的通信平均时延均为全国最优；全省互联网端口数为 2605.5 万个，其中光纤到户端口占比 82%，全面实现光网城市，武汉、襄阳、宜昌等 6 个地市率先成为光纤网络全覆盖的“宽带中国”示范城市；4G 基站有 11.4 万个，4G 信号实现了对 100% 的行政村、高速公路、高铁和旅游景点的全面覆盖，4G 网络覆盖能力和质量位居全国前列；启动了湖北 5G 网络试验及规划建设。

（二）信息资源编目全国领先

湖北省按照《政务信息资源目录编制指南》标准，充分挖掘楚天云大数据仓库中的信息资源，完成了政务信息资源的目录编制工作。目前，湖北省政务信息共享平台公布了政务资源目录 2167 项，15 个市州通过平台发布了政务服务资源目录 13752 项。

（三）信息技术服务能力不断提升

2017 年，湖北省软件业务收入 1531 亿元，占中部 6 省总量的 55.3%，居全国第 11 位；同比增长 15%，高于全国 0.8 个百分点。湖北省基础软件、工业软件、信息安全软件及服务、地理信息、数字内容处理等领域在全国形成了比较优势，云计算大数据、北斗应用及服务、人工智能等新业态、新技术、新产业不断壮大。武汉东湖高新区成为湖北省芯片、显示面板、智能终端产业的重要聚集区，武汉新芯、海思光电子等 70 多户集成电路企业在 2017 年实现总产值约 130 多亿元；武汉天马、华星光电等品牌企业吸引显示产业链上下游企业的加速聚集，2017 年实现产值近 50 亿元；年产移动智能手机 3000 多万部，移动通信产业规模达 500 多亿元，初步形成了从移动通信基站、系统、终端设备到增值服务的产业链。

（四）互联网平台经济亮点纷呈

阿里巴巴、腾讯、华为、360 等互联网龙头企业纷纷在湖北省设立区域研发中心，布局重大产业项目。斗鱼 TV、宁美国度、理工数传等一大批本土互联网企业迅速成长，在直播平台、数字出版平台、电商平台、教育云平台、翻译平台、网约车平台、新零售平台、车联网平台、智能制造平台、生活服务平台等领域初步形成十大集群，用户数、销售规模以及经济社会效益在国内领先。本土培育的斗鱼 TV、奇米网络、斑马快跑、直播优选先后成为中国的“独角兽”企业。小米、360、科大讯飞等 24 家炙手可热的互联网企业，已在武汉中国光谷设立总部或“第二总部”。

第十七章　湖南省信息消费进展情况

一、推进信息消费的主要举措

为深入贯彻落实习近平新时代中国特色社会主义思想，根据《国务院关于进一步扩大和升级信息消费　持续释放内需潜力的指导意见》（国发〔2017〕40号），湖南省深入贯彻落实信息发展战略，持续推动移动互联网产业加快发展。移动电商、移动新媒体、工业互联网、移动生活服务等优势领域保持高速增长，大数据、云计算、人工智能等新兴产业蓬勃兴起，移动互联网与实体经济融合更加深入，企业培育成效显著，园区集聚作用进一步加强，移动互联网产业加快向2.0版转型升级。

（一）进一步推动移动互联网产业发展

近年来，湖南省信息产业的发展主要得益于移动互联网产业的发展，一手抓移动智能终端，一手抓移动互联网软件。2017年3月，湖南省省委书记杜家毫提出“北有中关村、南有马栏山”的产业构想，2018年，这一构想的产业基础进一步夯实。移动视频产业有望培育出具有全国影响力的泛娱乐巨头。2018年4月26日，快乐购重大资产重组获证监会有条件通过。这也意味着湖南省移动互联网“独角兽”企业——国有视频新媒体第一平台的芒果TV，距离成功登陆A股又近了一步。若交易顺利完成，快乐阳光、芒果互娱、天娱传媒、芒果影视和芒果娱乐将成为快乐购的全资子公司，完成注入后，快乐购有望跃升为覆盖视频全产业链的泛娱乐巨头。其中，最核心的快乐阳光，2017年实现营收33.67亿元，付费会员数同比增长136%，显示出快乐阳光的旺盛的生命力。映客直播华南总部已与长沙多次对接，筹划将研发中心、运营中心迁到长沙，同时带动直播产业链相关的流量优化、图谱识别、语音识别等技术服务商和艺人工作室落户长沙，加上现已落户的小红帽等直播企业，湖南省直播产业已初具雏形。目前，映客直播已向港交所递交招股说明书。“数字湖南”建设进一步加快，湖南云巢东江湖云数据中心、证通云计算大数据产业园已交付使用，永州华为云计算数据中心、中国移动湖南数据中心已于2018年年底交付使用。大汉电商、潭州教育等互联网平台企业发展迅速。潭州教育2018年2月获得6300万元A轮融资。服务业集聚区——中电产业园二期进展顺利，2018年4月已正式开工，已封顶6万平方米。

（二）努力推动2.0版政策出台

湖南省政府出台了《关于鼓励移动互联网产业发展的意见》，明确了湖南移动互联网产业的发展重点，要求从促进产业集聚、培育龙头骨干企业等8个方面着力，把湖南打造成移动互联网产业的政策洼地和产业高地。湖南省政府办公厅发布了《关于鼓励移动互联网产业发展的若干政策》，明确从2014年开始，省级连续5年每年整合2亿元专项资金支持移动互联网产业的发展。长沙市和长沙高新区分别出台相关政策文件。2017年，湖南省省委书记杜家毫提出：要在原有政策的基础上，进一步出台鼓励移动互联网和大数据产业发展的意见，形成移动互联网产业政策2.0版，打造湖南互联网产业升级版。湖南省经编委“两化”融合处做了大量准备工作，目前已形成《关于进一步鼓励移动互联网产业发展的意见》（代拟稿），并上报省政府。

（三）成功举办岳麓峰会

湖南省成功举办了2018移动互联网岳麓峰会。会上共有5个项目集中签约，包括华为云孵化创新中心项目、奇点金服全国总部项目、回家吃饭全国总部项目、招财进保项目和自兴人工智能项目。

（四）电子商务蓬勃发展

2017年，湖南省电子商务交易额达8356.86亿元，同比增长37.53%。其中，网络零售额达（B2C、C2C）1556.43亿元，同比增长40.78%；企业间电子商务交易额（B2B）达6800.43亿元，同比增长36.80%。2017年，全省网络零售额达1556.43亿元，相当于全省社会消费品零售总额14854.87亿元的10.48%，同比提高2.25个百分点。其中，B2C交易额达828.02亿元，占全省网络零售额的53.2%，同比上升5.3个百分点；C2C交易额达728.41亿元。湖南省政府出台了《加快电子商务发展的若干政策措施》，从加强规划引导、促进电子商务规范发展、支持重点项目建设、开展试点示范、加快发展跨境电子商务、实施“湘品网上行”工程、促进电子商务与会展业融合发展、推动电子商务创新发展、降低准入门槛、加大税费支持力度、加强融资支持、加强用地支持、加强人才培养和引进、提升管理服务水平 14 个方面加大了对湖南省电子商务健康快速发展的政策支持。

二、信息消费工作取得的成效

近一年来，湖南省信息消费发展取得了不错的成绩，带动了其他领域的消费发展情况，主要表现在以下几个方面。

（一）产业规模和企业数量较快增长

2017 年，全省信息消费产业营业收入达 4000 亿元，同比增长 43%，其中长沙市的信息消费产业营业收入达 3200 亿元，占全省的 80%。截至 2017 年 12 月底，工商登记的全省软件和移动互联网企业达 43028 户，同比增长 37.6%，长株潭占全省总量的 56%。2017 年，新注册软件和移动互联网企业达 11753 户，长株潭占全省总量的 60%。

（二）企业进一步做大做强

截至 2017 年年底，全省共有 45 家软件及互联网企业过亿元，其中 10 家企业过十亿元。国科微、华凯创意、科创信息、中广天择 4 家企业 2017 年已成功上市。截至 2017 年年底，湖南在 A 股上市的软件和互联网企业共 12 家。2017 年，快乐阳光（第 56 名）、拓维信息（第 58 名）、竞网智赢（第 80 名）进入全国互联网企业百强，株洲南车时代电气进入全国软件企业百强。海翼电子获评 2017 年中国出海品牌 30 强。

（三）大数据产业蓬勃兴起

东江湖大数据中心项目第一期于 2017 年 6 月 26 日正式启用，PUE 值保持在 1.05 ～ 1.16，创造了国内 IDC 最低纪录。华为、阿里巴巴、国家超算湖南中心、网宿科技、中国电信、华润集团等 19 家公司签订落户园区协议，总投资额达 200 亿元。

（四）载体建设顺利推进

截至 2017 年，湖南省共有中电软件园等 9 个专业园区获评省级软件和信息服务产业园。长沙信息产业园在商务部对全国100个国家电子商务示范基地的考核排名中位居第4名。中电软件园、长沙智能制造研究总院获评工业和信息化部“2017制造业‘双创’平台试点示范企业”。马栏山视频文创产业园正式揭牌，湖南广电和长沙广电已作为首批项目正式入园。2017年，移动互联网集聚区——长沙高新区全年引进移动互联网企业1622家，全区移动互联网总数达4877家。

（五）知名企业落户湖南

截至2017年年底，已有中兴通讯、亚信软件、易通星云、58到家、中清龙图、金蝶、映客直播、陌陌科技、易观国际9家知名软件和互联网企业在湖南设立了全国总部或区域性总部。2017年，中兴通讯确定投资10亿元在长沙建设全球类终端智能制造总部基地。京东计划投资100亿元在长沙经开区建智能无人车基地，目前项目已启动；第二个项目——京东医药云仓也落地实施。北京陌陌科技有限公司在高新区设立的华中总部已完成注册。除长沙以外的市州互联网项目引进也来势较好。娄底市于2017年引进谷歌中南大数据中心、陌陌直播、北京金股链有限公司（区块链）、58同城、顺德造、供应链金融等一批互联网项目。

（六）创新创业方兴未艾

腾讯、微软、百度、阿里云、58同城、柳枝行动等众创空间和胜利者同盟、湖湘会等组织为互联网创业提供了重要平台。腾讯众创空间工位入驻率已达70%以上。2017年，“柳枝行动”共筛选出1100个团队，举办了40场投融资路演推介会，获得公示项目共85个，北京站、深圳站、杭州站也正式挂牌成立，吸引一线城市回乡创业人才达2500多人，48个项目获天使或A轮融资共计2.5亿元，孵化项目共创营收2.38亿元。新业态、新模式蓬勃发展：石墨烯可穿戴设备、全球首家无人值守360度智慧商店、移动生活机器人、AR/VR、视觉识别、北斗卫星导航、短视频直播、无人驾驶人工智能、快速充电的移动电源、共享健身房、共享律所等新兴产品和新兴产业在湖南省都可以看到实体产品和产业。

（七）智慧民生触手可及

2017中国“互联网+”数字经济峰会正式发布了《中国“互联网+”数字经济指数（2017）》，在总指数上长沙排在全国城市中的第11位，入选20

强，与成都、杭州、南京等 14 市构成数字经济二线城市，长沙市人力资源和社会保障局推出的“虚拟社保卡”等特色服务，在智慧民生方面的表现尤其突出。而在行业应用上，长沙的数字医疗行业表现最好，进入全国前十。益阳市与 58 农服合作建设的“益村平台”将电子政务、电子村务、电子商务集于一体，实现了全市行政村网络信息服务的线上线下全覆盖，创造性地打造了独具特色且成效显著的农村“互联网 +”益阳模式。土流信息抓住农村人口流失、耕地闲置、传统小农经济无法满足现代化农业的机械化操作等城镇化过程中亟须解决的痛点，以“互联网 +”土地流转为基础，搭建了土地流转交易闭环，成为土地流转细分领域的全国领军企业。

第十八章　广西壮族自治区信息消费进展情况

一、推进信息消费的主要举措

（一）做好顶层设计

为推动信息化与经济社会发展深度融合，广西壮族自治区先后制定出台了《广西壮族自治区人民政府办公厅关于印发广西进一步扩大和升级信息消费　持续释放内需潜力实施方案的通知》（桂政办发〔2017〕184号）（以下简称《广西信息消费实施方案》）、《广西壮族自治区关于贯彻落实〈"十三五"国家信息化规划〉的实施方案》（桂工信推进〔2017〕586号）、《广西深入推进"互联网+先进制造业"发展工业互联网实施方案》（桂政办发〔2018〕68号文），努力发挥好信息消费对激发市场活力、拉动内需、促进就业和引领产业升级发挥的重要作用，促进社会经济持续、健康、快速发展。

（二）培育信息消费试点示范城市

将培育国家信息消费试点、示范城市作为夯实信息消费环境基础的重要手段，努力提高城市的信息消费水平。2013年年底到2015年年初，广西壮族自治区南宁市、柳州市、桂林市被评为首批国家信息消费试点城市；2015年12月，经工业和信息化部评定，南宁市获批国家首批信息消费示范城市。

加强信息消费工作交流。组织召开广西信息消费工作业务会，总结信息消费示范试点城市的工作情况、成效和经验，分析信息消费当前面临的新形势和新任务，加强信息消费试点示范经验的交流与推广，研究部署下一步工作。

进一步落实《指南》各项工作。积极落实《指南》要求，督导示范城市按照指南要求，进一步推进信息消费示范城市建设工作；组织其他各市认真学习《指南》，加快促进信息消费工作；推进试点城市积极开展创建示范城市工作。

增强示范效应，推广示范经验。指导南宁市开展大量卓有成效的国家信息消费示范城市建设工作，并发挥示范带头作用，逐步将信息消费工作向全区各市推进。

试点城市参照《指南》，积极向示范城市靠拢。柳州市积极落实各项政策，做好重点项目的推进工作：一是建设电子政务云平台，整合政务网络；二是搭建基于大数据的管理平台，整合各行业资源；三是做好网络便民工程、市民卡工程的数据整合，建设柳州电子商务产业示范园等一系列信息消费惠民系列工程。柳州已基本建成以光缆为主、无线网络为辅，覆盖全市城乡的高速、宽带、立体通信传输网络基础和服务体系。

桂林市是国家新型工业化电子信息产业示范基地，2018 年 1 ～ 5 月电信业务总量达 71 亿元，同比增长 212%，高于年度预期目标 152 个百分点。近年来，围绕通信设备（光通信和微波通信）、行业应用电子、软件和信息服务业、光电光伏四大产业，努力打造西南地区的通信传输设备制造基地、行业应用电子产业集群、广西高端装备电子产业聚集区、全国旅游信息服务产业示范基地和广西软件研发中心；通过校企合作形式，成功引进由国家千人计划年轻学者、北京释码大华科技有限公司创始人王晓鹏博士在桂林成立的广西释码智能信息技术有限公司，依托在桂高校资源进行虹膜生物识别算法研发与系统集成、软件开发，以及超大规模虹膜数据库管理系统、虹膜识别嵌入式系统、虹膜芯片（SoC）的设计与研发。公司凭借具有世界领先水平的虹膜识别算法，已正式入围印度国家政府（10 亿人口虹膜数据库）的虹膜识别技术供应商名单。

（三）提升信息消费公共服务能力

指导南宁市加快中国—东盟信息港南宁核心基地的建设，以资源整合、信息共享为重要突破，重点推进智慧化公共服务平台应用；完成统一的集信息公开、业务咨询、网上办理于一体的网上审批大厅平台建设；发布移动应用网上审批大厅 App，市民利用手机或电脑即可实现市教育局、市商务局、市发展改革委等 21 个市级部门的 444 项政务服务事项网上申报和预受理，占全市政务服务事项总数的 88.9%，逐步实现“让信息多跑路、群众少跑腿”；构建移动智慧城市服务统一入口，打造“爱南宁 App”，基于全市统一的实名认证体系、信用体系、支付体系，把所有部门的为民办事及服务事项汇集到统一的移动互联网入口，为市民提供交通出行、城市生活、卫生医疗、政务服务等各个领域的“一站式”服务窗口，实现了包括数字证照、智慧停车、阳光物价、阳光厨房、政民互动在内的36项信息惠民服务应用。

二、信息消费工作取得的成效

（一）信息基础设施支撑能力显著提升

一是按照“统筹规划、资源共享、保障安全、适度超前”的原则，构建覆盖全、高速互联、安全可靠和业务融合的信息基础设施体系。南宁市三大基础电信运营商网络基础建设比较完备，移动电话基站数达3.46万个，其中，4G基站数达1.76万个。在固定宽带建设方面，南宁市城区实现了光网全覆盖，互联网宽带接入率达99.99%。互联网宽带接入FTTH/O端口数达286.15万个，宽带接入用户达234.75万户，其中FTTH/O用户有159.03万户，平均接入速率50 Mbit/s，城市宽带接入能力达100 Mbit/s，农村宽带接入能力达12 Mbit/s。移动4G高速宽带网络已基本实现了城乡全覆盖，行政村覆盖率达97.8%；移动互联网用户有862.73万户，其中4G用户有586.77万户，渗透率为68.0%，移动高速宽带人口覆盖率为78.06%。推动广西开展5G商用，指导南宁市开展5G试点城市工作。

二是指导梧州市、北海市、防城港市、钦州市等8个城市开展2017年电信普遍试点工作，截至2018年6月，80个未通光纤村和1434个升级村项目开工率达100%；指导南宁市、柳州市、百色市、河池市、贺州市等城市开展2016年第二批电信普遍服务遗漏申报未通光纤行政村项目建设，截至2018年6月，遗漏申报未通光纤村项目开工率达100%；电信普遍服务推动了广西农村及偏远地区宽带建设发展，促进城乡基本公共服务均等化，带动农村经济社会和信息化水平不断提升。

（二）产业供给能力不断加强

大力发展新一代信息技术、软件和信息技术服务等相关产业，积极培育北海、南宁、桂林的电子信息产品制造、配套产业集群，增强广西电子信息产业支撑信息消费的能力。在经济下行压力持续加大的形势下，广西电子信息产业仍然保持平稳增长的态势，经济运行情况良好，成为全区工业产业发展中的重要引擎。2017年，全区电子信息产业规模达2545.5亿元。其中，电子信息制造业的工业总产值为2400.5亿元，同比增长13.4%；已形成以北海、南宁、桂林3个城市为区域中心的电子信息产业集聚区，梧州、玉林、柳州、钦州、贺州等市电子信息产业也在不断壮大，发展前景广阔。广西电子信息产业具备了快速发展和规模发展的基础，后发优势逐渐显现，为广西经济发展做出了积极贡献。2018 年上半年，全区电子信息制造业保持平稳增长态势。

（三）信息技术服务能力逐步提升

广西软件和信息技术服务业保持平稳增长态势，规模不断扩大，创新能力持续提升，人才队伍继续壮大，2017 年软件和信息技术服务业完成主营业务收入 145.5 亿元。2018 年 1 ～ 5 月，软件和信息技术服务业主营业务收入达 70.63 亿元，同比增长 18%。其中，软件产品收入约 5.11 亿元；信息技术服务收入近 39.94 亿元，同比增长约 45.36%；嵌入式系统软件收入快速增长，达 4.55 亿元左右。

（四）三网融合业务积极推进

深入推进电信和广电业务，推进电信网和广播电视网基础设施共建共享；积极促进交互式网络电视（IPTV）、互联网电视（OTT TV）、有线电视网宽带服务等融合性业务发展；组织相关成员单位到四川开展学习考察调研，坚守宣传媒体政治红线，进一步规范完善广西 IPTV 集成播控分平台建设，强化 IPTV 的内容安全管控，确保党的十九大会议在广西 IPTV 平台的安全、顺利播出。2017 年年底，广西三网融合用户为 428 万户，超额完成 33.75%，覆盖人群超过 1000 万人，经营收入过亿元。其中，广西 IPTV 总用户达 255 万户，高清用户约 200 万户，占总用户的 80%；广西广电宽带用户达 73 万户；广西互联网宽带电视订购用户超过 100 万户。2018 年上半年，在“时间过半、任务过半”的鞭策与激励下，广西三网融合用户超过 500 万户，已提前完成年终设定的目标。

第十九章　重庆市信息消费进展情况

一、推进信息消费的主要举措

（一）有关政策情况

重庆市按照国务院国发〔2017〕40号文件的部署，结合重庆市的实际情况，于2018年5月印发了《重庆市进一步扩大和升级信息消费　持续释放内需潜力实施方案》（渝府发〔2018〕16号），对标国家文件精神，对应“提升信息消费供给能力和水平”“拓展信息消费覆盖广度和深度”“打造信息消费发展良好环境”3个板块，对提高数字产品供给水平、拓展电子产品应用领域、强化信息技术服务能力、丰富数字创意内容和服务、实施信息惠民系列工程、扩大电子商务服务领域、推进信息基础设施智能化升级、推动信息消费降本增效、提高农村地区信息接入能力、增强消费者信息运用技能、丰富信息消费体验形式、加强和改进监管、建设完善信用体系、加强信息消费安全保障、健全统计监测体系和加大财税支持力度16个方面的重点任务做出了部署。

（二）宣传推广信息消费

重庆市于2018年8月23～25日举行了2018中国国际智能产业博览会（以下简称“智博会”）。智博会主题为“智能化：为经济赋能，为生活添彩”，契合习近平总书记对重庆市提出的“推动高质量发展、创造高品质生活”的要求。展会突出专业性、国际化、体验感，围绕“会”“展”“赛”和系列专题活动展开，设置综合展、大企业展、创新展和专题展四大主题展区，举行数场大数据智能化高峰会、科技大赛、专业论坛等。智博会将聚焦大数据智能化引领创新驱动发展，集中发布和展示一批前沿技术成果、“黑科技”产品；将在全国率先推出3万平方米的智慧体验广场，模拟构建智慧出行、智慧医疗、智慧教育、智慧家居等应用场景；将邀请国内外大数据智能化领域的领军企业、知名专家学者、国际行业组织负责人等嘉宾出席大会；将立足重庆在西部内陆地区更好地发挥带头开放作用，搭建各类合作平台，促进互联互通、互促互融、互惠互利。截至目前，已有300多位中外嘉宾、500余家国内外企业和13个国际友好城市（机构）确认参会。

二、信息消费工作取得的成效

2017年，全年实现网络交易额达10027.46亿元，增长35.15%，全市跨境电商进出口及结算171亿元，增长13.9%。按卖家所在地来划分，全市网上零售额达794.6亿元，增长45.2%；按买家所在地来划分，全市实现网上零售额1430.8亿元，增长35.3%。

2018年上半年，全市限额以上批零法人企业通过互联网实现销售额同比增长23.7%，网络零售额同比增长42.4%，增幅分别比2017年同期高2.8个、6.5个百分点。2018年上半年，全市实现服务型网络零售额185.9亿元，同比增长45.7%，比全国增幅高出6.7个百分点。2017年，软件业务实现收入1210.3亿元，同比增长18%；电信业务总量为611亿元，电信业务收入为258亿元。2018年1～7月，重庆市实现软件业务收入825.1亿元，同比增长17.4%。信息消费的具体情况主要有如下3项。

（一）信息消费产品供给能力水平进一步提升

1. 计算机通信设备生产方面

2018年上半年，计算机产量3449万台，同比增长33.5%；生产手机7112万台，同比增长23.7%。2018年1～5月，重庆市以笔电为代表的加工贸易进出口额达875.6亿元，增长18.3%，占同期全市外贸总值的47.2%。其中，出口747.9亿元，增速15.6%。

2. 智能制造方面

重庆市智能制造装备企业超过120家，实现产值180亿元，同比增长22.8%。其中，工业机器人产量达到3739台，数控机床产量达到2578台，已初步形成了研发、整机制造、系统集成、零部件配套、应用服务的产业雏形，逐步满足了重庆市乃至西南地区的智能制造装备需求，智能制造保障能力得到提高。广州数控设备有限公司、武汉华中数控股份有限公司、固高科技(香港)有限公司等国内知名企业相继落户重庆，世界排名前5位的机器人厂商有4家落户重庆。重庆市以笔记本电脑为代表的加工贸易进出口额达875.6亿元，同比增长18.3%，占同期全市外贸总值的47.2%。其中，出口额为747.9亿元，同比增长15.6%。

3. 智能汽车方面

一是重庆长安汽车在智能化、新能源领域积极部署。二是长安汽车持续打造in Call系统，依托端云一体的架构，通过语音入口实现人、车、智能家居一体化的智能人车生活体验。三是长安汽车实现了国内首个2000千米无人驾驶超级测试，先后发布了CS55、新CS75等多款智能化车型。2017年全市生产智能汽车127731辆，同比增长39%，实现产值335亿元，同比增长34%。智能汽车占全市汽车产量的比重由上年的2.9%提升至4.2%，发展速度明显加快。

4. 软件和信息服务业方面

2018年1～7月，重庆市实现软件业务收入825.1亿元，同比增长17.4%，在规模不断扩大的基础上保持了平稳较快的发展速度，同比增速预计比全国平均增速高3个百分点，软件业务收入居全国第13位。企业收入和经济效益同步增长较快，吸纳就业人数平稳增加，全市从业人员近17.1万人。创新能力不断提升，对重庆市经济社会高质量发展的服务和支撑保障能力显著增强。

5. 在线医疗、教育、交通消费等方面

一是建成“重庆市12320健康信息服务平台”门户，推动预约、诊疗统一的“号源池”建设，实现分时预约、诊疗结算。二是建成“重庆高校在线开放课程平台”，全市18所高校使用平台提供的校级课程云服务，自主建设在线开放课程137门，收录国家级精品课程460余门、国家级教育资源60余万条，累计访问量突破2900万次；重庆高校数字图书馆已拥有电子图书12万册、期刊7000余种、名师视频讲座6000集，其他专业知识库数据存量达30TB，面向全市44所高校免费开放。三是公路客运联网售票系统覆盖75个二级、三级及以上客运站联网，可通过手机和网站进行购票；自系统上线运行以来，累计售票3810余万张，主城区客运站的网络购票比例已超过2/3。

6. 电子商务方面

一是鼓励推动商社集团、香满园、医流巴巴等大中型企业通过自建商城、利用第三方平台营销等方式抢占网上市场。2018年上半年，全市网络零售额同比增长42.4%，增幅分别比2017年同期高2.8个、6.5个百分点。二是支持餐饮、生活服务、旅游等深化电子商务应用，加强与口碑、美团等第三方平台的沟通和合作，鼓励支持服务业电子商务发展。2018 年上半年，全市实现服务型网络零售额 185.9 亿元，同比增长 45.7%，比全国增幅高 6.7 个百分点，其中餐饮、旅游网上零售额分别达到 98.14 亿元、36.14 亿元，足疗按摩、温泉、KTV、化妆、口腔健康等生活服务及休闲娱乐网上零售额近 8 亿元。

7. 数字文化方面

加快推进文化资源数字化进程，国家公共数字文化支撑平台重庆市级节点平台，录入并发布历年全国文化信息共享工程重庆市级资源 2000 余条，容量 1TB。重庆市建成“全国文化信息共享工程重庆市级公共数字文化视频资源库”，建成 7 批次、48 个批次的市地方资源专题资源库；建成“重庆市群众文化云平台”，将全市各区县群艺馆纳入其中进行统一发布管理，整合公共文化物联网开展“点单式”公共文化产品服务。

（二）信息消费覆盖广度和深度进一步拓展

一是通信基础设施进一步向偏远地区覆盖。在重庆市已实现全市城区、乡镇及行政村光网和 4G 全覆盖的基础上，引导支持基础电信企业和重庆铁塔，加快推进光纤和 4G 网络由行政村向自然村延伸，计划总投资 16 亿元，力争 2020 年年底基本实现全市人口聚居区的自然村光纤和 4G 网络覆盖。同时，按照全市脱贫攻坚战略部署安排，突出抓好市委、市政府确定的 18 个深度贫困乡镇信息化基础设施的建设工作，与 3 家基础电信企业及重庆铁塔分别签订目标任务责任书，计划筹集资金 7131 万元并予以重点推进。目前，已实现深度贫困乡镇中 87 个行政村人口聚居区的自然村光纤覆盖，完成总计划数（92 个）的 94.6%；已建成 4G 基站 293 个，完成总计划数（310 个）的 94.5%；实际开通 237 个，完成总计划数的 76.5%。

二是免费无线局域网启动一期建设。印发《重庆市公共区域无线局域网建设实施方案》，在全市旅游景区、交通枢纽、核心商圈、二甲及以上医院等实现公共服务场所免费 Wi-Fi 覆盖。编制《重庆市公共区域免费无线局域网技术服务标准》《重庆市公共区域免费无线局域网检测规范》，目前已完成全市免费无线局域网统一认证服务平台（一期）规划设计工作并启动建设。

三是深入推进网络“提速降费”。通过取消手机国内长途费和漫游费，下调不同档次的宽带接入费用，推出高带宽的通信融合产品；制定定向流量优惠、闲时流量赠送，降低中小企业专项接入价格，切实降低网络资费水平。3 年来，累计对约 200 万户低带宽接入用户实施免费提速，在这 3 年中，单位带宽、流量平均资费价格分别下降 50% 和 37%、45% 和 44.5%、45% 和 50%。

四是农村地区广播电视信号覆盖范围进一步扩大。统筹有线、无线和卫星 3 种技术方式，基本实现农村地区广播电视信号全覆盖。“十三五”以来，重庆市完成全市 90 万户直播卫星户户通工程，近 300 万偏远地区农村群众看上了形态多样、内容丰富的广播电视节目；重庆有线针对不同的地区，采用多种技术手段和覆盖方式，补充建设农村地区网络，进一步加强农村网络支撑服务能力；整合并实现乡镇的场镇全双向数字化网络改造，逐渐完成行政村网络覆盖，行政村数字电视信号覆盖率达到 65%。

（三）信息消费环境进一步优化

一是扎实推进“证照分离”改革试点。在重庆自贸区、两江新区、高新区、璧山高新区开展“证照分离”改革试点，在重庆市网上审批平台开发建设“证照分离”网审专区，对“互联网药品信息服务企业审批”等事项采取告知承诺制，对“港、澳服务提供者在内地设立互联网上网服务营业场所审批”等事项提高审批透明度和可预期性，对“设立经营性互联网文化单位审批”等事项加强准入监管，进一步规范信息消费业发展。

二是进一步放宽信息类新产品、新业态、新模式市场准入限制。2017 年以来，重庆市按照国务院的部署，取消了“非电子出版物出版单位委托电子出版物复制单位复制计算机软件、电子媒体非卖品审批”“互联网药品交易服务资格证审批（二类）”“设立城市社区有线电视系统审批”等审批项目，通过放宽市场准入促进信息消费领域的营商环境建设。

三是建立信息消费领域的清单管理制度。重庆市梳理了行政审批类《重庆市级行政许可及便民服务清单（2018 年版）》，对包含“互联网新闻信息服务许可”“互联网药品信息服务资格认定”“设立经营性互联网文化单位（含网络游戏）及变更、续延审批”在内的各审批事项的便民服务方式进行了明确规定，已报市政府办公厅。

四是加强信息消费安全宣传。以网络直播、视频晚会、现场咨询、文艺大赛、消费讲堂等形式开展“3·15”系列宣传活动，加强信息消费安全宣传，社会反响良好。2018 年上半年，工商等部门共受理消费者涉及信息消费类的投诉举报咨询事件达 30551 件，为消费者挽回经济损失 302.6 万元，及时办结率超过 99%。

第二十章　四川省信息消费进展情况

四川省深入贯彻落实《国务院关于进一步扩大和升级信息消费　持续释放内需潜力的指导意见》（国发〔2017〕40 号），在工业和信息化部的指导下，不断夯实信息消费基础，大力提升信息消费产品供给能力，持续扩大信息消费覆盖范围，全力打造以数字经济为主轴的信息消费升级版。

一、顶层强化信息消费实施保障

（一）加强政策引领

四川省委十一届三次全会做出了加快构建以电子信息、装备制造、食品饮料、先进材料、能源化工 5 个万亿级支柱产业和数字经济为主体的“5+1”现代产业体系的重大部署，配套出台“16+1”产业培育方案，进一步优化产业布局，加快产业转型升级。四川省已经成立了以常务副省长任组长、分管副省长为副组长、办公室在经信厅的数字经济领导小组，正在组织制定系列政策措施，加快数字经济发展。其中，《关于加快推进数字经济发展的意见》《新一代网络技术产业培育方案》《集成电路与新型显示产业培育方案》《软件与信息服务产业培育方案》《大数据产业培育方案》已相继审议通过，每项都建立了由四川省领导联系指导的工作推进机制，持续强化信息消费供给侧政策保障，全面推动“数字四川”建设。

（二）注重顶层设计

自国家开展信息消费工作以来，四川省相继出台了《关于促进信息消费扩大内需的实施方案》《四川省促进信息消费扩大内需重点任务分工及计划》等重要文件。2018 年 8 月，《四川省进一步扩大和升级信息消费　持续释放内需潜力的实施方案》由省政府正式印发实施，围绕信息消费基础、产品、服务、应用和推广 5 个方面，全力打造适应四川发展、具有本土特色的信息消费。

二、多层面优化信息消费基础环境

（一）信息基础设施进一步完善

四川省持续推进“光网四川”“无线四川”和电信普遍服务试点建设，建成全国首个“全光网省”，推动城乡光纤网络覆盖和扩容提速，为信息消费发展创造了高速泛在的网络基础。至 2018 年年底，四川省电话用户总数达 1.1 亿个，移动基站达 33.5 万个，移动互联网用户数达 7740 万户，其中 4G 用户数达 6600 万户，居全国第 5 位；互联网省际出口带宽达 22.9TB，城镇地区全面具备百兆以上宽带接入能力，行政村光纤通达率达 98.4%；西部大数据中心和“云锦天府”等大型数字项目进展顺利；开通 NB-IoT（窄带物联网）基站约 4.1 万个，基本实现城区和乡镇的连续覆盖；IPTV 用户数达 1384 万户，各项发展指标都在西部地区居首位。

（二）信息消费全过程成本不断降低

深入推进“提速降费”，充分释放改革红利，有效促进信息消费。2017 年，新推套餐单位带宽价格下降近六成，移动流量资费水平较 2016 年下降 55.6%；2018 年，全省移动流量资费水平比 2017 年年底降低 62.0%，年内降幅居全国第 7 位。区域和国际通信资费有效降低，成德资费实现全面一体化，港、澳、台及国际长途电话费最高降幅超过 90%。“双创”中小企业互联网专线接入资费降幅超过 40%，高于全国平均水平。同时，鼓励金融机构开发更多适合信息消费的金融产品和服务，重点在通信、物流、支付、售后服务等关键环节全面提升效率、降低成本。

（三）信息消费安全保障能力持续强化

《四川省大数据发展促进办法》等立法工作进展顺利，《四川省电信设施建设和保护条例》于 2018 年 5 月 1 日正式实施，对促进信息消费健康发展提供了有力的法制保障。此外，四川省加大监管力度，积极优化校园电信业务的市场秩序，规范市场竞争行为，成为 2017 年全国校园电信市场治理成效明显的典范；持续开展防范和打击通信信息诈骗工作，完成反诈骗系统升级和功能扩展，全年处置涉嫌违法犯罪号码 1.4 万余个，电话用户实名率达到 100%，全省通信信息诈骗案发生数量下降 25.2%，损失金额下降 14.3%，有效净化了信息消费环境。

三、供给侧发力扩大信息消费规模

信息产业是信息消费的核心组成。四川加快在集成电路与新型显示、大数据与人工智能、新一代网络产品、网络安全产品与服务等电子信息产业的布局，进一步延伸产业链，充分挖掘四川省电子信息产业优势，不断扩大信息消费供给。目前，电子信息领域高新技术企业已占全省有效高新技术企业的 1/3 以上。2018 年，四川电子信息主营业务收入超过 9200 亿元。其中，全省电子信息产品制造业实现主营业务收入 4955.5 亿元，同比增长超 20%；软件和信息服务业实现主营业务收入 4302.2 亿元，同比增长 17.5%。按照“5+1”产业部署，四川电子信息产业将率先实现万亿发展目标，极大地丰富信息消费产品。此外，电信业务的快速发展有力地拉动了信息消费流量。四川电信业务总量全年累计完成 3295.38 亿元，同比增长 165.5%；电信业收入总计完成 652 亿元，同比增长 8.3%，在全国排名中居第 5 位。

（一）产业创新资源加速聚集

围绕增强供给能力，追踪和把握智能产业重点方向及机遇，深入实施创新驱动战略，鼓励企业加强“产、学、研”合作，推动科技资源共享和协同创新，支持建设四川省电子信息产业技术研究院、中移（成都）产业技术研究院、中国联通 5G 创新中心（成都）、超高清视频（四川）制作技术协同中心、“芯火”双创基地（平台），搭建集人才培养、技术授权合作等为一体的公共服务平台或孵化器。中移（成都）产业技术研究院正探索开展 5G 与农业、教育、医疗等行业的深度融合应用，卫士通“5G 安全总体架构研究与标准化”项目得到国家科技重大专项支持。中国电信已率先在成都开展 5G 试点，在成都部署的第一个 5G 基站已经开通，5G 业务测试正常；中国联通完成 Massive MIMO 等 5G 关键技术在现网的应用，在成都开通西部首个 5G Massive MIMO 基站，并在成都成华区打造全国首个 5G 无线家庭宽带示范小区；中国移动四川有限公司、中移（成都）产业研究院、成都远洋太古里联合宣布，在成都远洋太古里推出全国首个 5G 示范街区。中国西部信息中心、成都高新数据中心获批国家首批绿色数据中心示范单位；实施北斗产业园区创新发展专项行动，支持省内的九洲、新橙北斗、盟升、华力创通，推动北斗产业加快发展。

（二）重大产业项目建设持续推进

在集成电路方面，英特尔骏马项目一期工程全年新增产值约80亿元；海威华芯第二代、第三代半导体集成电路芯片项目竣工投产；紫光集团成都IC国际城项目开工建设，中国电子集团成都芯谷项目已签约项目14个，展讯公司全球三大总部之一及全球研发基地项目已签约动工；投资128亿元的诺思（绵阳）微系统基地项目落户绵阳。在新型平板显示方面，总投资465亿元的京东方成都6代AMOLED项目已实现量产，与华为签订300万元的订单；总投资280亿元的中电熊猫和240亿元的惠科（绵阳）8.6代液晶面板项目分别进入量产和开工建设阶段；总投资443亿元的信利（仁寿高端）在2019年年初完成一期建设。在智能终端方面，在促进长虹、九洲集团创新发展的基础上，近年来，广安、宜宾、泸州、自贡等市抓住珠三角、长三角的产业转移机遇，大力引进发展智能终端产业。截至目前，四川省新落地智能终端项目近300个，总投资额超过1000亿元，预计产值超过2000亿元，项目达产后，四川将成为全国知名的智能终端生产基地。

（三）信息服务业新业态不断涌现

四川省软件与信息产业结构不断优化，信息技术服务类的比重不断扩大，占比由2008年的33%增长到目前的60%；机械、电器、交通工具等行业的智能化产品增多，使嵌入式系统软件的收入达133.9亿元，同比增长109%。新兴行业不断涌现，产品领域也由传统的基础应用软件、系统集成、宽带、工程监理等向数字新媒体、游戏娱乐、VR/AR、在线交易等领域发展。2018年四川省软件与信息服务业上市企业29家，新三板企业133家，国家规划布局内重点软件企业13家；中国网安、九洲、川通服入选2018年中国软件业务收入百强企业、中国软件和信息技术服务综合竞争力百强企业。预计全年主营业务实现亿元以上收入的软件与信息服务企业达428家，其中主营业务实现10亿元以上的企业达56家。目前，四川省软件与信息服务业的规模稳居中西部第一。

四、模式技术创新激发信息消费活力

（一）新业态推动线上、线下齐头并进

随着“互联网+”与大数据技术的高速发展，网络消费市场不断扩大升

级。2018 年，四川实现电子商务交易额 3.3 万亿元，居中西部首位，同比增长 19.6%。其中，网络零售额达 4269.21 亿元，同比增长 28.6%；农村网络零售额达 926.22 亿元，体量在全国排名第 4 位，同比增长 30.45%，有力带动了农村信息消费。在网络零售结构中，实物型网络零售额为 2341.11 亿元，在网络零售额中占比 54.8%，服务型网络零售额累计达 1928.10 亿元，在网络零售额中占比 45.2%。线下商圈搭乘“6.18”“双十一”大促快车，新零售模式实现快速发展，实体店进一步发展体验式消费，带动中心商圈、商业综合体等回暖升级。永辉超级物种、阿里盒马鲜生、苏宁苏鲜生等新零售纷纷在成都落地。“双十一”四川网络零售额超过 180 亿元，增速超过 25%，居全国第 6 位。

（二）“双创”、工业互联网新模式助力企业信息消费

四川省按照“5+1”现代产业体系布局，不断完善“互联网 + 中小微企业创新创业公共服务平台”；该平台已推出益政务、益服务、益应用、益智造、益市场和益资讯 6 个功能子平台；全省已培育国家级中小企业公共服务示范平台 26 家、省级中小企业公共服务示范平台 61 家，培育国家级小型微型企业创业创新示范基地 13 家、省级小型微型企业创业创新示范基地 122 家，持续推进中小微企业“双创”需求与优质服务生态资源多维、高效对接。此外，工业互联网加速助推传统产业升级改造：着力推进四川长虹“四川电子信息产业聚集区工业互联网平台”、成都积微物联“西部钢铁钒钛工业互联网平台”等建设，推动产业链上下游资源集聚，促进企业数字化转型，四川长虹入选国家特定区域工业互联网平台试验测试支持项目；启动“万家企业上云”行动，2018 年新增上云企业 3000 余家，全面推动提高“企业上云”的比例和应用深度，扩大企业数字消费。2017—2018 年，智能制造、工业大数据、轨道交通、工业云制造、工业信息安全和机器人及智能装备 6 个省级制造业创新中心顺利创建，全省已建和在建的数字化工厂（车间）共有 155 家，总投资达 222 亿元。

（三）以点带面积极打造信息消费试点示范

在信息消费试点示范方面，四川省成都市、绵阳市、南充市、乐山市、眉山市先后获批国家信息消费试点城市，试点城市数量居全国第 3 位。其中，成都市获批国家信息消费示范城市。在信息消费试点示范项目方面，四川省绵阳九洲北斗新时空能源、成都积微物联等 5 家企业的项目成功入围工业和

信息化部2018年新型信息消费试点示范，入围项目数居全国第5位，覆盖电子商务平台服务、数字家庭产品、现代物流服务、线上线下融合服务等多个领域；成功争取绵阳获批创建国家电子商务示范城市，持续推动成都国家电子商务示范城市、下一代互联网示范城市和物联网区域示范应用建设，加快信息消费应用的推广与拓展升级。

五、信息化应用助力公共服务向智慧化升级

四川省深入推进互联网、云计算、物联网、大数据、人工智能等信息技术在养老、健康、教育、旅游等社会公共服务中的创新应用，积极培育信息消费新业态、新模式；引进中国电子信息产业集团健康医疗大数据、中法合作成都国际智慧养老服务示范社区等多个项目；顺利开展两批次、三部委智慧健康养老应用试点示范，四川省获批试点示范数量连续两年并列全国第一；全面深化“互联网+医疗健康”服务，国内首个省级互联网医疗行业监管平台顺利上线，已初步形成以“一个平台、两个中心、三项制度”为核心的互联网医疗服务新格局；建成四川教育大数据开放共享应用平台，师生网络学习空间开通数量新增10万个；四川电信与石室中学联合推动的祥云网校已覆盖全省17个市州、近400个教学班，惠及远端授课教师2000余人、学生2万余名；成都市推进“数字校园”试点，70所学校被纳入市级试点，200余所学校被纳入区级试点；九洲“北斗智游云”平台已服务200家4A级以上景区、50个旅游行业管理单位，年服务游客2000万人次。四川移动推出的乐乐医已陆续接入川、渝、藏三地十余家三甲医院，在册医生6000余人，用户规模突破360万；蜀景畅游覆盖景区174个，建成视频点位419个，拓展乡村旅游线路达100余条。四川联通与省残联联合打造了“智慧量服”和“开放量服”，为残疾人量身定做“一人一策”的发展和帮扶方案，为全省6.5万个用户提供了“量体裁衣”式服务。

通过便民服务信息化建设应用，四川省有效拓展了居民获取生活服务的渠道，开始形成集餐饮、娱乐、家政等服务于一体、线上线下相结合的服务新模式。

第二十一章　贵州省信息消费进展情况

一、推进信息消费的主要举措

（一）强化组织机制

2017 年，贵州成立了全国首个正厅级的大数据主管部门——省大数据发展管理局，统筹全省大数据、信息消费等领域的工作，并组建了省大数据产业发展中心、云上贵州公司、省大数据产业发展研究院等支撑机构。

贵州省政府分管副秘书长定期组织 20 多家省直部门、各市（州）、贵安新区召开全省信息消费专题调度会，协调推动各项工作的开展。目前，各市（州）、贵安新区的大数据主管部门已基本组建完毕，贵阳、遵义等专门成立了市级信息消费工作指导小组。全省信息消费工作有机构、有机制、有人员，组织机制基本完善。

（二）完善顶层设计

为贯彻落实《国务院关于进一步扩大和升级信息消费　持续释放内需潜力的指导意见》(国发〔2017〕40 号),贵州省于 2018 年 5 月出台了《省人民政府办公厅关于进一步扩大和升级信息消费的实施意见》(黔府办发〔2018〕20 号,以下简称《实施意见》)。文件部署了全省进一步扩大和升级信息消费的重点工作，明确了省直各部门、各市（州）、贵安新区的目标任务，提出了未来一段时期信息消费发展的重点领域和政策措施，完善了贵州信息消费工作的顶层设计。

（三）推动重点工作

贵州省增强信息消费供给水平，做优做实数据中心、呼叫服务、端产品制造等“落地性”产业，做大做强数字物流、数据清洗加工等“支柱性”产业，做精做特数据交易与金融、数据资源与安全等“前瞻性”产业；丰富信息消费内容，推动大数据与实体经济加快融合发展，通过创新引导消费，拓展新兴服务业态，实施“互联网 + 政务民生服务”“大数据 + 大健康”“大数据 + 教育”，大力发展电子商务，开展物联网等重大应用示范；提升信息消费质效，深入实施信息基础设施建设三年会战，推进光网贵州、数聚贵州、满格贵州、宽带乡村、提速降费，构建“出省宽、省内联、覆盖广、资费低”的信息基础设施体系；提高信息消费安全保障，实施大数据及网络安全重点工程，强化大数据和关键信息基础设施安全保护，建设大数据安全靶场，探索物理区域的立体化、纵深化、全天候数据安全防护模式，定期开展大数据与网络安全攻防演练活动。

（四）支持重点项目

按照《工业和信息化部办公厅关于组织开展信息消费试点示范项目申报工作的通知》（工信厅信软函〔2018〕46 号）的要求，贵州省组织各市（州）、各有关企业认真开展信息消费试点示范项目申报工作。2018 年，共申报“多彩宝‘互联网 + 便民服务’城乡全覆盖工程”、IPTV 智慧医疗家庭健康服务平台推广试点示范、全域旅游大数据智慧运营平台、城市出租车行业智能管理终端研发及应用等 10 个信息消费重点项目，涵盖生活类信息消费、公共服务类信息消费、行业类信息消费、新型信息产品消费等多个大类。2017—2018 年，贵州省大数据发展专项资金支持了信息基础设施建设、信息消费平台、通信同城化、互联网骨干直联点建设、信息产品终端研发生产等信息消费相关项目 120 多项，财政资金 9000 多万元。2018 年 6 月，贵州省组建贵州大数据领域首只由省级政府出资设立的产业基金——贵州省大数据产业基金，预计总规模达 30 亿元，将对数字经济、大数据与实体经济深度融合、信息消费等领域的重点工程和技术创新项目给予支持。

二、信息消费工作取得的成效

（一）信息消费产品供给水平不断提升

贵州省智能终端、智能手机、软件开发、信息服务、数据采集加工交易等产业从小到大，共享经济、互联网金融、跨境电商、智慧旅游、智慧交通、智慧农业、远程教育医疗、网约车、移动支付等新业态快速涌现。贵阳市大力推进国家大数据产业集聚区建设，统筹布局16个大数据产业基地，初步构建了较为完整的大数据和信息消费产业链条。遵义市集聚智能终端企业105家，成为全国重要的手机、平板电脑等智能终端产品制造集聚基地。苹果、高通、微软、英特尔、甲骨文等世界知名企业落户贵州，阿里巴巴、华为、腾讯、百度、京东等25家世界级或国内500强企业扎根贵州。苹果iCloud中国用户数据于2018年2月28日正式由云上贵州公司管理，业务由云上贵州公司运营；苹果公司第一次改变其全球用户的收费业务模式，在贵州完成中国用户云服务的相关结算。贵州大数据从数据中心建设走向云服务运营，从留住数据走向留住资金。华为全球私有云数据中心开工建设；腾讯核心数据中心一期启用；三大运营商南方数据中心建成运营。货车帮连续两年入选全球科技创业“独角兽”企业，与运满满共同组建满帮集团，其市值超过60亿美元，成为“独角兽”企业中的佼佼者，2017年5月以来获得《人民日报》3次“点赞”。白山云“云链服务”覆盖国内300多个城市，服务中国70%的互联网用户和2亿海外互联网用户，被世界著名咨询机构高德纳（Gartner）评为“全球级”服务商。朗玛信息3次入选中国互联网百强企业；与高通公司合资成立的华芯通第一代服务器芯片“昇龙”已于2018年在数博会亮相，于2018年年底前正式上市，第二代服务器芯片的研发工作已经展开。

（二）公共服务类消费不断拓展

落实国务院关于推进政务服务“一网、一门、一次”改革和“一网通办”要求，运用大数据创新优化公共服务方式，推动公共服务类信息消费向均等化、普惠化、便捷化提升。贵州省网上办事大厅建设“不打烊”政府，实现省、市、县、乡、村五级全覆盖，网上可办的行政审批事项由不足1万项增至3.7万项，新增网上可办公共服务事项26.9万项，实际网上办理率省级达82.6%，市级达74.5%，县级达31.5%；行政审批事项承诺办理时限由平均法定办理时限22.6个工作日缩短至10.9个工作日。在全国省级政府网上政务服务能力排名中，贵州省2017年位居第2，2018年位居第3，荣获全国“互联网+政务服务”综合试点示范省。“精准扶贫云”打通扶贫、公安、教育、医疗等17个部门和单位数据，以多“云”融合助力精准识别、精准施策，扶贫对象的车子、房子、医疗、社保、子女教育等情况自动识别生成数据，实现自动办理教育扶贫资助等功能。2017年12月，中央政治局第2次集体学习时，主讲专家中科院梅宏院士专门介绍了贵州省这个案例。“医疗健康云”

联通全省县级以上公立医院，实现“一窗式”预约挂号，成为国内首家以省为单位的统一预约挂号平台。2017年年底，贵州省在全国率先实现远程医疗乡镇卫生院全覆盖，入选健康医疗大数据中心国家试点。“云上贵州App”实现全省各级政务服务在移动端统一一个App上呈现，可在手机上直接办结服务181项，实现“一机在手、服务到家”。目前，贵州“零跑腿”政务服务事项达3183项，“只跑一次”政务服务事项达84173项。

（三）生活类信息消费不断完善

丰富数字创意的内容和服务，发挥贵州省特色自然资源、民族资源、红色文化资源等优势，打造集智创新、灵活就业的生活类信息消费业态。“通村村”智慧交通云平台实现智慧化客运交通向重点乡村及客流集散点延伸，成为乡村版“滴滴打车”，已在全省79个县（区、市）部署上线，所有县（区、市）车辆北斗卫星监控数据与线路数据已接入，平台注册用户量超过24000人。“贵州通”便捷支付App的注册用户突破百万大关，提供了贵阳市民云卡NFC贴手机或扫二维码乘公交服务，贵阳公交云卡开卡逾30.6万张，交易笔数逾80.2万笔，交易额超过1000万元。公交车载智能终端已在8个市（州）中心城区完成全部改造工作，2018年上半年的“交通一卡通”使用量比2017年年底新增8万余张。智慧旅游“一站式”服务平台和“云游贵州”App加快建设，“智游贵阳”公共服务平台已覆盖全市500余个涉旅场所，完成全市4A级以上景区及重点景区的基础信息采集，关注人数超过15万人。搜床科技（Xbed）以房源共享、人力共享和全互联网化运营，提供创新式的酒店运营互联网化解决方案，市场已遍及北京、广州、深圳、西安、成都、贵阳等40多个城市。优车动力打造新能源汽车共享运营模式，目前，会员用户超过7000人，普通用户超过3万人，单车日均产值达100多元，2018年年底前投入市场的新能源汽车达到1000台。

（四）行业类信息消费不断完善

先后实施“千企改造”“千企引进”和“万企融合”，推动大数据与实体经济深度融合。中国信通院发布的数字经济白皮书显示，2017年，贵州省数字经济增速达到37.2%，位居全国第一。贵州省推动工业向智能化生产、个性化定制、网络化协同、服务化延伸转型。贵州“两化”融合指数在全国排名持续上升，从2014年第29位提升至第19位。“工业云”成为全国4个面向特定区域平台试验项目之一，工业和信息化部在贵州省召开全国工业云现场会。贵阳海信、力源液压等企业融合发展处于行业领先水平，入选国家级智能制造试点示范。振华新云国产高可靠电子元件柔性数字化车间、贵州同济堂中药制剂全流程应用入选工业和信息化部智能制造新模式应用项目。黎阳航空、雅光电子等获批国家级“两化”融合贯标试点。贵州推动服务业向平台型、智慧型、共享型融合升级，大数据与旅游、健康、养老、金融、文化等服务业加快融合。智慧旅游助推旅游业实现“井喷”式发展，近5年入黔游客、旅游总收入年均增长30%、30.8%。安顺黄果树智慧旅游公司打造“一站式”旅游服务平台，成为中国首个“大数据+旅游”新三板挂牌企业。贵阳货车帮应用大数据精准匹配车源和货源，建立了中国最大的公路物流互联网信息平台。遵义传化公路港物流有限公司通过大数据融合，使货车配货时间减少24小时左右，空载率降低30%；推动农业向生产管理精准化、质量追溯全程化、市场销售网络化融合升级；积极构建大数据、云计算、互联网、物联网技术一体化的现代农业发展模式。贵州省电商企业主体达18.67万家，共有70个国家级电子商务进农村综合示范县，农村电商应用比例超过全国平均水平，有效推动了“网货下乡”“农货进城”“黔货出山”。“贵农网”实现对所有乡镇和95%以上行政村的全覆盖，可实现对420万农民业务的服务。“农经云”建成3020个大数据村域经济服务社，“农村电商+农村金融服务站”联运模式全面铺开。贵阳市修文县猕猴桃大数据系统实现猕猴桃生长管理销售全生命周期精准化分析，每亩增收500元。

（五）信息消费基础设施不断夯实

贵州省圆满完成全省信息基础设施建设3年会战的任务，2017年完成投资204.4亿元，近3年累计投资514亿元；建成贵阳·贵安国家级互联网骨干直联点，跻身全国13个互联网顶层节点，初步形成全国信息存储交换重要枢纽。互联网出省带宽能力达到7330 Gbit/s，网络峰值流量保持100%的冗余，固定宽带下载速率处于西部前3，达到全国平均水平。全省营运高速公路、高速铁路沿线实现移动网络全覆盖，行政村100%通宽带、98%通光纤，多彩贵州广电云实现“村村通”。固定家庭带宽下载速率排名西部第2。移动流量资费水平为全国第5低、西部第2低。49个国家部委和行业、龙头企业的数据资源落户贵州，12家国家绿色数据中心试点单位的PUE平均值降幅为14%，超过国家试点8%的降幅要求。贵安新区绿色数据中心的PUE值低至1.05，成为全国唯一获得美国LEED最高等级认证的绿色数据中心。

第二十二章　青海省信息消费进展情况

一、推进信息消费的主要举措

（一）加强顶层设计

为深入贯彻落实《国务院关于进一步扩大和升级信息消费　持续释放内需潜力的指导意见》（国发〔2017〕40号），进一步扩大和升级信息消费、持续释放内需潜力，青海省结合省内实际情况，出台了《青海省人民政府关于进一步扩大和升级信息消费　持续释放内需潜力的实施意见》（青政〔2018〕29号），明确了青海省进一步扩大和升级信息消费持续释放内需潜力的目标、思路、重点任务和保障措施，制定了2018年度工作计划并组织实施，进一步细化了工作任务、明确了工作进度、强化了工作措施、落实了工作责任。

（二）加强组织领导

青海省委成立了以省政府分管领导为组长，省经信委、省通管局、省发改委等相关厅局为成员单位的加快青海宽带建设、促进信息消费领导小组，统筹信息消费工作的协调和管理。领导小组下设办公室，成员由领导小组成员单位部门负责人组成，负责统筹推进信息消费工作，协调解决推进工作中的矛盾和问题，督促和推动重点工程建设。青海建立省、市（州）信息消费联席会议联动机制，建立决策科学、运行有效、职责明确的领导体制和工作机制，进一步完善政策、落实措施、制定标准、强化部门协同，统筹推进基础设施建设，促进信息消费持续释放内需潜力。

（三）推动试点示范

一是向工业和信息化部组织推荐人工智能与实体经济融合创新项目11

项、工业转型升级专项工业互联网创新工程项目 2 项、工业互联网平台项目 1 项、锂离子电池规范公告企业 2 户，组织申报智能工厂和数字化车间 25 项，开展了大数据应用试点示范项目征集储备工作。

二是扎实开展“两化”融合管理体系贯标工作，向工业和信息化部推荐贯标试点企业 21 户，省电力公司的“新能源行业工业互联网平台试验测试”列入国家首批“流程行业平台试验测试”项目，同时获得国家资金支持 4061 万元，金诃藏药成为全国藏医药行业首家通过国家级“两化”融合管理体系贯标认定企业，青海省启动评定企业数量占全省贯标企业数量的比例位列全国第 1，通过评定的企业数量占贯标企业数量的比例位列全国第 2。

（四）创新管理模式

一是 2018 年年初就组织召开省委网络安全和信息化领导小组信息化和宽带青海建设办公室会议，对 2018 年的重点工作早谋划、早安排、早部署。

二是在全省工业和信息化工作会议上，青海省政府将省 13 户“两化”融合成效显著的企业列为全省制造业与互联网融合优秀企业，并通报表彰。

三是组织召开全省“两化”融合培训会，邀请省内外工业信息化专家开展专题讲座和业务培训，各市（州）工信系统 200 余名代表参会，对汇聚众智推动青海省“两化”融合工作再上新台阶发挥了积极的促进作用；圆满完成了中组部网络强国专题培训、省委组织部“互联网与青海发展厅局级干部培训班”的有关工作。

（五）促进行业发展

一是完成了《“十三五”国家信息化规划》《大数据产业发展规划（2016—2020 年）》中期评估和《全国数据中心发展指引（2018）》编制的有关工作。

二是组织开展锂离子电池行业规范条件企业、光伏制造行业规范公告申报和自查工作，并向工业和信息化部报送了青海省电子信息制造业汇报材料。

三是组织开展云计算和大数据产业发展专家咨询委员会成员推荐工作，为发挥专家智库作用、加快青海省大数据产业发展奠定基础。

四是向工业和信息化部上报软件和集成电路产业企业所得税优惠政策、《软件和信息技术服务业发展规划（2016—2020 年）》落实情况。

五是组织开展全省工控安全检查工作。

六是开展电信普遍服务、数字乡村建设等有关工作。

二、信息消费工作取得的成效

（一）宽带网络基础设施进一步完善

开展并完成部分市通信基础设施专项规划编制并纳入城乡建设规划，积极融入全省经济社会发展大局和建设布局，主动与地方相关部门对接，使全省信息通信建设提前介入“一带一路”、美丽乡村、脱贫攻坚、西成铁路等重大工程的项目建设中。截至2018年12月，全省移动基站达到35507个，固定互联网接入端口361.1万个，光纤接入（FTTH/O）端口数达到339.54万个，省际出入口带宽达2024 Gbit/s。

（二）信息消费规模不断扩大

持续开展宽带青海建设，以光纤到户的方式推动高速稳定的宽带光纤网逐步覆盖城市。加强与住建部门的沟通合作，巩固提升住宅小区光纤到户的国标实施成效。截至2018年12月底，全行业电信业务总量完成426亿元，同比增长163.4%。电信业务收入完成59亿元，同比降低1.2%。信息消费规模达370.59亿元，宽带青海信息消费投入达100亿元。

（三）提速降费成效显著

持续开展提速降费工作，不断推动网络升级，提升网络覆盖率，优化套餐设置，提升用户感知。在“提速”方面，固定宽带用户加速向50M以上的高速率用户迁移，用户占比达到82%，比全国平均水平高3个百分点。在“降费”方面，移动数据流量平均单价同比下降70.7%，固网互联网宽带用户ARPU（宽带接入平均资费）同比下降28.6%，同比降幅在全国分别位居第4位和第1位。

（四）普遍服务试点加快建设

完成三批电信普遍服务试点建设任务，完善电信普遍服务长效补偿机制，以电信普遍服务助力全省脱贫攻坚，推动实现“全光网省”。第三批争取国家补贴资金4.16亿元，项目总投资额超过13.6亿元，试点地区为西宁市、海东市、海北州、海南州、果洛州、玉树州、海西州37个县的2525个行政村。其中，建档立卡贫困村1158个，行政村网络覆盖率达98%，青海省将提前完成省第十三次党代会提出的“行政村基本实现光纤通达”目标。第四批今年启动，以行政村实现4G网络覆盖为主要目标，青海省8个市州共1581个行政村获批，项目共支持建设4G通信基站1616个，国家补贴资金3.24亿元。

（五）电子信息制造和软件产业快速发展

截至2018年12月底，电子信息制造业收入达114.5亿元，软件产业达5.29亿元。电子信息基础材料产业初具规模，现已形成锂电、光伏、光电三大电子信息基础材料产业。锂电材料建成，碳酸锂产业规模达3.8万吨、锂电正极材料1.5万吨、锂电负极材料1.7万吨、锂电电芯1.75Gwh、锂电配套材料电子铝箔1400万平方米、电子铜箔2.5万吨。光伏材料建成晶硅产能2万吨、晶硅电池及组件750MW、逆变器1GW。光电材料建成400吨光线预制棒及拉丝项目、1000吨级5N级高纯三氧化二铝、152吨蓝宝石晶体、25万片蓝宝石晶片，软件产业业务范围涵盖应用软件开发和维护、信息系统集成、信息技术咨询、数据处理和存储服务、嵌入式软件、互联网和电信增值服务、数字安防、数字内容及多媒体等多个领域，确定了以海东信息产业园为重点的产业发展集聚区。

（六）电子商务服务能力显著提升

青海省安排省级财政专项资金2000余万元，支持电商服务平台、网络营销平台等项目建设；促进网络消费增长，举办“2018年首届百强名企电商商品年货大集”，引导企业线上交易与线下服务有机结合；构建原产地特色产品上行渠道，全省共计9项93类千余种特色产品通过“京东青海扶贫馆”“大美青海特产精品微商城”等平台触网销售，随着政策效应持续显现，商务领域信息消费需求保持快速增长。截至2018年12月底，全省电子商务交易额达749.6亿元，同比增长25.3%；网络零售额达297.4亿元，同比增长34%。

（七）大数据产业加快发展

协调推动中国联通集团公司在青海省规划建设的国内第二个大数据中心已于2018年12月底启用，支持青海省现有云数据中心享受大工业电价优惠政策，夯实大数据产业发展基础；联合工业和信息化部电子技术标准化研究院开展《青海省新能源大数据发展研究》课题研究，推动青海省大数据与新能源产业融合发展；重点发展大数据应用项目，稳步推动青海省大数据产业研究院筹建，逐步形成集人才培养、大数据应用、大数据分析和交易为一体的产业链，实现研究、开发、产业化与孵化各部分工作的同步推进；

推荐申报的《青海省旅游云数据平台项目》成功入选全国 2017 年度云计算优秀典型案例。

（八）网络安全防御能力进一步增强

加强关键信息基础设施保护和网络安全防护，加大技术手段建设，强化用户信息保护，落实网络安全防护检查和考核，建立多部门协调机制，开展网络安全监测与处置，进行网络安全攻防技术演练，有效维护网络信息安全。按照部、省要求，完成省际出入口诈骗电话防范拦截系统建设。自系统运行以来，话务呼叫总量达 76.09 亿次，拦截有害信息 58.44 万次；开展“扫黄打非”“处置非法集资”等互联网专项工作，有效净化网络环境。

第二十三章　大连市信息消费进展情况

贯彻落实国家和辽宁省信息消费相关政策，扎实推进信息消费工作，努力发挥信息消费对扩内需、调结构的基础性作用。截至 2018 年 6 月，全市电子信息制造业规模以上企业主营业务收入达 352.4 亿元，同比增长 5.4%；软件和信息服务业规模以上企业销售收入达 575.9 亿元，同比增长 7.2%。

一、推进信息消费的主要举措

（一）以试点示范工作为抓手

国务院下发《关于进一步扩大和升级信息消费　持续释放内需潜力的指导意见》（国发〔2017〕40号）

2017 年年底，辽宁省政府也适时出台了相应的实施意见，对信息消费工作提出了明确的要求。2018 年，工业和信息化部组织了信息消费试点示范项目的申报工作，力求通过试点先行、示范引领，总结推广可复制的经验和做法，加快拓展和升级信息消费。

按照工业和信息化部的要求，大连市积极组织企业开展信息消费试点示范项目的申报工作，推荐并组织申报了 7 个项目。这些项目的申报单位均为大连市信息消费的领军企业，申报的项目涵盖了生活类信息消费、公共服务类信息消费、行业类信息消费和新型信息产品消费 4 个主要信息消费领域，基本代表了当地信息消费相关产业的发展水平。

目前，其中 4 家企业的 4 个项目已被工业和信息化部列入示范项目名单。

（二）以政策为保障

（1）为贯彻落实国家和辽宁省人民政府关于进一步扩大和升级信息消费

的意见，结合大连市实际情况，拟发布《大连市关于进一步扩大和升级信息消费　持续释放内需潜力的实施方案》。

（2）开展《大连市智慧城市发展规划》编制工作。

（3）加大工业和信息化发展专项资金对产业的支持力度，出台制造业创新中心、“两化”融合贯标、软件平台、集成电路和智能制造5项专项资金管理办法。

（三）加快推进智慧城市建设

（1）优化智慧城市顶层设计，拟定《大连市智慧城市顶层设计方案》。

（2）完成电子政务中心建设指标标准，积极推动大连市电子政务云中心建设工作。

（3）加强信息基础设施建设，全面实施“宽带大连”工程，建设全光纤网络城市。深化“无线城市”建设，重点推动“i-Dalian”无线网络项目建设，实现市区90%以上的大型商场超市的智慧化升级和Wi-Fi网络覆盖。累计铺设无线接入点数量可达10000个，累计注册用户数超过420万个。

（4）统筹全市信息化项目建设，推进以企业法人库为代表的城市基础数据库建设，打通“信息孤岛”；确保公安“雪亮工程”项目的按期完成。推进交警信息化平台、环保大数据、食品药品安全服务平台等80余个项目的前期工作。推动联通集团智慧城市数据产业基地建设项目的落地实施。持续完善“互联网+政务服务”。

（5）大连市经信委与腾讯签署了共建“互联网+智慧支付城市”战略合作框架协议，双方联手共建辽宁地区首个移动支付智慧城市。

（6）深入开展智慧养老、房屋交易平台、明珠卡扩展消费领域等项目。

（7）推进北斗地基增强网基础设施建设，目前已完成1个基站建设。

（8）积极推进制造业与互联网融合发展。大连市推荐的“起重机智慧管理平台”被工业和信息化部确定为2016—2017年工业互联网优秀应用案例。华录、红沿河核电、中冶焦耐等5家企业通过贯标认证，下达补助资金160万元；大连奥托、民康制药等8家企业成为2017年工业和信息化部“两化”融合贯标试点企业。冰山集团与北京工业大数据创新中心联合建设“冰山云—制冷空调工业互联网平台”，用大数据、人工智能等新一代信息技术赋能冷热产业发展。积极推进大冶轴、亚明等重点企业开展制造业与工业互联网融合发展应用试点工作。

（9）加强信息安全工作，组织开展大连市关键信息基础设施网络安全抽查工作；积极推进医疗行业个人信息保护试点工作；开展全市电子认证应用推广工作，共发放数字证书 10.3 万张；推进三网融合工作，三网融合体验用户形成市场规模，拓展增值服务市场良好运行。

二、信息消费工作取得的成效

（一）新兴产业加快发展

1. 云计算产业发展示范引领作用凸显

大连云计算公共服务平台已为全市 100 多家企业提供 10 余项公共服务，被评为“2017 年度云计算优秀典型案例”，并召开“大连云计算公共服务平台 2017 年度发布会”。专业云平台建设成果显著。华为大连软件开发云服务企业 1000 余家，运行项目 10000 个，成功召开“2017 大连华为软件开发云创新论坛”。工业仿真云、软件人才培养云等专业云平台建设顺利。工业和信息化部将推动云计算产业做法定义为“大连模式”,并在当地召开“云计算发展三年行动计划宣贯会暨云平台建设经验交流现场会”。

2. 基于智能终端的新兴文化产业模式不断创新

大连市成立数字文化发展联盟，专属服务于提供新兴文化与数字应用业务及服务的企业，大力推动网络视频、互动媒体、数字音乐、游戏动漫等新兴业务的快速发展。推进全市、区县数字文化社区建设，整合数字出版、数字媒体、数字阅读等数字文化资源，搭建“数字图书馆”应用平台，实现智能化、便利化、网络化数字终端阅读。依托智慧社区与无线城市建设，开展智能终端阅读平台建设试点，并将智能终端机引入社区。

3. 传统数字视听行业经营模式向“制造业 + 增值服务”转型

大连市大力发展数字新媒体、移动多媒体等新型文化产业。激光电视机、3D 电视、多媒体数字移动电视、3D 播放器、激光投影仪、新型显示器件等终端产品不断推陈出新，带动数字家庭高清机顶盒、网关设备、家庭影院、电视增值业务、有线电视互联网形成产业化。

4. 高度重视动漫游戏产业发展

大连市在高新区设立动漫游戏园区，相继吸引日本第一大手机社交游戏运营平台 DENA、韩国第一大网络游戏运营平台慧搜及国内知名游戏公司腾讯、金山等落户园区。组建轻游戏、互联网游戏和移动互联游戏体验平台，为园区内游戏企业提供游戏上线测试、用户互动体验等服务。

5. 电子商务飞速发展，整体水平显著提升

大连市已初步形成高新园区、生态科技创新城、瓦房店市、金州新区等多个电子商务集中发展区域，金普新区跨境电商综合实验区正式启动。再生资源交易所、东北亚煤炭交易中心、泛亚太电子交易公司、东北亚现货商品交易所、北方粮食交易市场等16家大宗商品现货电子交易平台健康发展。大连市政府建设了一批水产品、农产品电子商务交易和信息平台、本地社区O2O平台及跨境电商平台。

（二）推进优势企业快速发展

1. 鼓励当地企业积极参加中国信息消费推进联盟

利用联盟的平台汇集各界之智，聚合各业之力，充分发挥政府与市场的纽带作用，掌握国家政策、了解行业动态信息、对接资源和市场、提升企业影响力。目前，大连市政府已推荐12家企业加入联盟。

2. 集成电路产业呈现快速发展态势

英特尔非易失性存储器项目，芯冠科技硅基氮化镓外延材料项目顺利投产，8英寸集成电路工艺研发和中试平台项目启动。金普新区聚集了制造企业及配套服务企业近40家，高新园区集成电路设计企业达20余家，产业聚集效应已经显现。

3. 电子信息制造业不断做优做强

华录集团超大容量蓝光存储研发及产业化、吉星电子柔性印制电路板、龙宁科技无源驱动电泳型电子纸全自动生产线等项目建成试生产，鼎创科技智慧家庭综合服务平台等项目启动建设。国家数字家庭应用示范产业基地建设取得新成果，大连市共有5个街道、1个基地、1个企业荣获国家智慧健康养老试点示范称号，在所有获批城市中名列前茅。

4. 加快培育重点企业和项目，支持信息消费品牌培育、模式创新、关键技术研发、重大项目建设、试点示范推广

组织召开中国华录集团蓝光存储系列产品本地应用对接会；帮助辽无二电器有限公司与大化集团及20多户国内锂电池材料企业进行对接；德豪光电LED倒装芯片实现产业化，进入汽车照明、移动通信等高端领域，正在进行扩产准备；藏龙光电高速半导体激光发射 / 接收器技术世界领先，产品供不应求；艾科科技和兰特科技的半导体激光器和传感器产品在美国、俄罗斯等国外市场发展迅速；英特仿真主导的中国“CAE软件测评标准”开始启动，英特通用多物理场耦合分析软件荣获“2017年度中国工业软件优秀产品奖”；瀚闻资讯自主研发的全球贸易大数据统计分析平台，可实现对全球 249 个国家和地区进行近百种的在线查询及分析功能，目前平台服务注册用户达 10000 余家。

（三）加快推进信息消费的典型应用

1. 大连智慧商圈建设项目

大数据平台已基本搭建成型，包括覆盖人群、网络使用人群、新用户数量、认证人数、各热点的人流量、到场次数、驻留时间等相关数据已形成实时展示，让经营场所可以根据大数据有针对性地调整营销策略、实现精准营销。已经在大连的时代广场、罗斯福、大商集团等 40 家大型商场、超市建设了免费、安全、高速的 Wi-Fi 网络，实现了大连市 90% 以上的大型商场、超市的智慧化升级和 Wi-Fi 网络覆盖，整体投资金额达 8000 余万元。已拓展大部分医院、景区、学校、文体中心、公共交通等区域的免费 Wi-Fi 网络，同时正在积极推进政务中心、旅游景点、交通枢纽、大专院校、地铁等各类场合近 30 个场所的 Wi-Fi 网络覆盖。铺设的无线网接入点数量达 10000 个，累积注册用户数超过 420 万人，每日覆盖用户数 135 万～ 140 万，每日上网用户数 7.5 万人，每日新增用户数 2 万人。截至目前，覆盖的热点场所数量和区域仍在快速增长。在大连市区 Wi-Fi 网络全部建设完成后，预计每月网络活跃用户数将超过 300 万，提供互联网出口带宽将超过 10 Gbit/s。

2. 智慧家庭老幼监护系统平台的示范应用

目前，项目基本已完成试点推广，试点家庭监护及安防用户测试反映情况良好。家庭监护及安防测试用户通过手机客户端可以使家人成员随时随地了解老幼房间及其外出的实际生活状况，实现管控一体化，系统提供 APK/App 软件，可安装在 iPad 或手机上，方便家人进行远程监护。

第二十四章　宁波市信息消费进展情况

一、推进信息消费的主要举措

（一）强化组织协调

由宁波市智慧城市建设工作领导小组（以下简称“智建小组”）负责信息消费推进工作的指导和协调，督促落实信息消费试点建设的各项工作任务，做好统筹规划、指导沟通和督促落实工作。编制推进信息消费行动计划，明确年度工作目标，推进工作任务、重点工程和具体措施；并逐步完善跨部门的协商决策机制，全面协调推进信息消费扩大和升级。

（二）加快政策研究

根据《国务院关于进一步扩大和升级信息消费　持续释放内需潜力的指导意见》（国发〔2017〕40号）、《浙江省人民政府办公厅关于扩大和升级信息消费的实施意见》（浙政办发〔2018〕16号）等文件精神，“智建小组”开展了信息消费的相关政策研究，并编制《关于扩大和升级信息消费的实施意见》（简称《实施意见》），将从提高信息消费有效供给、发展生活类信息消费、推动公共服务类信息消费、扩大行业类信息消费、优化信息消费环境等角度提出具体的政策措施，目前，《实施意见》正在修改完善中，即将印发。

（三）深化试点示范

根据《工业和信息化部办公厅关于组织开展信息消费试点示范项目申报工作的通知》（工信厅信软函〔2018〕46号），“智建小组”积极协调组织企业进行试点示范项目申报，共报送6个项目。2018年，新型信息消费示范项目建议名单公示，宁波云医院和塑料供应链智能交易服务平台两个项目被列入。同时，以智慧城市试点项目建设为抓手，推动信息消费试点示范工作，鼓励企业开展技术创新、应用创新、模式创新等，涌现了“啾啾云”“海上鲜”等一批平台代表企业。

（四）加强培训宣贯

“智建小组”围绕大数据、智能制造、智慧城市建设等信息消费相关主题，开设专项培训，提升企业从业人员素质；组织举办了新型智慧城市、新型智慧城市与企业创新发展等专题研修班，邀请国内知名专家学者进行主题授课，帮助全市各级干部和企业提高对新型智慧城市、信息消费等发展热点的认识和理解；着重加强信息消费政策的宣讲和解读，于第七届中国智慧城市技术与应用产品博览会（简称“智博会”）期间，与中国电子信息行业联合会联合举办信息消费研讨会，邀请中国电子信息行业联合会副会长兼秘书长周子学、中国工程院院士倪光南、工业和信息化部信息化和软件服务业司司长谢少锋等专家、领导全面解读了信息消费国家的最新政策和发展趋势。

（五）着重交流推广

“智建小组”着重加强信息消费发展的交流合作平台建设，组织举办智博会，推动信息消费宣传推广和合作交流。其中，第七届智博会吸引了 300 多家国内外大中小企业集中参展，累计展出的产品、应用、解决方案等达 3000 多项，吸引专业客商超 4.5 万人次，有效激活了信息消费合作市场。同时，宁波也着重加强与国内外高端博览会的合作对接，积极组织市内重点企业参展第四届世界互联网大会、参加数字中国建设峰会等，将宁波特色、宁波经验、宁波模式向全国范围推广。此外，宁波着重总结信息消费发展相关领域的成功做法和经验，树立先进典型和标杆，2017 年，面向企业开展了优秀典型案例汇编，梳理了弘泰水利、国研科技、云朵、金唐等 20 家优秀本土企业在技术创新、模式创新方面的典型项目；组织召开了建设成果交流现场会，将一批模式新颖、成效显著的企业典型案例进一步宣传推介，帮助企业扩大市场、推广其产品应用。

（六）突出“双创”引领

面向“互联网 +”领域，“智建小组”积极推进创新创业发展，推动信息消费新产品、新服务、新模式的研发，增强信息消费的有效供给；举办了第三届中国（宁波）创客创业大赛和西电全球校友创业大赛，吸引了“前台机器人”“低空安防探测雷达”等一批优秀的创业项目成功落户宁波，为宁波扩大和升级信息消费提供了有效供给支持。2018 年，全球智能经济峰会暨第八届智博会期间，宁波市还将重点聚焦大数据、人工智能等领域，筹备举办百度云智基地创新创业大赛、首届“中国智造”大数据创新创业大赛、华为开发者 IoT 全球复赛（宁波）等活动，促进信息消费发展。

二、信息消费工作取得的成效

（一）提升信息基础设施水平，支撑信息消费发展

以“基础先行、集约建设、融合共享、适度超前”为原则，加快推进网络基础设施建设，不断提高城市通信服务支撑和保障能力。截至目前，全市互联网城域出口带宽达 7000 Gbit/s，城乡宽带网络平均接入能力分别达 100 Mbit/s 和 50 Mbit/s，4G 用户达 880 万户。宁波成为获批全国 5G 外场测试试验网建设城市，已开通 5G 试验基站并完成浙江省第一个 5G 首次呼叫测试。完成城区 NB-IoT 网络覆盖建设，已在宁波市海曙区开通服务。“iNingbo”免费无线宽带网络已全面覆盖全市主要公共场所，并在城市公交上进一步拓展应用。推进城市基础设施智能化，完成城市公共设施物联网平台建设，逐步为全市公共设施管理行业及各产业平台提供服务。政务数据资源整合共享开放加速推进。全市政务云计算中心目前已为 92 家单位的 191 个系统提供服务；梳理编制了政务信息资源目录，发布《宁波市市级政务信息资源目录（2017 年版）》，共编录 76 家市级单位的 1344 项信息资源。建设政府数据开放平台，将市级政府部门向公众开放的数据资源进行集中开放、统一开放。目前，政务数据开放平台已开放 20 类主题、408 个资源、130 万条数据。

（二）增强信息产品和服务供给，推动信息消费发展

以“中国制造 2025”国家级示范区创建为契机，坚持应用与产业联动发展，推进数字经济融合创新发展，着重培育集成电路、光学电子、工业物联网等关键产业，智能经济发展核心竞争力持续增强，新一代信息技术产业发展提质增效。2017 年，全市电子信息制造业工业总产值达 1919.2 亿元，同比增长 15.1%，成为全市工业第二大产业。2018 年上半年，全市电子信息产品制造业企业实现工业总产值 776.57 亿元。全市电子信息产品制造业企业工业总产值超百亿元的企业有 3 家，超 50 亿元的企业有 4 家，超 10 亿元的企业

有 9 家，均胜电子、舜宇集团、东方日升新能源公司 3 家企业入围全国电子信息百强企业。全市累计已有 15 家企业（产品）入围工业和信息化部单项冠军示范（培育）名单，数量占全国总量的 7%，位居同类城市前列；智能制造工程快速推进，全市 12 个项目被列入国家智能制造试点示范项目，已涌现中银、吉利等一批先进典型；7 个项目列入国家智能制造综合标准化与新模式应用项目，位居计划单列市前列。成立宁波智能制造产业研究院、智能制造技术研究院，打造北仑智能装备研发园、芯港小镇、微电子创新产业园等一批特色鲜明、错位发展的智能制造产业园区。此外，新产业、新业态、新模式不断涌现，引进北斗数据中心、航天科工云制造基地、中移物联大数据中心等一批重大项目。与百度、腾讯合作共建大数据产业平台，百度云智大数据产业基地已入驻 50 余家大数据、人工智能相关企业，腾讯云产业基地也已正式投入运营。

（三）推进特色信息化应用，促进信息消费发展

1. 公共服务及生活类信息消费深度推进

城市统一服务 App（宁波市民通），汇聚、整合、集成政府公共服务事项和社会服务、市场服务内容，打造城市公共服务“一站式”平台，截至 2017 年年底，可提供包括公交扫码乘车、公共自行车线上租赁、市民卡服务、81890 便民服务、便民查询等超过 50 项城市服务。依托云医院平台创新“互联网 + 健康服务”，构建区域联动的远程医疗服务新体系和线上线下协同的家庭医生健康服务新生态，全市共建远程医疗服务中心 44 个、基层云诊室 273 个，注册云医生 3193 人，医疗机构 347 家，开展在线诊疗和面向慢性病人群与稳定期用药人群配送药品均超过 14 万人次，开展健康大数据应用，出具健康评估报告 83 万份。宁波云医院荣获“2017 年信息社会世界峰会大奖”。智慧交通建成了具有“监督协调、应急指挥、决策支持与公众服务”四大功能的交通运输管理指挥中心。交通公共服务平台提档升级，优化完善“宁波通”App，目前，此 App 下载数量已达 406 万个，日均活跃用户数 1.2 万人；建设停车诱导管理平台，已接入核心城区 41 处停车场，通过停车位热力预警分析及诱导屏、甬城管家微信、“甬城管 +”、宁波通等 App 多维度的发布渠道，初步实现核心城区停车的有效诱导。

2. 智慧教育促进优质资源共享

整合空中课堂、终身学习、数字化阅读等教育信息化建设成果，打造全市统一智慧教育学习平台，并完成与浙江省教育资源公共服务平台的互联互

通。平台汇聚的优质资源达200余万个，累计容量近100TB，总点击量突破3000万次。同时，创新应用深度探索，“甬上云校”名师直播课，年度开课近300节，收看人次数超过70万。“甬上云淘”探索“公益+市场”的可持续发展模式，年度点击量近600万次，营业额达100万元。

3. 企业以及行业类信息消费加快发展

全市“两化”融合指数达87，位列全省第2，镇海炼化和奥克斯获批首批国家“两化”融合管理体系贯标示范企业，一云通、生意帮、物联网家电创新云等一批工业云平台服务能力不断提升。华为沃土工场、褚健教授团队工业互联网平台、三一重工的树根网络、用友集团和中软国际等国内知名平台纷纷来甬落户。

4. 电子商务高速发展

2017年，网络零售额达1380.6亿元，同比增长34.8%，超出全省平均增幅5.4个百分点；网络消费额达1014.6亿元（全省排名第2），同比增长28.4%。全市实现跨境电商进出口额636.41亿元（93.86亿美元），同比增长1.36倍，超额完成年度任务指标17.32%。其中，跨境出口额达556.13亿元（82.02亿美元），成为宁波市外贸及传统网商的转型突破口。

5. 农村电商快速培育

积极推进网货下乡，全市县域网络零售额达453.7亿元，同比增长41%。截至2017年，全市累计建成农村电商服务站近2100个，培育发展了71个电子商务专业村，农村服务站部分功能待进一步完善。

（四）优化信息消费环境，保障信息消费发展

1. 政策规划体系不断健全

近年来，宁波发布了“中国制造2025”、大数据、智能经济、新型智慧城市领域的政策规划和实施意见，有效引领和指导信息消费发展。

2. 社会信用体系不断完善

信用宁波平台实现信用信息查询、共享、异议处理、联合惩戒及数据追溯审计等方面的“一站式”管理，营造了公平诚信的市场环境。陆续发布了《宁波市公共信用信息平台管理办法》《宁波市公共信用信息查询管理办法》《宁波市公共信用信息异议处理办法》等相关配套制度和标准，初步建立了“1+X”公共信用信息制度和标准体系，为规范信用信息的归集和使用，确保平台安全稳定运行提供了制度和标准的保障。

3. 创新创业体系建设持续推进

目前，全市已有近 50 家众创空间获省级备案，数量居全省前列。涌现余姚机器人小镇、江北前洋 E 商小镇等一批智能经济领域特色小镇，为信息消费发展提供了平台。

第二十五章　河北省信息消费进展情况

一、2018年推进信息消费工作的主要举措

（一）完善信息消费政策措施

为确保实施方案落地见效，省政府办公厅印发了《关于进一步扩大和升级信息消费　持续释放内需潜力实施方案任务分工方案》（冀政办字〔2018〕60号），提出具体实化细化的行动计划、工作载体和工作路径，推动互联网、大数据、人工智能和实体经济深度融合，提升新型信息产品供给能力，提高信息消费服务供给质量，扩大信息消费的覆盖范围，优化信息消费环境，加速激发市场活力，促进信息消费升级，满足人民群众日益增长的消费需求。

（二）营造新型信息消费发展氛围

2018年4月18日，河北省政府新闻办召开《关于进一步扩大和升级信息消费　持续释放内需潜力的实施方案》（以下简称《实施方案》）解读新闻发布会，详细介绍了《实施方案》的出台背景、总体考虑和主要内容。廊坊、保定、张家口、邢台等市率先组织举办了信息消费体验周活动。2018年12月6日，河北省工业和信息化厅组织召开“河北省物联网产业联盟成立大会暨信息消费体验周活动”，宣传贯彻新型信息消费，面向公众提供更多的信息消费知识，展示最新信息消费产品，拉近优秀信息消费产品与广大消费者之间的距离。

（三）开展新型信息消费试点示范

河北省工业和信息化厅围绕生活类信息消费、公共服务类信息消费、行业类信息消费、新型信息产品消费、信息消费支撑平台等重点方向，面向全

省公开征集信息消费试点示范项目，遴选出一批河北省信息消费试点示范项目，着力提升信息消费供给和深度挖掘潜在的信息消费需求。河北省工信厅面向全省公开征集了“河北省第一批信息消费体验中心”，评选出“雄安达实智慧城市展厅”等 10 个河北省第一批信息消费体验中心，力推试点先行、示范引领新型信息消费。

（四）强化信息消费基础

实施网络强省战略，推动千兆全光网络建设，部署 40G 等超高速无源光纤网络（PON），建设新一代移动宽带网，加强部署第四代移动通信（4G）演进技术和第五代移动通信（5G）商用网络，积极推动 5G 网络技术在雄安新区、2022 年冬奥会张家口赛区试商用，力争打造国家级互联网骨干直联点。构建标准化、智能化的现代物流服务体系，抓好石家庄、唐山、邯郸、承德物流标准化试点，搭建“物流河北”“物流京津冀”，交通运输物流公共信息平台，促进区域物流信息互联互通、资源共享，提高商贸物流智能化水平。

（五）提升产业供给能力

以电子信息领域重点企业为主体，加强“产、学、研”结合，在大数据、智能化、物联网、网络通信、云计算、卫星导航、信息安全等方面，实施一批重大和重点科技项目，重点突破一批关键技术，提高电子信息产业核心技术竞争力。推动新型重大项目投产，提升成熟产品的市场占有率。推进京津冀大数据综合试验区建设，面向行业、民生等重点领域支持一批大数据应用项目，巩固数据存储优势，并推动大数据产业向产业链中下游延伸。

二、信息消费工作取得的成效

（一）信息消费规模不断提升

2017 年，受信息消费拉动影响，河北省数字经济规模为 9166 亿元，占 GDP 的比重为 25.5%，其中，数字产业化部分规模为 667 亿元，产业数字化部分规模为 8500 亿元。2018 年，河北省软件和信息服务业主营业务收入为 357.68 亿元，同比增长 20.5%，超额完成任务目标。其中，软件业务收入为 271.74 亿元，同比增长 18%。

（二）信息消费覆盖面不断扩大

1. 信息网络提速降费力度加大

宽带实现了城市光纤网络全覆盖，行政村光纤通达率、4G 信号覆盖率达 99% 以上，高速用户占比快速攀升。截至 2018 年 11 月，全省宽带 100M 及以上使用的客户占比达到 73.5%，高于全国平均水平；移动流量资费和互联网宽带接入资费同比降幅分别达 63.1% 和 11.1%；固定宽带家庭普及率、移动宽带用户普及率分别达 87.2% 和 87.3%。

2. 推进窄带物联网（NB-IoT）网络部署

截至 2018 年 11 月底，全省物联网终端用户达 1918.7 万户，同比增速 175%。河北电信已实现省内城市、县城、乡镇、农村地区基本连续覆盖和广覆盖；河北联通在各市城区、县城建设开通了移动物联网网络，面向智能抄表、智能停车、环境监测等应用场景实现了全覆盖；河北移动目前已完成河北省 11 个地市市区的移动物联网覆盖。

3. 物流成本不断降低

石家庄、唐山、邯郸、承德等市先后列为国家物流标准化试点城市，以标准托盘推广应用为切入点，促进包装箱、周转筐、货运车厢、集装箱等物流载具标准衔接，提升物流上下游设施设备和服务水平。通过试点，4 市共谋划项目 105 项，拉动社会总投资 12.96 亿元，完成计划总投资的 102%，试点企业标准化托盘使用率达 80% 以上，装卸货效率提高了两倍，货损率降低 20%，物流成本降低 10% 以上。

（三）信息消费服务供给质量进一步提高

1. 全省农业物联网综合管理体系初具雏形

在石家庄、唐山、廊坊、邯郸等地布局 21 个较大农业物联网应用示范，初步实现感知设备分布部署，数据集中统一管理，为农业生产、经营、管理等主体提供物联网监测、控制、预警、宏观决策和专家咨询支撑服务。通过河北省政府的积极鼓励引导，涌现出一批农业物联网设备设施制造企业，探索多种农业物联网发展新模式。围绕“手机助力农产品线上营销”主题，在全省范围内组织开展农产品电商营销培训、手机网络安全教育培训等活动，2018 年，累计培训人数达 62000 余人次，发放宣传资料近 20000 份。

2. 电子商务快速发展

开展省级电子商务示范基地和示范企业创建活动。全省共认定 2018—2019 年度省级电子商务示范基地 44 个、示范企业 77 家。深入推进社区电商和农村电商发展，全省近60家电商企业在近3000个社区建设网点4000多个，11个区市主城区社区电商覆盖率超过50%。借力阿里巴巴、京东、淘宝等国内知名企业及省内大型农村电商龙头企业，不断完善农村电商服务体系，提高农村电商服务主体聚集度。全省共有淘宝镇27个、淘宝村229个，数量均居全国第6位。截至2018年11月，全省完成网络零售额达2755亿元，同比增长36%。

3. 提升健康养老服务水平

组织开展智慧健康养老示范项目推选工作，沧州泊头市解放街道、唐山市路北区乔屯街道、康泰集团等7家单位入选国家第一批智慧健康养老应用试点示范。

（四）信息消费发展环境进一步优化

1. 完善信用体系建设

全省开发实现了大数据征集系统、信用公示查询系统、信用信息共享、信用联合奖惩系统等功能，完成县级信用平台建设并实现与省平台的互联互通。全面实施统一社会信用代码制度，完成法人、其他组织和个体工商户存量代码的转化工作，新增主体赋码工作有序进行。推动落实“双公示”工作，调整“双公示”目录，加强和规范“双公示”信息上报，截至2018年11月，省平台已归集“双公示”信息达245万条。开发完成并启用了信用联合奖惩系统，建立完善红黑名单制度。

2. 加强消费者权益保护

截至2018年11月，全省共破获各类电信网络诈骗犯罪案9163起，抓获电信网络诈骗类犯罪嫌疑人2766名，停止支付涉案账号30370个、涉及资金达11亿元，冻结涉案账号16784个、涉及资金达25亿元；侦办假冒伪劣产品案件134起，抓获违法犯罪嫌疑人1960名，刑事拘留207人，逮捕93人，移送起诉156人。严厉打击食品药品违法犯罪，侦办相关犯罪案件1362起，抓获犯罪嫌疑人1455名，捣毁黑工厂、黑作坊、黑窝点679个，涉案金额18亿元，发起全国集群战役（协查）19起，侦破部督案件40起、省督案件37起，有效维护了社会治安大局稳定和人民群众的饮食及用药安全。

3. 加强个人信息和知识产权保护

推进河北省维权援助与举报投诉平台、京津冀知识产权系统社会信用体系和京津冀专利诚信服务平台建设。在全省范围及电子商务领域内开展知识产权执法维权“雷霆”专项行动，以流通环节的商品集散地、展会、商场、网络等为突破口，严厉打击知识产权侵权假冒行为。坚持依法管网、以网管网、信用管网、协同管网，开展网络市场监管专项行动（网剑行动）的专项督查，进一步遏制网络市场突出的违法问题，提升网络商品和服务质量，改善网络市场竞争秩序和消费环境，为企业创造良好的营商环境。

4. 提升税务服务水平

升级完善网上报税系统等信息化系统建设，运用信息化手段助力纳税人享受优惠政策，认真贯彻税务总局要求，取消优惠备案资料报送，深入推动互联网办税，拓展“一网通办”的范围，实现200余项涉税业务网上办理，推行微信缴费和手机App缴费软件，不断提供业务办理的智能化、网络化、自助化，让纳税人“多跑网路、少跑马路”。开通“互联网+便捷退税”服务平台，实现从申报退税到办理退税全流程无纸化操作。

第四篇　企业案例篇

第二十六章　生活类信息消费

随着网络信息技术对经济社会各领域的渗透越来越深入，人们加快进入数字经济时代,迈向数字生活新阶段。《国务院关于进一步扩大和升级信息消费　持续释放内需潜力的指导意见》将生活类信息消费摆在重要位置，提出创新发展满足人民群众生活需求的各类便民惠民服务新业态，重点发展面向社区生活的线上线下融合服务、面向文化娱乐的数字创意内容和服务、面向便捷出行的交通旅游服务。

本章遴选出 7 个生活类信息消费案例，涵盖了数字创意内容和服务、交通出行、房屋出租、在线旅游等多个领域。这些案例主要呈现以下 3 个特点。

一是视频、阅读等数字内容消费在互联网流量中的占比不断扩大，基于人工智能、虚拟现实技术的新型数字内容正成为信息消费重要的发展领域。

二是在“互联网 +”和“双创”政策的推动下,“共享”理念依托网络在消费领域广泛渗透，在出行、短租、内容分享等领域涌现一批新业态、新模式，成为最具增长潜力的信息消费新模式之一。

三是线上线下融合创新活跃，不断满足大众的个性化需求，信息服务消费由线上为主，向线上线下结合的新消费形态延伸，交通出行、上门服务、餐饮外卖等新业态应用迅速崛起。

案例 1

咪咕数媒：悦读咖名家活动沙龙，助力全民阅读推广

咪咕数字传媒有限公司

导读：近年来，随着国家全民阅读战略的不断深化，形式多样的全民读书活动日益深入开展。作为国内领先的数字内容聚合与分发平台，为了更好地满足广大读者对热门图书的阅读和交流需求，咪咕数媒自 2009 年起，为千万书友量身打造名家阅读沙龙品牌活动平台，定期邀请作家、明星、企业家等名人，以演讲、领读、对话、签售等方式与全国各地书友面对面，搭建名家与大众互通的桥梁，分享私藏好书，共享读书感悟，传递阅读之美。目前，悦读咖系列活动已累计开展 1200 多场，覆盖 100 多座城市、200 多所高校，有超过 6000 万名受众，是国内历时最长、场次最多、覆盖最广的阅读类活动。

一、基本情况

（一）公司介绍

咪咕数字传媒有限公司（简称“咪咕数媒”）是中国移动旗下开展全媒出版、人工智能、富媒体手机报业务的专业互联网公司，建立了以咪咕阅读、咪咕灵犀、手机报为核心的三大产品体系，秉承“三全三者”的企业使命，做“全媒出版的创新者、全民阅读的践行者、全新知识的传播者”。2018 年，咪咕数媒创造行业价值达 51 亿元，合作伙伴近 2000 家。咪咕数媒旗下的咪咕阅读业务平台汇聚了逾 50 万册精品正版图书内容，全场景活跃的用户数近 1 亿人，已在全国 100 多个城市举办超过 1200 场“悦读咖”名家活动；咪咕灵犀人工智能交互使用量超过 8500 万人次 / 日，全场景活跃用户数近 2000 万人，在垂直领域排名第一；手机报品类有 400 余种，覆盖用户数超过 5000 万人。

（二）项目介绍

“咪咕阅读·悦读咖”（以下简称“悦读咖”）是咪咕数媒为千万书友量身打造的品牌活动平台，活动自2009年开展，原平台名称为手机阅读书友会，后于2010年更名为“悦读咖”。活动以“以阅读之名、为思想证言”为主题，分为文憩西溪、名家沙龙、知识见闻三大支线，线下活动与线上直播相结合，定期邀请作家、明星、企业家等名人，以演讲、领读、对话、签售等方式与全国各地书友面对面。搭建名家与大众互通的桥梁，分享私藏好书，共享读书感悟，传递阅读之美。

二、主要做法

（一）一周一话一名家，打造文憩西溪地标

作为开放型企业，咪咕数媒面向社会开放1000平方米的办公场地，打造“悦读咖·文憩西溪”品牌活动，每周邀请一位平台自签约作家，围绕最新热门力作，与作者畅聊作品创作背后的故事与人物剧情的发展走向，每期活动均与线上直播同步进行，平均每场观看人次达100万，让读者更加全面地了解网络文学创作的方方面面。同时，为了更好地帮助广大民众了解数字阅读行业，咪咕数媒还向社会免费展示高品位书店、时尚咖啡厅以及高科技数字阅读体验展厅，赋予“文憩西溪”全方位的体验，将之塑造为文化地标，为品牌融入中国文化内涵。“文憩西溪”入选杭州最具品质体验点，吸引了大批市民、游客驻足参观。

（二）名家大咖面对面，分享阅读创作感悟

为了给更多观众搭建与名家大咖面对面交流的平台，“悦读咖”根据用户需求，定期邀请业内知名作家在全国各主要中心书城等公共场地开展沙龙活动，包括酷炫职业者系列、亲子育儿系列、人生导师系列等在内的多种专题活动。“悦读咖”曾邀请包括麦家、林心如、吴晓波、张召忠等在内的近百位名人进行主题分享，覆盖受众近5000万人，有效助力全民阅读的推广。同时，“悦读咖”项目也在尝试拓展门票、签名书售卖、“悦读咖”微信公众号运作等形式的推广，使活动真正市场化，更加贴近用户需求，拉近与核心目标用户之间的距离，为“悦读咖”的品牌深耕创造机遇。

（三）知识见闻大放送，传递深度思想内涵

“悦读咖”同时开展“线上＋线下”知识见闻活动，以名家定制知识见闻栏目、主题游园活动等形式全方位开展，深入高校、书店等阅读人群密集场所，传递知识的温度，实现知识见闻内容沉淀。每期线上直播时长约40分钟，通过直播、录播等方式将图书内容呈现给广大读者用户，让读者仿佛身临其境，沉浸式地了解作者创作背后的故事及作品中的人物及情节，如邀请哈迷们开展哈利·波特“魔法盛宴”主题游园活动，邀请悬疑作家及粉丝开展悬疑社“名侦探的聚会”主题游戏活动等。

专栏1　“悦读咖”：唐家三少《守护时光守护你》IP发布会

2018年12月12日，由咪咕数媒主办的著名网络文学作家唐家三少《守护时光守护你》IP发布会在中国传媒大学举行。活动现场，咪咕数媒携手炫世唐门、中南天使共同启动新书发布仪式，三方将集中各自优势资源，联合推动该部作品的全版权开发。漫仔在致辞中表示，咪咕数媒将充分发挥咪咕阅读平台“六最”智能传播能力，结合大数据开展分客群专业运营，助力《守护时光守护你》的宣发。据悉，发布会当天，活动在线直播观看人数超过500万人，《守护时光守护你》在咪咕阅读独家平台首发后，24小时内图书浏览量超过3000万次。

专栏2　“悦读咖”：“谈文学，不止理想”系列活动

随着社会浮躁气息的浸染，文学似乎“正在边缘化”。为了回归阅读初心，让更多的年轻一代关注看似缓慢而笨拙的经典文学，“悦读咖”于2016年9月全新起航，从文学本质出发，携手当代著名小说家、编剧麦家，邀请他的5位挚友，游历5座城市，开启了以“谈文学，不止理想”为主题的系列活动，观众通过与6位“爱书之人”共读一本好书，分享创作心路，获取思想营养。自首场活动成功开聊以来，该系列活动受到了众多文学爱好者的热捧。2017年1月15日，麦家与著名作家——《锵锵三人行》中的马家辉相聚杭州，畅聊文学与理想，为这场主题活动画上了一个圆满的句号，活动累计覆盖观众近万人。

专栏 3 “悦读咖”：哈利·波特“魔法盛宴”主题游园活动

在《神奇的动物在哪里》热映之际，咪咕阅读平台引入《哈利·波特》系列丛书，并通过“悦读咖”平台在杭州、上海、北京等地组织开展了《神奇的动物在哪里》“麻瓜观影团”活动及哈利·波特“魔法盛宴”主题游园活动，引发了热烈反响。活动前期经过精心组织，层层筛选并邀请数百位资深“哈迷”，分 3 场齐聚杭州、上海和北京，品茶、观影、做游戏，身着霍格沃兹校服，手持魔法棒，回味哈利·波特系列的精彩故事，畅聊原著，为哈迷们打造沉浸式的阅读游戏体验。活动有效提高了丛书的曝光量，促进了丛书的销售，增强了读者对咪咕阅读平台的黏性。

三、成效

（一）传播阅读正能量，共建书香社会

“悦读咖”拥有文化底蕴和精神厚度，着力于人与人之间的知识共享、情感沟通和自我提升。活动演讲嘉宾为作家、企业家及文化名人，活动内容为好书精读、知识传授及人生经验的分享，旨在践行企业的社会责任，传递社会的正能量，营造全民阅读氛围，共建书香社会。

（二）创新聚合优质网文，创造转化 IP 价值

随着 IP 经济的兴起，以文学作品为核心产生的大量影视、游戏、漫画等作品广受热捧，大量社会热点话题与阅读发生联系，大批文学作品、作家受到公众关注，甚至出现作家明星化趋势。“悦读咖”顺应市场的发展趋势，联合数字阅读的上、中、下游企业，创新阅读类各种活动形式，围绕最新 IP 热点，为各类作家和优质内容搭建传播平台。在“悦读咖”，不论是大咖作家还是成长中的网络文学作家，只要有作品、有故事、热爱分享，都可以参加；对观众而言，不论年龄、地域、喜好，总能找到自己愿意聆听且善于分享的名家。

（三）立体传递品牌理念，增加品牌商业价值

“悦读咖”通过文憩西溪、名家沙龙、知识见闻 3 种活动形式，用名家与作家效应吸引用户，使其加强与咪咕阅读间的有效互动，致力于构建一个

“泛阅读”文化活动生态链，打造一个汇聚众多名家、众多好书、众多书友的有趣、有收获、有定期福利的活动平台。线上线下活动相结合，通过精选内容及丰富互动，构建名家与读者沟通的桥梁，有效提升新书发布曝光量和直播观看量，增强用户黏性。下一步，“悦读咖”将尝试商业化活动定制，与众多品牌、专业人士及名家联动，最大化地提升活动品牌的商业价值，传播更多名家力作与知识见闻。

案例2

阅文集团旗下QQ阅读：创新运营助推“全民阅读”

上海阅文信息技术有限公司

导语：自2006年“全民阅读”活动开展以来，在国家和各级政府的共同倡导下，“全民阅读”活动已在不同层面铺展开来，成为培养文化自信、实现民族复兴的精神索引。在移动互联网时代，通过手机软件随时随地阅读成为现代人的生活方式之一。QQ阅读作为阅文集团的旗舰产品，囊括1000余万部作品储备，从产品端角度创新运营，用丰富的题材类型、完善的阅读体验、符合当代社交习惯的阅读互动，深度满足当下用户多元的阅读需求。QQ阅读针对用户找书难、读电子书没氛围等痛点，运用多种科学算法缩短用户和好书的距离，精准推荐，同时努力打造沉浸式阅读体验，培养用户良好的阅读习惯。在猎豹全球智库2018年上半年中国市场App榜单中，QQ阅读位居同类阅读产品首位。

一、基本情况

（一）阅文集团介绍

阅文集团于2015年3月，由腾讯文学与原盛大文学整合而成，是目前中国引领行业的正版数字阅读平台和文学IP培育平台，旗下囊括QQ阅读、起点中文网等业界知名品牌，拥有1000余万部作品储备、730万名创作者，覆盖200多种内容品类，用户达数亿人。无论在内容品质、数量、作者影响力还是IP价值上，阅文集团都已成为行业的引领者。2017年11月，阅文集团在香港联交所主板上市。

（二）QQ阅读产品介绍

QQ阅读是阅文集团旗下的手机阅读App，拥有阅文各平台海量文学资源和 1000 万部作品储备，作者多达 400 万，累计服务用户超过 6 亿人。通过精选书城、分类书库、排行榜、搜索等功能设计，QQ 阅读为读者提供了多种维度的便捷找书方式。为了提供极致的阅读体验，QQ 阅读支持阅读字体、阅读字号、阅读背景的个性化设置，提供夜间模式、横屏模式、人声朗读等多种功能，以满足用户不同阅读场景的需求。

在不断优化找书、读书体验的同时，QQ 阅读致力于将产品打造成基于阅读的社区互动平台，期望读者能获得由阅读衍生出的使用愉悦感；通过作家社区互动运营、作家直播、作家大神说问答等方式，缩短作家和读者之间的距离；通过段评、章评、书评区的功能设计及持续运营，逐步营造读者基于阅读的粉丝互动氛围。

二、主要做法

（一）丰富内容品类，打造多元化阅读平台

为了满足不同阶段用户阅读的内容需求，QQ 阅读不断完善品类库。平台现有网络文学原创作品 150 万册，除了已有阅读基础的玄幻、都市、青春等品类，还在不断拓展创新，鼓励小品类和新类型题材的创作；同时与 2000 多家出版单位合作，进行版权引入，包括热门小说、文学、社科、旅游、亲子、历史、儿童、教材、管理等多元化内容。除了文字内容以外，QQ 阅读还提供了音频和漫画的阅读内容。其中，在音频方面，除了自有平台的小说内容外，通过版权合作，引入第三方知识付费内容，强化在听的方式下不同内容的覆盖；在漫画方面，同名小说改编的漫画、热门日漫、国漫，都可以在 QQ 阅读平台上找到。

（二）优化找书方式，完善阅读体验

QQ 阅读基于“百万 +”内容库，提供多种方式，帮助用户找到适合其阅读的书籍。常规找书方式：如书库找书，通过分类、标签确认类型喜好，再按照状态、字数、时间、排序方式进一步筛选；如搜索找书，通过书名、作者名、主角名检索书籍，如果搜书平台内还没有自己想要的书籍，用户也可以提交需求申请，QQ 阅读会结合用户需求引进相应的内容：如通过排行、推荐等方式找书，可以参考其他用户的阅读喜好与编辑人工筛选，查看平台当下最热门的书籍。

同时，QQ 阅读还基于独有的庞大内容库和已有的用户阅读偏好积累，去做书籍和用户的智能匹配，通过算法的应用，为不同喜好的用户推荐不同的书籍，以满足用户的个性化阅读需求。通过以上多种找书途径，QQ 阅读缩短了用户和偏好读物的距离，使其能快速找到适合自己的阅读内容。

在阅读环节中，QQ 阅读努力打造沉浸式阅读体验，帮助用户进行持续阅读。如适配不同机型、分辨率的阅读排版，适配系统亮度、夜间模式等默认设置，还提供不同的阅读背景、自定义字号等个性设置，为特殊需求用户定制个人阅读排版。除了文字内容，QQ 阅读还努力增加图文混排、表格展示、外文、背景等精装书的排版样式，为内容的展示效果提供更多的支持。同时，QQ 阅读平台还支持用户导入 Office、PDF 等文件内容。

（三）培养阅读习惯，打造阅读社区

提供阅读时长任务，通过阅读时长可以兑换奖励，鼓励用户持续阅读，提高用户的阅读量。

用户在阅读过程中，可以随时记笔记，也可以与同本读物的用户交流想法，还可以在章评区讨论本章的内容优劣，在书评区发表意见，召集有相同喜好的书友，通过讨论加深对书本内容的理解，发现更多好的书籍。用户原创内容可以向作者提问，询问作者创作书的出发点、内容的走向，讨论情节的展开，通过用户和用户之间、用户和作者之间的讨论交流，提升用户阅读的愉悦感，帮助用户持续阅读。QQ 阅读借助阅文集团自有内容的优势和版权引进，打造多元化“一站式”阅读平台，满足不同年龄阶段用户的阅读需求。

（四）基于阅读的社区互动

为了加强作家与读者之间的情感连接，培养基于阅读的粉丝文化，QQ 阅读不断尝试形式多样的作家应援、角色应援、作家人设搭建、角色人设搭建活动，通过这些活动运营，创造了读者与作家的对话渠道，加强了读者与作品角色的情感互动。读者与作家的距离不再遥远；角色也不再只是书中的文字，而是更鲜活、更深入人心的存在。

三、成效

（一）通过社交属性加强阅读习惯

QQ 阅读不只是一个人读书的地方，更是一群人读书的社区。在聚拢海

量阅读用户的基础上，QQ 阅读一直致力于营造由阅读衍生出的社区互动氛围。段评功能使用户在每个精彩情节处，都能随心地留下自己的感想；章评和书评功能为读者的深度交流提供了平台，并通过章评及书评活动运营，进一步激发用户的正向讨论，让爱书的人们有机会进行情感交流，使用户养成更好的阅读习惯。

（二）倡导青少年健康阅读

2017 年，阅文集团向包括“湖南农家书屋计划”等在内的多个项目捐赠图书超过 10 万册；发起“你读我捐”活动，号召 QQ 阅读 6 亿用户用累积阅读时长来兑换公益图书。2018 年，阅文集团参与“2018 绿书签·护苗”专项行动，举办专题推荐图书、倡导青少年健康阅读等活动。

（三）大数据帮助打通书粉和影视，赋能新文创产业链下游

基于 QQ 阅读平台上用户与平台的深度交互，平台对读者的阅读喜好乃至阅读潮流有了深度了解。这份大数据将有力支持作品的影视化改编，从确定当下年轻人的喜好到筛选出最受欢迎的图书类型、作品，精确赋能产业链下游开发。同时，平台上的用户，即“原著粉”恰恰也是 IP 影视化以及衍生过程中最有力的消费人群，IP 自带的粉丝流量为 IP 作品改编降低了风险，带来了可观的基础用户。

案例3

嘀嘀无限：基于人工智能的共享经济平台

北京嘀嘀无限科技发展有限公司

导读：面对复杂的出行需求，滴滴整合多种交通工具，依托滴滴大脑 的大数据路径规划及预测能力，构建“一站式”共享出行平台，提供端到端的最优出行服务。通过共享经济盘活现有资源以改善供给，个性化推荐平滑出行需求，“一站式”出行全局调度以提升匹配效率，进而缓解城市出行的供需不平衡问题。

一、基本情况

（一）公司介绍

北京嘀嘀无限科技发展有限公司（以下简称“滴滴”）是领先的移动出行平台，为逾 5.5 亿用户提供出租车、快车、专车、豪华车、巴士、小巴、代驾、租车、企业级、公交等全面的出行服务，注册司机和车主超过 3100 万人。

目前，滴滴每日新增轨迹数据超过 106 TB，每日处理数据超过 4500 TB，每日路径规划请求超过 400 亿次。滴滴驱动人工智能技术迅速迭代升级，已经构建了一个能够制定大数据策略的智能系统“滴滴大脑”，通过大数据、机器学习和云计算最大化地利用交通运力，做出最优决策，让整个城市的交通运行效率更高。

同时，滴滴也正在积极展开与城市交通管理者的合作，以自身的大数据分析能力参与智慧城市建设。目前，滴滴已和北京、济南、柳州、苏州、广州、南昌等 20 多座城市进行合作，共优化了超过 1500 个信号路口，在部分核心区域平均减少 10% ～ 20% 的拥堵时间。利用大数据技术，进行智慧信号灯、智慧交通诱导屏建设，使人们的出行体验更好。

（二）项目介绍

滴滴平台根据城市中的人们复杂的出行需求，整合多种交通工具，依托“滴滴大脑”的大数据路径规划及预测能力，构建了“一站式”共享出行平台，提供端到端的最优出行服务。滴滴平台通过共享经济盘活了现有资源以改善供给，个性化推荐平滑出行需求，“一站式”出行全局调度以提升匹配效率，进而缓解城市出行供需不平衡的现状。

二、主要做法

滴滴平台整合了出租车、网约车、小巴、代驾、公交等多种共享出行方式，统一调配资源，提供完整的“一站式”出行服务。

1. 出租车信息服务

该服务通过“互联网＋交通”思维，运用大数据匹配人们的出行需求，改变了以往路边扬手招车的传统打车方式，让人们的出行更加便捷、高效；同时，帮助出租车司机提高了收入。滴滴出行通过技术和平台支持，积极帮助传统出租车行业转型升级，促进巡游出租车和整体共享出行行业的加速融合。

2. 网约快车信息服务

该服务为用户提供网约快车信息业务，专注为乘客提供可靠且经济、便捷的小汽车出行服务。

3. 网约专车信息服务

该服务致力于以高端车型、优质服务为乘客提供品质出行体验。充分考虑高端客户的用车场景和需求，提供预约、接送机预约等服务，满足用户对高品质出行的需求。

4. 网约豪华车信息服务

该服务体现“打造五星级出行服务品牌”的理念，由取得“司务员”（DiDiChauffeur）称号的职业司机为宾客提供优质服务。该服务的主力车型选用一线豪华品牌的中高端轿车，服务与车内设施均参照五星级酒店和航空头等舱标准。

5. 快车拼车服务

该服务通过大数据算法，将路线相近、同方向的乘客即时匹配，帮助乘客拼车共乘、分担出行费用，让乘客享受比快车更优惠的价格。

6. 代驾信息服务

该服务通过大数据技术支持的订单派遣系统，让接受过系统培训的司机为私家车车主提供标准化的代理驾驶服务。

7. 小巴信息服务

该业务目前在北京、成都运营。信息服务指依托智能计算方式，为用户出行匹配最顺路的乘客和车辆，使乘客之间共享车辆、共摊车费，充分利用7座车的空间，提高城市运力效率，在节省道路资源的同时，实现用户打车出行更便捷、费用更划算的目的。

8. 公交信息服务

为方便用户公共出行，平台上线实时公交查询功能，与城市公交体系合作，提供准确的车辆到达时间信息，方便市民出行，并进一步探索优化公共交通线路、盘活公交系统资源。

9. 公交服务与共享单车服务结合

平台将与共享单车进行更深入的合作。公交的实时查询产品将在算法模型中加入共享单车的行驶路线，通过人工智能技术为用户规划骑行和公交的最佳接驳方案，以满足用户多样的短途出行需求。此外，滴滴平台正运用大数据、云计算等技术，对传统公交系统进行补充和提升。目前，雄安新区联合滴滴推出“雄安智慧公交”，突破了公共交通规划的传统模式，构建了实时感知、瞬时响应、智能决策的新型智能公共交通体系。

其间，一方面滴滴在雄安新区推出了智慧中巴和智慧小巴，服务于新区多元化的出行需求。智慧中巴服务公共交通主干线网，基于出行大数据预设虚拟站点，线路根据需求变化迭代更新；智慧小巴具有灵活、便捷、精准匹配的特点，应用人工智能及深度学习算法，快速实现运力资源调配、全局效率最优，希望为用户带来全新的公共出行服务体验。

另一方面，滴滴在南京、贵阳、青岛、济南、深圳等城市上线运营定制公交，在青岛、济南等地推出动态小巴。目前，滴滴已开通超过千余条定制公交、动态小巴线路，全年累计服务452万人次。

定制公交线路的规划依托于滴滴出行大数据、机器学习、云计算等技术，采用了多元数据融合、路径规划算法、网络优化算法等技术。在对城市公共交通基础设施及客流量进行分析后，滴滴会挖掘潜在的居民出行需求，进行经行站点的选择，为其制定最优线路。

10. 租车服务

该服务提供简单方便的在线汽车租赁服务，以大数据技术为支撑的乘客车辆智能匹配系统能够帮助汽车租赁商提高运营效率、降低成本。2017 年 1 月，海外租车业务正式上线。

三、成效

滴滴致力于以共享经济实践响应中国互联网创新战略，与不同社群及行业伙伴协作互补，运用 AI 技术、大数据驱动的深度学习技术，解决中国的出行和环保挑战；提升用户体验，创造社会价值，建设高效、可持续的移动出行新生态。与此同时，滴滴还创造了大量的灵活就业岗位，让新业态通过拉动就业从根本上提高社会经济水平。截至 2018 年 6 月,滴滴平台向社会提供了 3100 万个灵活就业岗位。

（一）搭建新的信用体系，为用户提供服务

滴滴平台通过建立信用评级系统，全面评估平台司机的服务质量，从而给予司机相应的权益或处罚。平台信用体系主要采用 Score Card 模型，该模型的常用场景为金融借贷的评分模型，其便捷之处在于输出的结果为评分卡样式的表格，方便一线的审核人员对客户进行评分。

（二）滴滴共享经济平台创造的效益

滴滴平台效益分为两个部分：第一部分，面向公众的出行服务，面向出行者提供按需购买的“一站式”共享出行服务；第二部分，基于滴滴自身大数据，再结合城市交通数据形成一套基于互联网数据的解决方案，帮助政府部门提升道路的通行效率、缓解拥堵。

（三）提高交通运行效率

滴滴共享经济凭借成熟的大数据技术，研制特定的大数据处理与应用平台，支持交通大数据信息与知识，针对交通运输行业的需求，推动行业垂直整合，有利于提高交通管理部门的监管和公共服务水平，有效服务行业企业管理、驾驶员和公众出行，加速治理“大城市病”，构建“安全、便捷、高效、绿色、经济”的交通运输体系。

（四）推进产业转型升级

滴滴共享经济平台建设将推动移动互联网、云计算、大数据、物联网等

技术与传统产业结合，有力推动“互联网 +”战略在交通领域的融合创新，促进产业转型升级，全面提升产业创新能力。

（五）提升企业核心竞争力

滴滴共享经济平台将建设企业独有的基于出行数据的大数据平台，并对机器学习、人工智能等领域的关键核心技术进行研发突破，有利于提升企业自主创新、原始创新、协同创新能力，以创新构筑企业的竞争优势。

（六）减少碳排放量

基于人工智能的共享经济平台将优化提升公司的整体业务水平，进一步降低出租车空驶率。目前，全国 130 万辆出租车每天减少空驶约 40 ～ 50 千米，每车节省油耗按 4 ～ 5 升计，可减少碳排放量达 730 万吨，这个数量约合 6 亿棵树的全年生态补偿量。

（七）提供更多的灵活就业机会

2017 年 6 月至 2018 年 6 月，共有 3066 万人在滴滴平台获得收入。高质量的新就业形态成为越来越多人的就业选择，滴滴平台是下岗职工、复员转业军人等群体的就业新渠道，也是很多零就业家庭维持生计、补贴家用、改善生活的重要收入来源。

案例4

小猪短租：打造共享住宿平台生态系统

北京快跑信息科技有限公司

导读：随着互联网等新技术飞速发展、城乡旅游消费和服务的升级、个性化消费理念的流行，共享住宿成为越来越多人的出行选择。与传统酒店相比，共享住宿的供给主体更加多元化、服务内容更加多样化、用户体验更加社交化。共享平台可以有效解决房东、房客之间信息不对称的问题、降低交易风险，为房客提供更好的体验。近年来，我国共享住宿市场的经济持续高速增长，共享房源数量、房客数量大幅提升，对拓宽就业创业渠道、增加城乡居民收入、助力乡村振兴等方面发挥了积极作用。小猪短租自2012年成立至今，已在全世界600多座城市拥有超过42万套房源，活跃用户数超过3500万人。

一、基本情况

（一）公司介绍

北京快跑信息科技有限公司成立于2012年，总部位于北京。公司以实践共享经济为使命，旨在为房东和房客搭建一个诚信、有保障的在线沟通和交易平台，建立绿色的住宿平台大生态系统。2017年11月，公司完成了由云锋基金领投的1.2亿美元E轮融资，步入“独角兽”企业行列，其小猪短租产品已覆盖国内400个城市及海外252个目的地，房源总量突破42万套（国内36万套，海外6万套）。小猪短租成为国内最大的共享住宿平台。

（二）项目介绍

作为共享经济住宿产品，小猪短租在将闲置资源充分分享利用的同时，加强房东和房客间的交互，实现个人到个人的连接，通过实名验证、房源验证、拍摄、保洁管家、引入第三方征信系统和智能物联网设备等建立一套房屋共享的生态体系。截至2018年7月，小猪短租活跃用户超过3500万人，同时拥有超过5000位保洁管家、近1000名兼职摄影师，一套民宿带动6个工作岗位，其服务于乡村振兴的乡村旅游民宿达3万套，2017年交易总额达25亿元。小猪短租于2018年4月在成都成立了第二总部，发布了新的战略业务线——揽租公社，旨在为房东提供链条式的民宿短租经营解决方案。该业务涵盖设计软装、智能设备、运营管理、保洁管家等环节，降低房东经营门槛以吸引更多民宿房东加盟。目前，小猪短租正在部署新一代智能门锁，能够同时支持人脸识别、NFC、蓝牙钥匙、数字密码4种开锁方式，将于2018年年底推广至全国近100座城市；同时，小猪短租还在部署智能电表、智能烟感器、智能燃气表等一系列家用安防智能设备。

二、主要做法

（一）打造标准化的服务链条

小猪短租致力于完善自身的交易和服务体系，提升用户的入住和安全体验，在平台、房东、房客、房源、交易体系、安全、风控等方面制定标准规范。目前，小猪短租积极推进房源验证、身份验证、上门实拍、智能门锁安装、小猪短租管家、“芝麻分”免押金、花呗支付、住宿旅客意外伤害保险、家庭财产综合保险等服务，全方位地构建小猪短租独有的共享住宿服务链条。目前，小猪短租在全国20多个大、中城市设立了线下服务体系。

（二）拓展智能安全云服务平台

智能门锁是小猪短租2015年向房东推广的主要产品，成为市场首家使用该类产品的平台企业，加强了房客入住的安全性。为应对不断升级的用户安全需求，小猪短租于2018年起对全部安全设备的平台大数据实现云端一体化整合，实时检测和警报，助力文明出行，强化小猪短租信用闭环。2017年年底，小猪短租已对智能门锁设备进行全面迭代，嵌入活体人脸识别数据模块，并接入公安部个人身份证数据库，通过App采集活体人脸信息，再与公安部数据库云端比对，确保订单中的入住人与实际入住人的信息匹配。同时，对于房源新增的智能电表、智能烟感报警器、智能燃气表等智能设备，其数据信息与门锁设备全面联通，通过大数据精准分析，加强平台运营管理与安全监控，解决各种风险隐患，形成“防火墙”。其不同设备的监测数据也将实时开放并与房东分享。

（三）建设共享住宿生态圈

2018 年 4 月，小猪短租宣布推出全新业务品牌揽租公社，为房东提供“一站式”的民宿短租经营解决方案，涵盖设计、软装、保洁商城物联网设备、智能化管理等环节，为用户创造更丰富的参与共享住宿的方式。此外，小猪短租致力于打造一个共享住宿生态圈，使其成为一个云创业平台。

（四）助力乡村振兴

“乡村美宿”是小猪短租平台重点打造的针对农村旅游与房屋改造的项目。目前，该项目已从“近郊游”拓展到“深度乡村游”，盘活了大量的农村闲置房源。经过系统的严格筛选认证，平台已有 3 万套乡村美宿，遍布甘孜、凉山、都江堰、清远、常州、台州、大邑、婺源等地。2017 年 8 ～ 12 月，20 多万名游客入住乡村美宿，极大地带动了当地旅游、餐饮、交通、购物、娱乐以及保洁、维修等上下游服务，为乡村发展带来了人流、资金流、信息流，推动了乡村的生产发展、乡风文明，带动了乡村旅游业的整体发展，为农村居民提供就业与增收机会，真正实现了乡村自我“造血”功能，助力振兴美丽乡村。

三、成效

（一）创造了大量就业岗位，极大拓宽了就业创业渠道

共享住宿的快速发展带来了大量的灵活就业与创业机会。2017 年，小猪短租平台上的房东、清洁管家、摄影师等服务提供者约有 100 万人。根据小猪短租平台的统计，平均每增加一间乡间民宿，就能为当地提供 6 个就业岗位。此外，平台企业通过提供吃、喝、玩、乐一条龙服务，创造了更为庞大的就业机会。

（二）多方面增加城乡居民收入

共享住宿为城乡居民提供了大量的增收机会。房东是共享住宿的直接受益者，依靠提供住宿服务获得客观的收入，小猪短租平台上职业房东的年平均收入约为 22 万元，兼职房东的年平均收入约为 9 万元。小猪短租平台上的

清洁管家的年平均收入约为 7 万元，摄影师的年平均收入约为 6.5 万元。此外，共享住宿还带动了休闲、餐饮、娱乐、购物等相关消费市场，为当地人提供了很好的增收机会。

（三）助力房地产转型发展

建立健全租购并举的住房制度，培育和发展住房租赁市场，鼓励个人依法出租自有住房，盘活存量住房资源，是当前房地产行业发展的重要方向。共享住宿的发展为房地产转型注入了活力。目前，我国主要城市住房空置现象严重，其中，一些旅游景点空置现象尤为突出。共享住宿可以帮助市场盘活城市的闲置资源，通过共享平台为不同出行目的的消费者提供个性化住宿服务。2018 年 7 月，小猪短租已与海南省旅游发展委员会达成战略合作协议，探索房地产市场发展的新模式，助力房地产行业的转型升级。

案例5

美团：打造以“吃”为核心的超级平台，助力生活服务业数字化进程和高质量发展

北京三快在线科技有限公司

导读：中国互联网的发展进入“下半场”，行业已经从“红利驱动”转向“技术驱动”。美团以“帮大家吃得更好、生活更好”为使命，在消费者和商家之间建立了很强的连接，也参与到线下商业的数字化、信息化、网络化和智能化的建设当中，努力打造用户端与商户端的全面数字化。在提高生活服务业效率的同时，助力为人民提供美好的生活。在这个新阶段，美团将为中国带来创新的新机会，也将创造出中国走向世界的新机会。

一、基本情况

（一）公司介绍

作为中国领先的生活服务电子商务平台，北京三快在线科技有限公司拥有美团、大众点评、美团外卖、美团打车、猫眼电影、摩拜单车等消费者熟知的 App，服务业务涵盖餐饮、外卖、打车、酒店旅游、电影、休闲娱乐等 200 多个品类，覆盖全国 2800 个县区市。2018 年第三季度，美团的总交易金额达 1457 亿元，同比增长 40%。2018 年，美团服务了约 4 亿名消费者、超过 550 万户商家、270 万名骑手。2018 年 9 月 20 日，美团点评正式在港交所挂牌上市（股票代码：3690.HK）。

美团战略聚焦“Food+Platform”（吃 + 平台），以“吃”为核心，建设生活服务业从需求侧到供给侧的多层次科技服务平台。美团一方面致力于为消费者构建“到店”“到家”“路上”三大场景，促进消费，提升消费品质；另一方面通过推动互联网、大数据、人工智能技术与生活服务业实体经济融合发展，为商户进行营销、IT、配送、供应链、店面经营、金融赋能，助力生

活服务业的高质量发展。

与此同时，美团正着力发展成一家社会企业，希望通过和党政部门、高校及研究院所、主流媒体、公益组织、生态伙伴等多领域的深入合作，构建智慧城市，共创美好生活。

（二）项目介绍

美团用科技手段连接消费者和商家、提供服务，以满足人们日常“吃”的需求，并进一步扩展到多种生活和旅游服务，致力于帮助线下生活服务业搭建基础信息服务平台，最终实现搭建一个生活服务业从需求侧到供给侧的数字化平台。

美团在消费者的日常生活中扮演着重要的角色，为用户提供吃、喝、玩、乐“一站式”服务,大众点评帮助消费者快速地找到满足自己喜好的品质餐馆；美团外卖扩大了商户的服务半径和服务时间,并提供“配送到家”服务；美团旅行结合消费者预定的酒店位置，为消费者推荐酒店周边丰富的旅游资源等。

美团聚焦大众、刚需、高频的生活服务品类，并在这些核心品类中确定了市场地位。经过几年时间的努力，需求侧的数字化逐渐完成，为了更好地提升消费者的服务体验，美团开始着力于生活服务领域供给侧的数字化工作，致力于驱动互联网、大数据、人工智能技术与实体经济的融合发展，通过技术驱动线下实体商业的数字化、智能化运营，围绕商户可提供营销、IT、配送、供应链、店面经营、金融等方面的服务。帮助消费者提升体验，帮助商户实现精细化运营，带来行业效率的提升，推动生活服务等行业的高质量发展。

二、主要做法

（一）成为中小微企业的“孵化器”和“催化剂”

美团作为全国生活服务电子商务平台，为餐饮、外卖、酒店、旅游、休闲娱乐等行业的商户提供线上线下交易服务，其中绝大部分商户是中小微企业。2018 年前三季度，商户在美团电商平台获得的交易额达 3776 亿元，同比增长 49%，平台正式成为中小微企业的“孵化器”和“催化剂”。相关企业和平台之所以能够实现共赢，与美团的优质服务密切相关，彼此共赢主要表现在以下 6 个方面。

1. 营销服务，助力中小微企业开拓市场

美团平台连接着约 4 亿活跃用户，通过平台接入，中小微商户可以在线上精准曝光，并依托平台 LBS 定向能力和数据优势精准触达目标用户，实现巨大的流量曝光，极大地提高获客能力。美团还提出“Co-Line Marketing 线上线下一体化营销”理念，建立从门店的广告内容展示、交易到口碑积累、门店综合打分的营销正循环，有力提升了消费者的重购率及忠诚度。

2. 配送服务，增强中小微企业产品的送达能力

为了解决餐饮等行业中小微企业外卖和配送能力弱的普遍问题，美团建立了强大的外卖配送能力，运用精准画像建模和配送特征预估、多目标实时优化调度、分布式配送仿真等创新技术手段，按照最优的方式分派订单，让美团外卖实现单配送时长降至 28 分钟以内的突破。

3. IT 服务，提升中小微企业的信息化水平

传统的餐饮等生活服务业领域，中小微企业信息化程度普遍不高，美团开发的智能 POS 机集所有主流支付方式于一身；同时，由于智能可拓展的优势，还能不断扩充其他功能，有效解决了消费者在支付过程中的聚合支付痛点。发挥技术领先优势和平台优势，积极为商家输出 IT 基础能力，提升其全链路的运营效率，推动商家的精细化管理。

4. 供应链服务，优化中小微企业的供应链管理

为了帮助餐饮商家进货成本更低、品质更好、更加安全可靠，美团进一步深入餐饮产业上游，推出了“快驴进货”业务，为平台商家提供食材、餐具、打印机等相比市面价格更低的产品及进货服务。

5. 经营服务，提高中小微企业的经营管理效率

针对很多小微商家没有店铺管理系统、管理碎片化等严重问题，美团的餐饮开放平台以云端 ERP 连通餐饮商家，联合开发者和服务商，推出针对休闲娱乐、美容、结婚等细分行业的系统解决方案，为商户提供选址租赁、设计装修、采购耗材、员工招聘、员工培训、数据分析、金融服务等全流程服务，帮助商家提高经营、对账等方面的能力和效率。

6. 金融服务，助力破解中小微企业的融资难题

针对小微企业的融资需求，美团推出“美团生意贷”等普惠金融服务，通过平台大数据与人工智能技术，为广大生活服务行业的微小商家和个体工商户，提供无担保、方便快捷的信用贷款，助力解决普惠金融“最后一公里”问题。目前，“美团生意贷”的业务已覆盖全国 1556 个县城，包括 268 个贫困县，户均贷款额为 8 万元，不良率低于 1%。

（二）科技助力生活服务业效率提升、服务水准提升

美团院士专家工作站、北京智源人工智能研究院的建设，引入行业中的顶尖专家，突破行业关键技术，围绕无人配送、无人驾驶、智能餐厅、智慧物流等数字经济时代的重点领域展开研究，以“产、学、研”联合的方式共同推动行业的技术进步，让科技成果更好地服务生活。

（三）标准化制定：共同推进生活服务业领域标准

2018 年 12 月 25 日，美团与中国标准化研究院签署战略合作协议，成立标准化工作联合小组，双方将致力于生活服务领域的国家标准预研、团体标准和企业标准研制等工作，共同推动标准化发展。目前，美团参与的各项标准研制工作包括：个人信息安全、人工智能、绿色仓储与配送等领域，配送服务领域行业以及餐饮服务、共享住宿等领域。未来，在美团中标院标准化联合工作小组的指导下，各项标准化工作都将获得更为科学、有序的指导，对于各项工作的推进与落实具有重要意义。

（四）五大学院：授人以鱼不如授人以渔

在美团的一项针对商家的调研中，51% 的餐饮老板的行业从业时长在 3 年以内，66% 的老板学历水平为高中及以下，这些商家需要加强学习。2017 年，美团相继成立餐饮学院、袋鼠学院、美业学院、美酒学院和亲子学院，为商家们提供了学习和培训平台。以美团餐饮学院为例，学院汇聚了行业内资深专家讲师，自主拍摄和研发上百门涵盖餐饮行业 18 个模块的课程，提升餐饮从业人员的专业能力。在一项美团针对学员的调研中，学员对课程安排的总体满意度较高，给出 5 分、4 分（最高分为 5 分）的学员占比超过六成。

（五）政企合作，推进供给侧改革，促进行业有序发展

1. 政企共建互联网消费维权协作机制，提升服务水平、提高处理效率

2018 年 6 月，美团与江苏省消保委系统建立互联网消费维权协作机制，双方将共同探索中国经济新常态下的网络消费与消费者权益保护工作，加强网络商品交易、服务监管工作水平，构建网络时代消费维权工作新机制。协作包括双方合作建立并不断完善互通对接的处理机制、建立消费投诉处理的绿色通道、定期开展“互联网 +”时代消费者权益保护的交流合作和考察活动等。

2. 政企共推“食品安全锁”，为食品安全保驾护航

2018 年 6 月，美团与上海市徐汇区市场监管局合作推出“食品安全锁”。首批 5 万份“食品安全锁”已开始在美罗城商区和日月光商区免费试点，消费者只需在美团外卖菜品栏选择食安锁，餐饮店商家就会使用食安锁对餐品外包装加封。在外卖小哥前来取餐前，商家会在餐品上扣上食安锁。因为食安锁一旦拆开无法重新接回，消费者可借此判断餐品在配送过程中是否原封不动，杜绝了餐品被提前打开的可能，为食品的安全保驾护航。

3. 平台防控稳中有序，初见成效，通过“天网”“天眼”共筑餐饮市场“防火墙”

“天网”“天眼”系统是美团自主研发的“入网经营商户电子档案系统”和“餐饮评价大数据系统”。“天网”系统是维护线上餐饮市场平稳有序的一道“防火墙”。入网经营的商户首先要在“天网”系统中建立电子档案，防止“幽灵商户”出现。“天眼”系统，即餐厅评价大数据系统。“天眼”以美团积累的消费者对餐厅的点评数据为基础，通过语义识别分析技术，将海量评价数据中有关食品安全的内容进行量化和结构化，并通过数据分析进行可视化呈现，生成有利于发现食品安全问题、加强监管执法的数据信息。

三、成效

经过近几年的快速发展，美团在国内外得到了市场的认可。

（一）2019 全球最具创新力公司 Top 50，美团登顶

北京时间 2019 年 2 月 19 日，《Fast Company》（快公司）公布了 2019 年全球最具创新力公司 50 强榜单，美团位居榜首，上榜理由：“它是开创性的交易型超级应用。”值得一提的是，《Fast Company》将冠军美团和第二名 Grab 一起进行了介绍，称它们改变了亚洲消费者购买食物、预订酒店等各类消费方式，是最有创新力的两家企业。

（二）形成以“吃”为核心的生活服务领域“超级平台”

美团、大众点评、美团外卖都已成为中国家喻户晓的品牌。艾瑞报告显示，“美团是 2017 年全球最大的餐饮外卖服务提供商以及中国最大的到店餐饮服务平台”。2018 年 9 月美团上市以后，美团位居互联网企业前列，美团正在聚焦“Food+Platform”（吃 + 平台）战略，打造全球领先的本地生活服务超级平台。

案例6

携程旅行网："互联网+民航"时代中的高品质机票预订服务

携程计算机技术（上海）有限公司

导读：中国互联网络信息中心统计，2017年，我国在线旅行预订用户规模已达3.76亿人，在线旅行预订使用比例达48.7%，同比增长7.8%。携程旅行网统计，国内机票订单绝大多数为在线成交，尤其是通过手机App渠道。中国民用航空局统计数据显示，截至2018年年底，全国共颁证运输机场235个，千万级机场达37个。2018年，我国航空旅客运输量达6.1亿人次，同比增长10.9%。上述一系列数据表明，我国已经进入"互联网＋民航"时代。旅客对于航空旅客运输的需求，已不仅是"一张机票"，更关注乘机的"前—中—后"全程服务体验。为适应"互联网＋民航"时代发展的新需求，携程旅行网以提升用户出行体验为核心，推出了一系列高品质机票预订服务。

一、基本情况

（一）携程旅行网介绍

携程旅行网创立于1999年，自网站创立以来始终专注于互联网旅行服务领域，依托持续的技术投入和服务创新，携程旅行网已成为"一站式"综合出行的服务平台。携程旅行网成功整合了高科技产业与传统旅行业，向全球3亿会员提供无线应用、酒店预订、机票预订、旅游度假、商旅管理及旅游资讯在内的全方位旅行服务。2003年，携程旅行网凭借其持续稳定的业务发展和优异的盈利能力，在美国纳斯达克成功上市。截至2018年年底，公司股票价格较上市时累计涨幅一度超过50倍，总市值达200亿美元左右。历经近20年的发展，携程旅行网已经成为全球市值排名前三的在线旅游公司；同时，携程旅行网也是国内市值最大的在线旅行服务公司。

（二）携程旅行网机票预订服务介绍

机票预订服务是携程旅行网通过手机 App 和网站，为用户提供涵盖乘机的“前—中—后”全过程的全方位出行服务。携程旅行网通过与航空公司、航空信息等企业开展深入的业务合作，用户不仅可以获取航班动态、值机柜台、登机口、行李转盘、准点率、机上娱乐设施、目的地天气、旅游攻略等全方位信息，而且能够享受到快速、便利的机票退改签服务。以航班动态信息服务为例，日均服务用户 14 万人次，2018 年 1 ～ 5 月共计服务人数约为 2100 万人次。此外，为方便用户乘机出行，携程旅行网还陆续推出了航班舒适度信息、交通推荐服务等一系列增值服务。

二、主要做法

（一）完善出行信息告知服务，让用户行程更加主动便捷

为了使用户能够主动便捷地安排行程，携程旅行网一直在不断完善出行信息告知服务。携程手机 App 中的“飞行助手”功能，可以为用户提供从出票、出行到抵达目的地“一站式”飞行信息服务。针对有关用户出行影响较大的航班变动问题，携程旅行网会通过多种渠道获取航班动态信息，以确保信息的及时性、准确性。目前，绝大部分通过系统发布的航班动态信息，携程旅行网已通过技术手段实现自动解析，并实现 95% 以上的信息即时通知；极少部分航班变动信息需要进行人工解析，携程旅行网基本确保在 30 分钟内通知到用户。目前，携程旅行网对航班动态信息的用户通知比例已达 100%。2018 年 1 ～ 5 月，已发送信息 1239 万余条，惠及 1200 万名用户。

此外，携程旅行网也是行业内首家提供“1 小时飞人通道”机票预订服务的旅行服务商。在舱位保证的前提下，用户只需在航班起飞前 1 小时预订机票并付款，即可凭身份证件直接办理登机。实践证明，在航班变动的高发季节，“1 小时飞人通道”是非常实用、高效的服务。

（二）优化机票退改签流程，确保用户顺利出行

机票退改签是机票售后服务的重要环节，也是提升用户出行体验和满意度的重要途径。因此，携程旅行网优化了机票退改签流程。

1. 机票退改签流程实现自动化

在订单详情页面，用户通过点击“改签”“退票”等自助按钮，可以一键发起退改签需求，系统能够自动地为用户处理退票和改签等服务。据统计，用户通过携程手机 App 或者网站自助提交的国内机票退票和改签需求比例分别为 88.25% 和 85.78%。

2. 拆分展示退改签流程并先行垫付票款

考虑到用户在机票退改签过程中的焦急心情，携程旅行网拆分了机票退改签流程，并实时展示处理进度，以便让用户及时了解业务办理情况。例如，机票改签的流程展示包括改签受理——改签请求发送航空公司——航空公司返回改签结果——改签成功。据统计，携程旅行网的国内机票订单，用户自愿办理机票改签的平均耗时仅为 27 分钟。另外，由于机票退票审核流程复杂，从提出申请到获得机票退款的时间较长。对此，携程旅行网会先行垫付退款，如国内机票订单办理自愿退票，平均 15 分钟即可退款，即使算上非自愿退票订单，平均也能在 20 分钟左右实现退款。总体而言，携程旅行网通过主动为用户先行垫付机票退款，可以为每位退票用户节省平均两个工作日的退款时间。2018 年 1 ～ 5 月，该服务惠及的用户已达 400 余万人。

3. 制定航班变动应急方案

航班变动尤其是发生大面积航班变动情况后，便捷高效的机票退改签服务是确保用户出行的有效保障。为此，携程旅行网制定了一套航班变动应急方案：一是与航空公司系统对接航班变动信息，通过现代化技术手段及时获知航班变动情况并通知用户；二是与航空公司系统对接航班变动的机票改签业务，在发生大面积航班变动时，能够有效降低因航空公司线上业务繁忙而造成用户订单积压未处理的问题；三是运用智能化预测系统，根据淡旺季、天气等因素，智能预测业务量从而合理安排人员，并通过智能排班系统，优化人员的班次安排；四是创新手机办公模式，在航班变动业务量爆发式增长时，不在公司的携程旅行网工作人员可以通过手机办公系统处理一些简单的航班变动改签业务。目前，通过此应急方案能够解决 15% ～ 20% 的航班变动改签人工处理量。

2018 年 5 月，携程旅行网机票服务部门把服务延伸到机场，在机场派驻专业服务团队，随时为用户解决与出行相关的问题。目前，携程旅行网已开通上海、广州、深圳、成都、重庆、西安、昆明 7 个机场的驻场服务，未来还会将驻场服务推广到全国更多的机场，让更多用户能够全方位体验到无微不至的服务。

（三）统一提供投诉处理服务，保障用户合法权益

秉承以客户为中心的理念，携程旅行网承担了用户从航班咨询、机票改签到后续服务的全流程责任。无论用户购买的是航空公司旗舰店、合作供应商还是携程旅行网自营的机票产品，一旦用户产生任何的质疑和投诉，携程旅行网都会统一提供投诉处理服务。**第一，坚持先行赔付承诺。**用户通过携程旅行网预订机票产品及服务，产生直接经济损失需要赔付时，携程旅行网将予以先行赔付，第一时间保障用户权益。**第二，坚持订票无忧承诺。**用户通过携程旅行网预订的机票出票后，如果在机场遇到无法正常办理乘机的情况，携程旅行网将全力保障用户出行，并根据实际情况予以补偿。**第三，携程旅行网还为用户提供 7×24 小时不间断的电话服务、在线服务，电话接通率一直保持在 92% 以上。**此外，携程旅行网成立了专门的投诉处理组，由专人负责处理用户投诉，同时还与消费者协会等部门建立有效联系，及时处理其他渠道反馈的投诉事件。据统计，在航班变动高峰时期，携程旅行网一天需要服务用户 14 万人次。

（四）智能客服与增值服务，提升用户出行体验

携程旅行网智能客服团队建立了一套智能客服体系，主要分为两种服务模式。**一种模式是基于订单状态，无须用户输入问题，便能主动预测用户需要的服务，提升用户自助操作的便利，节省咨询人工客服的时间。**目前，智能客服系统可以精准推送相关提问，其中涉及操作类的可提供快捷按钮，单击后直接跳转至操作页面。例如，用户点开一张未出行的机票订单时，不用输入任何问题，智能客服系统就会主动推送“改签、退票费用”等相关问答。**另一种模式是当用户输入问题后，由 AI 智能答复系统通过语义解析，准确匹配答案，从而缩短服务响应时间。**

携程旅行网陆续推出一系列与乘机相关的增值服务。例如，“航班舒适度”作为信息展示型产品，包含机型、舱内娱乐设施、座椅宽窄倾斜度、有无 Wi-Fi、有无餐饮等信息，帮助用户在预订前后全方面地了解航班设施信息。“大交通推荐”服务则是通过智能路线规划，既可以在航班变动情况下结合云图等天气咨询为用户推荐替代的出行方案，又可以利用大数据为依托，在特殊场景下（如无直飞）为用户提供中转、邻近城市、高铁、大巴等中转联程的“一站式”出行解决方案。“大交通推荐”服务的日均使用量 50 万次，日均服务用户 20 万人次，2018 年 1 ～ 5 月已服务超过 3000 万名用

户。此外，携程旅行网推荐“大交通推荐”服务还覆盖公路、铁路及境内外专车，是国内首家将汽车票与船票引入互联网购票模式的企业，在同一个在线平台打通飞机、火车、汽车和船的购票服务。

三、成效

携程旅行网机票预订服务是在“互联网 + 民航”时代背景下，为满足用户对高品质、多样化出行服务的需求，推出并不断完善的全方位出行服务体系。依托全产品线和技术等优势，携程旅行网已经成为行业领先的“一站式”综合出行服务平台。

（一）以全方位服务满足用户高品质、多样化出行需求

携程旅行网作为行业领先的“一站式”综合出行服务平台，通过网站和App为用户提供不断完善的全方位机票预订服务。携程旅行网的机票预订服务，通过多种渠道整合与乘机出行相关的碎片化信息并及时推送，提供自动化、清晰化和有保障的机票退改签业务办理流程以及高效的应急方案和多样的增值服务，使用户能够掌握更加有效的出行信息，应对航班变动情况，享受到更为贴心实用的增值服务，充分满足了用户对高品质、多样化出行服务的需求。

（二）打通上下游业务通路，提升服务效率与品质

机票预订服务及相关业务办理，除作为预订平台的携程旅行网外，还会涉及航空公司、机票代理人等多类主体。为了构建全方位的机票预订服务，携程旅行网与航空公司等主体加强业务合作，打通包括航班信息、机票业务办理、投诉处理等在内的业务通路，并将主要业务功能统一聚合到携程旅行网的网站和手机App，实现各主体间的协同联动，显著提升了机票预订服务的整体效率和服务品质，并最终使广大用户得到实惠。

（三）依托自身优势不断实现服务创新

目前，携程旅行网已经兼具全产品线、领先的技术等，通过对丰富的产品品类的组合，并伴随大数据、云计算和AI技术的持续演进和广泛应用，携程旅行网在机票预订服务及其他出行服务方面，不仅会继续致力于满足用户当前的需求、提升用户体验，而且将深入挖掘用户的潜在需求与行业痛点，从而实现服务的不断创新。

案例7

安达：民族文化数字化展示技术与旅游、教育产业融合应用创新共享平台

内蒙古安达文化传媒有限责任公司

“民族文化数字化展示技术与旅游、教育产业融合应用创新共享平台”是以民族优秀文化遗产为资源，以草原文化为特色，以现代化高科技AR（增强现实）、VR（虚拟现实）、全息投影、CAVE投影等为技术手段，研制开发民族优秀文化遗产原创数字内容的创新性共享平台。该平台是以新兴技术为手段，以文化科技与旅游、教育融合发展为模式，丰富旅游内涵、拓宽文化传播渠道，不断提升全域旅游形象，创新旅游、教育发展模式，助力地区文化强区建设和推动内蒙古自治区经济发展。该平台从2017年1月建设至今，取得了相应专利22项，其他各种知识产权1084项，软件著作权7项，收集整理了数千个民族文化遗产资源，并形成了1080分钟的民族文化题材动画、3000多个动画素材，服务了全区128所蒙古族幼儿园、15家省市图书馆、5家博物馆、2个景区，累计服务人次超过300万。

一、基本情况

（一）安达公司介绍

内蒙古安达文化传媒有限责任公司成立于2009年，公司以民族文化为内容，利用AR、VR、全息投影、CAVE投影、数字动漫等现代化高科技展示技术，研制开发民族优秀文化原创数字内容，是内蒙古自治区极具特色的“文化＋科技＋创意”的少数民族高科技文化创意企业。

企业具有“专、精、新、特”、著名企业和企业家合作投资、“产、学、研”联合以及以“中国蒙古学学会”知名专家学者为主的咨询团队的优势。

企业具备一定的软硬件基础条件，规范和健全的财务管理体制与机制以及一定的投融资能力。企业自主开发完成了蒙古族丰富的原创数字视频资源、蒙汉两种语言的网络传播系统和移动互联网智能终端支撑技术；培育了数字视频内容创意设计与制作、网络化传播软件系统设计与编程、市场开发与运营、现代企业管理与运营 4 支复合型人才团队。

同时，企业坚持“创新”“卓越”“诚信”的发展理念，建立以市场需求为导向、成果转化为目标、科技创新为驱动、产业服务为龙头、市场化运营为核心的运行机制，与国内外同行业尖端技术企业奠定了良好的合作基础，助力内蒙古自治区数字文化创意产业发展。

（二）创新共享平台介绍

企业搭建“民族文化数字化展示技术与旅游、教育产业融合应用创新共享平台”，拥有独立的研发实验室，线下展示及实习实训基地，引进了国内外先进的数字化展示技术研发设备、试验设备及内容制作软件，目前，固定资产投资已超过 1000 万元，为本项目的顺利实施提供了基础保障。

同时，企业在民族文化资源应用与旅游、教育行业融合关键技术研究开发中与区内外高校建立“产、学、研、用”一体化平台，将高校研究开发的优势与公司的技术优势、市场优势、产品优势有效结合，实现“资源共享”和“优势互补”。

“民族文化数字化展示技术与旅游、教育产业融合应用创新共享平台”的建立将促进文化科技与旅游、教育等行业的有机融合。该平台坚持推动文化科技与各行业融合发展，以新兴技术为手段，以文化科技与旅游、教育融合发展为模式丰富旅游内涵、拓宽文化传播渠道，不断提升全域旅游形象，创新旅游、教育发展模式，助力地区文化强区建设和推动内蒙古自治区经济发展，最终将内蒙古自治区打造为“民族文化出口”的交流区，实现巨大的社会效益和可观的经济效益。

二、主要做法

（一）收集整理民族文化遗产资源

利用数据交换、网络爬取、机构提供、个人采集等方式，全方位地采集内蒙古自治区少数民族文化遗产资源及其相关需求。主要数据来源有政府、智库、协会、社会等，将采集的数据进行科学有效的分类，从类别上可以分为两大类：民族物质文化遗产和非物质文化遗产。其中物质文化遗产包括历史文物、历史建筑、文化遗址等，非物质文化遗产包括艺术表演、民间文学、手工技艺、传统节日和民间风俗等，按照科学的分类建立数据库，并不断更新、完善，同时向"中国蒙古学学会"的众多知名专家学者咨询，收集整理少数民族文化遗产资源，为"民族文化数字化技术展示与旅游、教育产业融合应用创新共享平台"的建立打下了坚实的基础。

（二）建设草原文化平台、动漫资源库、文化遗产展示 App

建设网络展示平台，将孵化企业、人才的技术、成果、案例在平台上展出，加大平台、企业、个人三方的交流沟通，推进创意众筹和技术革新，形成符合国际表达的数字化展示系列资源，用蒙、汉、英等多种语言面向全国、全球开展网络传播，使其成为少数民族文化遗产线上的数字化展示平台。具体建设内容如下：**第一，草原文化数字化创意资源平台；第二，建立一套少数民族优秀文化遗产动漫资源库；第三，少数民族优秀文化遗产展示 App。**

（三）建立民族文化遗产数字化展示技术实验室

实验室以少数民族优秀文化遗产为主要资源、依托数字动漫、AR、VR、CAVE 全息投影、透明 LED 影像等现代化高科技技术，打造自治区特色"文化 + 科技 + 创意"少数民族高科技文化数字化技术研发团队。目前，该实验室有自主研发团队 47 人,区外技术合作团队 10 余家,行业技术专家 20 余人。

（四）完成多种民族文化与 AR、VR、全息投影、CAVE 投影技术的应用案例

1. 打造全息投影技术在民族文化与民族文化演艺融合领域的应用案例

本课题基于民族文化资源，从民族文化主题资源库提取民族文化的精品资源，利用全息投影技术，结合各地方文化特色，打造各个景区的特色文化内容并形成舞台剧。

利用全息投影、虚实互动展演、三维成像与智能交互等展演技术，打造出体现内蒙古地区民族文化、非物质文化遗产传统歌舞演艺剧，内容包括蒙古族长调歌曲、马头琴、呼麦、好来宝、蒙古族舞蹈等，从而形成案例及 IP，进行示范性创新。

2. 打造 AR、VR、全息投影、CAVE 投影技术在民族文化与公共场所融合领域的应用案例

本课题充分发掘民族优秀文化遗产，建立民族文物库、非遗物质库，利用 AR、VR、全息投影、CAVE 投影等技术开发，打造具有地域性特色的公共场所中顶尖民族文化数字展示技术应用。数字化展示技术与创意相结合，构建数字多媒体公共场所，通过“沉浸”“交互”“增强现实”等各种数字技术的应用，提升用户体验感，以达到全方位的感知、全方位的互联、全方位的智能应用的效果，全面提升内蒙古地区多个公共场所和民族文化遗产地的展示能力。

3. 打造 AR、全息投影技术在民族文化与教育融合领域的应用案例

本课题通过 AR、全息投影、Unity3D+ 体感等现代数字技术，将蒙文教材、实验课程等内容，以图片、视频、动画等多种方式表现出来，增加用户特有的互动体验，让学生用眼看、用耳听、用手做、用脑想，真正实现多元化教育，构建智慧教育教学环境。

第一，将民俗生活生产用具用 AR 虚拟互动实验的处理和加工分析，以增强现实的方式提供给学生，学生亲自体验到民族手工艺品、蒙古包建筑的增强现实虚拟交互拆装、搭建的实验过程。

第二，与民族小学课程相结合，利用 AR、Unity3D+ 体感技术制作成 AR 蒙文教材及实验课程，形成民族文化历史文化传播和教学类 AR 展示 App 软件，通过摄像头扫描，3D 动画元素、视频、声音就会显示出来，学生可以感受到使用过程中的存在感和实体感，增加亲身体验与学到的知识建立更深的联系。

第三，全息投影技术制作的 10 分钟民族文化、社会主义价值观的数字内容走进学校，全息投影柜走进校园，向学生展现民族优秀的文化资源。以此达到普及、弘扬民族文化及社会主义价值观的目的。

三、成效

（一）整合民族文化资源

民族文化历史悠久、底蕴深厚、丰富多彩、特色鲜明，在历史的发展和演进过程中形成了独树一帜的民族文化精神。该平台广涉各方资源，收集、分类、整合了优秀的民族文化资源，完善了民族文化资源库，使民族文化的发展得以源远流长。

（二）优化产业布局，推动服务业发展

推动少数民族文化科技与旅游、展馆行业的跨界融合，促进产业转型升级，实现旅游、教育行业优化、高效发展，不断释放经济增长新动能。同时，该项目带动、孵化了大批民族文化知识产权形成无形资产。

第一，数字化展示技术融合民族文化资源应用于公共文化场所的应用成果及产业化前景。项目根据不同文化展馆的营业性质，建立可盈利的数字文化特色展示区域，用 AR、数字动漫、三维数字扫描等技术打造文物古迹、古画、民族服饰、文创商品的立体式数字展示和还原，供游客在展馆内体验。另外，通过 VR 设备体验全景自治区各地壮美草原风景和民族文化内容，增强文化内容展示的科技感和观赏性，吸引更多游客了解民族文化内容。收益方面以收取相应门票费用为主，也可联合旅游机构，将此费用融合到旅游一体化费用中。目前，已完成一套儿童光影互动乐园系列产品，并投入到公共场所，从 2018 年 6 月截至目前经济效益已超过 100 万元，且自治区已有 5 家博物馆运用了平台打造的数字内容，待项目全部建成，此部分全年收入预计可达 2000 万元。未来，该平台打造的数字内容将推向全国各地大型教育、娱乐场所，以加盟费或门票形式提升其经济价值。

此外，在文创商品区，运用 AR 和动漫技术打造民族文化数字文创商品也会丰富公共展馆的商业盈利模式，让不同爱好的游客，尤其是在挑选传统和科技文创商品的过程中，有更多的消费选择空间，推动旅游文创产品的产业化发展，待项目全部建成，此部分全年收入预计约 1500 万元。

第二，项目通过全息投影技术，融合民族文化资源的传统歌舞、寓教于乐的传统儿童剧、各地特色民俗文化部分，打造“民族文化 + 科技 + 创意”结合真人表演的全息投影舞台旅游剧、儿童剧。目前，平台已打造 1 个自治区优秀舞台剧，并投入到 1 个景区使用，待项目全部建成，此部分预期全年收益上千万元。

第三，项目将利用数字动漫技术表现民族文化资源的民族文化习俗部分，制作成《苏芽成长乐园》为主题的民族文化动漫音像光盘制品和主题漫画图书产品，推广于全区各大城市和旗县。目前，该产品用户数达 30 万，未来预计年收益 200 万元。此外，项目打造了民族文化动漫内容 200 余部，集成网络视频动漫资源平台，销售到全区图书馆、幼儿园、电视台等。目前，已推广至全区 128 所蒙古族幼儿园，产生经济效益 200 万元。

第四，平台进一步提高自治区“旅游＋文化＋科技”产业产出。其内容包括人才技术培训；与企业、各大高校、社会人才等共同打造一系列迎合旅游、教育等现代服务需求领域的技术成果；项目和数字创意IP的孵化，其孵化成果在未来有可能达到上亿元的规模。

（三）促进创意成果转化

在“大众创业、万众创新”的时代大背景下，全国各省区都把发展文化创意产业作为催化经济转型的重要战略举措。随着“互联网＋”的不断跨界融合，文化科技创意产业已不仅是一个发展的理念，还有着巨大的经济效益和社会效益。只有把促进创意成果转化为经营资源，通过向传统产业渗透和产业链的整合与延伸，进行深度开发，才能够充分获取创意产业的效益，创造出良好的社会价值。

（四）促进就业人口增加，通过共享平台解决就业问题

文化产业作为吸纳就业能力强的产业，不仅可以扩大就业数量，而且可以提高就业质量，文化产业对就业的促进作用不容忽视。本项目作为基于民族文化特色的文化产业项目，同样会促进就业人口的增加。目前，通过平台已拉动稳定就业人数达到200余人。

此项目内容具有“专、精、新、特”优势、著名企业和企业家合作投资优势、“产、学、研”联合优势，通过民族优秀非物质文化遗产原创数字视频和虚拟现实教学创新项目，与内蒙古艺术学院、内蒙古师范大学、包头轻工职业技术学院、呼市商贸旅游职业学校等高校的师生进行深度合作，打造一系列民族非物质文化遗产数字化高科技精品，与各个高校共同培养多个高端动画人才。

除此之外，“民族文化数字化展示技术与旅游、教育产业融合应用创新共享平台”整合众多来自企业和高校的力量，定制课程，为企业输送大量的应届毕业生资源，解决这些应届毕业生的就业需求。同时，对于想要转换职业方向的社会人士，通过共享平台也可以实现自身职业竞争力的提升，获得更好的就业机会。

（五）推动绿色经济发展

文化产业是兼有文化属性和经济属性的产业形态，具有绿色环保、高附加值、消费群体广的特点和优势。文化“软实力”与科技“硬实力”有机融

合，对于加快转变经济发展方式有着重大而深远的意义。在全球新一轮产业变革中，文化产业作为高附加价值、高发展潜力、强渗透带动性的“绿色产业”“幸福产业”，已成为引领经济发展的重要引擎。

（六）通过数字化展示技术在公共文化场馆中的应用来保护、传承、发展民族文化

本项目充分挖掘整理、有效保护传承、科学开发利用民族文化资源，在传承中发展民族文化的内涵，形成具有民族文化特色的产业竞争优势，将历史的责任与现实的需要有机统一。

对于美术馆、文化馆、博物馆、展览馆中收藏的民族文化文物等，尤其是特别珍贵的、不便对公众展示的文物，通过该平台数字化展示技术把这些文物通过数字内容的形式展示在公众面前，既可以保护这些文物，也可以让这些文物的文化价值被广泛传播。对于一些静态的民族文化品，该平台数字展示技术所具有的互动、动态的特征，可以让这些民族文化品变得生动有趣，更加有利于民族文化的广泛传播。

第二十七章　公共服务类信息消费

移动互联网、物联网、云计算、大数据等新一代信息通信技术的快速发展，与公共服务各领域和各环节融合创新不断深入，各类新商业模式和新的服务业态层出不穷，有效提升和改善了百姓的日常生活效率和质量。《国务院关于进一步扩大和升级信息消费　持续释放内需潜力的指导意见》提出了推广高效、均等的在线公共服务，重点发展在线医疗、在校教育服务和利企便民的“互联网＋政务服务”。

目前，多家企业和单位都在通过积极搭建平台、开展合作等方式探索公共服务新模式。**在医疗领域，构建以互联网为载体的在线医疗平台，改变健康管理方式、重构就医方式、改善就医体验、重构购药方式、重构医患生态。**提高医药服务效率，降低医疗费用，使患者享受安全、便利、优质的诊疗服务。从根本上解决“看病难、看病贵”等问题，真正做到“人人健康、健康人人”。**在教育领域，借助网络信息技术迅速发展，在线教育打破了时间和空间、工作和生活方式限制，使知识获取的成本更加低廉，方式也更加便捷。**教与学不再只是面对面进行，形式更加灵活多样，有效提升了教学质量和效率。

案例8

东华软件：健康乐患者管理平台

东华软件股份公司

导读：伴随工业化、城镇化、老龄化进程的加快，我国慢性病发病人数快速上升，慢性病健康服务市场巨大。2008年，我国明确诊断的慢性病患者超过2.6亿人，慢性病导致的死亡占到我国总死亡人数的85%，慢性病负担占总疾病负担的70%。本项目研发的慢性非传染性疾病评估模型、构建的基于大数据的健康服务平台，基于大数据分析的我国慢性非传染性疾病人群的健康状况、监测预测和发展趋势，建立的健康服务管理模式与运营机制，通过成功的示范应用后，能够建立起具有国内普遍性的应用示范基地，可为国内外综合健康信息服务产业、慢性非传染性疾病的科学研究、政策制定和预防干预提供支持和示范参考，有广阔的应用推广前景。从2016年7月东华软件推出健康乐患者管理平台至今，该产品已覆盖32个省市自治区，累计服务了392193例患者。

一、基本情况

（一）公司介绍

东华软件股份公司于2001年1月成立，2006年8月在深交所上市，股票代码002065，注册资金31.39亿元。总部在北京中关村，下设26个事业部，61家分支机构。全国员工近9000人，其中研发人员5600人。自主知识产权的软件产品近千项，内容涵盖人工智能、大数据、物联网等多项领先技术，拥有医疗、金融、政务、电力、水利、公安、电信等行业多领域的用户。

公司以应用软件开发、计算机信息系统集成、信息技术服务、网络流控安全产品及“互联网+”为主要业务，是国家规划布局内重点软件企业、国家安全可靠计算机信息系统集成重点企业、国家火炬计划重点高新技术企业、计算机服务及软件特大型企业，拥有软件能力成熟度集成模型（CMMI5）、信息系统集成与服务大型一级、国家计算机信息系统集成一级、涉及国家秘密的计算机软件单项和信息系统集成资质、军用信息安全产品认证、军用装备承制等资质的优秀企业。

随着东华软件主营业务的成熟，依托公司在大数据和云计算领域积累的技术优势和丰富经验，东华软件主攻区块链、人工智能、物联网、智慧城市等领域的核心技术研发及行业应用方向，积极打造实力强劲的中国智慧医疗龙头企业。

（二）项目介绍

健康乐患者管理平台基于东华软件在医疗 IT 领域近 20 年的沉淀，是公司对医疗行业充分理解升华后孵化的明星产品。

健康乐患者管理平台提供 7 项核心服务内容：个人健康档案自我管理、健康管理、慢性病管理、孕产儿管理、科研随访、患者院前院后服务和满意度调查，在医院、诊所、科室、医生、护士、患者之间建立起有效、精准的连接，进而助力医疗机构为不同的患者群体提供多方位、全生命周期的医疗健康服务，助力医院的院内业务进一步延伸并得到有效补充。患者管理平台为医院提供了一条便捷可行的构建“闭环医疗”体系的途径。

二、主要做法

（一）建立个人健康档案

第一，通过和医院信息系统（HIS）对接，完整存储患者的院内数据：基础信息（生活史、过敏史、既往史、家族史），每次的诊疗记录（症状、诊断、查体结果、医嘱处方），全部的检验检查结果（临床检验、特殊检查、图片报告）以及体检数据。第二，患者离院时，扫描医生二维码加入随访，回家后可通过微信 / 手机 App 上传自己的健康日记（饮食、运动、抽烟、是否做饭、感冒及用药等情况），院外的复查结果等。第三，该系统通过整合院内和院外数据，医院能快速建立慢性病患者的个人健康档案。

（二）智能随访

自定义随访计划（内容、周期），患者入组后自动生成随访计划，到了随访时间，系统自动给患者发微信、发短信。自定义评估量表，如疼痛量表、心理评估量表等，用于随访评估。通过网页、App 等方式与患者互动，常见内容保存成模板，方便医生操作。医生可给患者群发消息（短信 + 微信），可定期给患者推送健康科普的知识，提高患者自我管理意识，为患者提供多维度的增值服务，提高随访率。

（三）多角度疗效评测

医生可随时随地查看患者通过慢性病管理系统上传的服药日记、自测结果、饮食记录、运动日记等，掌握患者自我管理的状态。医生将不只是根据每次就诊时的断片化的检查结果做出判断，还将从患者日常生活管理中了解更多影响治疗的因素，制定更具针对性的诊疗方案。

（四）科研数据库

系统地收集科研数据，允许用各种方式进行检索，检索后可以导出结果进行数据处理。可对慢性病患者分学科、分病种进行管理；可建立多中心数据库，以本院为中心、地方医院为分中心。通过系统配置不同的权限，分中心查看本中心数据库，最高级别的管理员可查看所有数据库的资料。

三、成效

（一）对企业促进作用

在建立机制方面，在整合医疗资源进行慢性病管理的同时，可提高慢性病管理的医疗信息化水平。完整的医疗信息将会是实现慢性病可持续管理的重要技术基础。

基于医院信息系统（HIS）构建慢性病管理系统。在慢性病管理信息系统上实现“电子健康档案”“家庭监护终端”“定期复查”“健康教育”“慢性病 App”等多个平台的集成，并根据慢性病情况建立数据库和规则库，以支撑区域内开展与慢性病相关的管理服务，探索新的商业模式，包括慢性病药物创新；构建慢性病药物的生态圈、慢性病线上平台；打造慢性病管理的信息化平台、慢性病线下平台；基于药房网络的慢性病管理创新、慢性病的自我管理；基于移动端的慢性病自我管理平台等。

（二）对产业带动作用

大数据健康服务平台不仅提供传统的互联网服务模式，还提供智能手机、iPad 等智能终端创新服务模式，主要的服务内容包括居民健康管理、评估、专家个性化诊疗咨询指导、预警、医学知识科普等。

基于大数据的健康状况与疾病监测、预测与统计分析。对居民健康大数据进行深入分析，全面了解居民或群体健康的发展情况，对慢性非传染性疾病进行监测、预测，从而掌握慢性非传染性疾病服务人群的健康现状和发展趋势，必要时可为我国慢性非传染性疾病的科学研究、政策制定和预防干预提供支持。

大数据健康服务平台架起了居民与专家直接沟通互动的“桥梁”，使专家丰富的临床经验和专业的服务快捷、经济、高效地惠及广大的居民，有效避免了居民盲目就医和无效治疗，降低病人的发病率和治疗费用，促进专家由治病转向预防。

（三）可持续影响

本项目通过慢性非传染性疾病的医学知识普及和个性化健康服务使居民了解和掌握慢性非传染性疾病基础知识及自身健康状况，提高居民预防慢性非传染性疾病的意识和能力；同时基于大数据技术对慢性非传染性疾病进行监测、预防和发展趋势分析，为政府决策提供科学技术支持，降低慢性非传染性疾病的高危人群数量和发病率，有效促进国民身体素质的整体提高。

案例9

网易有道：有道精品课，用技术和AI使教育和学习更加轻松有效

网易有道信息技术（北京）有限公司

导读：深化教育改革一直是我国的一项基本国策，《国家教育“十三五”规划》中明确提出要推行教育信息化，发展线上教育，扩大优质教育资源覆盖。目前，我国区域经济发展不平衡，由此导致教育资源分配不平衡。随着互联网的发展，在线教育技术打破了时空、资源的限制，实现了优质教育资源的共享，为所有人在同一起跑线开跑提供机会。

有道精品课依托有道在人工智能方面深厚的技术积累，将教师和学生从低效、重复的工作中解放出来，进而提高教学与学习效率，解决传统教育中以教师为核心的成本高、效率低、不公平的问题，构建包含智能学习、交互学习在内的新型互联网教学体系，实现人工智能在教学、管理、资源建设等方面的全流程应用。

一、基本情况

（一）公司介绍

网易有道成立于2006年，公司以搜索产品和技术为起点，在大规模数据存储计算、人工智能等领域具有深厚的技术积累，并在此基础上衍生出在线教育、语言翻译应用与服务、个人云应用等核心业务。

如今，网易有道已是国内用户量最大的互联网教育品牌之一，服务中国互联网8亿用户。有道旗下拥有包括网易有道词典、有道精品课、有道翻译官、有道云笔记等在内深受用户喜爱的大众教育类的工具和在线学习产品。截至2017年12月底，有道的学习工具型App已经形成了日均活跃用户超1700万的产品矩阵，有道精品课同步驶入增长的快车道，2017年用户付费

收入规模较2016年增长530%。

（二）项目介绍

为积极响应国家“互联网+教育”推进教育信息化的号召，依托公司在移动互联网、大数据、云计算、人工智能等方面的技术积累，以缩小地域差距、促进教育公平，让更多的学生能够共享优质教育资源为目标，网易有道启动了“网易有道精品课在线教育平台”建设。

项目以教学云服务平台为支撑，以基于移动互联网的创新教学实践为突破口，构建统一的平台级支撑服务，开发了包含Web门户、移动App以及智能硬件设备的在线教育服务体系。平台主要功能包括课程直播、在线点播、互动答疑、智能批改、教师伴学等。

在内容建设方面，网易有道创新课程建设模式，推出“同道计划”，采用名师经纪人模式，成立名师工作室，通过专业运作团队，为教师提供技术支持、策划包装及课程营销等服务，使教师有更多的精力专注课程创作，生产更多的精品课程资源。目前，有道平台精品课程累计时长达5.5万小时。

二、主要做法

2018年4月，网易有道首次公布了教育的TEACH模型，分别展现了有道在线教育领域的核心业务及主要做法。

（一）“T（Tools）”代表工具软件或教学工具

有道是一家围绕用户需求打造一系列学习工具型产品的互联网公司，从有道词典到有道云笔记及有道精品课，再到现在的智能硬件有道翻译蛋，工具思维本质上是解决用户在特定场景下的某个痛点。有道不赞同流量思维，不会过分强调流量转化，而是认为消费者是理性的，会不断地发现和使用好的产品，只要把产品做好，便会赢得用户的信任。截至2017年年底，网易有道的工具型App矩阵注册用户已超过8亿人，日均活跃用户超1700万。

（二）“E（Educator）”代表老师

有道始终认为老师在学习过程中扮演着不可替代的角色，明星老师是提升学生学习动力和学习效率的最佳驱动力。2016年，有道推出“同道计划”，投入5亿元打造了20个教育工作室。该计划采用名师经纪人模式，成立名师工作室，通过专业运作团队，为教师提供技术服务、策划包装服务及课程营销服务，从而使单个教师变成内容团队。内容形式也不再只有单一的课程，还包括了伴学服务等一系列配套的产品。

“同道计划”使原本只是单纯传授知识的教师变成了内容创业者，有道精品课平台也成为优秀教师的创业平台。

（三）“A（AI）”代表以人工智能为代表的教育科技

有道是国内最早从事人工智能技术研发的企业之一，着力在 AI 落地应用的研究。公司在语音识别与合成、OCR 识别、机器翻译等领域拥有深厚的技术积累。有道精品课通过上述人工智能技术的结合运用，解放了教师的重复性工作，让整个在线学习的过程更加智能化，大幅提升了在线课堂的教学体验，实现了利用科技创新从数据化迈向智能化的进程。目前，网易有道在手写题判分技术、英语口语评分技术、计算代数系统、手写 OCR 和英文作文批改 5 个技术方面积累了丰富的经验。

（四）“C（Content）”代表高品质内容

在线教育本质上还是以内容为主的业务。课程教研是一种有目的、有计划、主动探索教学实践过程中的规律、原则、方法及教学中亟待解决问题的研究活动，是在线教育非常重要的环节之一。与其他教育机构不同的是，有道精品课建立了由课程专家、授课教师、专业教研员以及课堂分析系统组成的在线教育教研体系。课程专家具有丰富的教学设计与实践经验，他们负责整体课程体系、教学大纲的构建。授课教师根据课程专家制定的教学大纲进行教学内容组织、设计并进行授课。在授课教师的直播过程中，课堂分析系统通过抓取在线学生的注意力、活跃度以及课堂互动等学生的实时学习状态，给出本次授课的课堂分析报告，通过专业教研员的二次分析将分析报告反馈给授课教师及课程专家，并针对报告中存在的问题重新组织设计教学内容。通过反复几轮打磨，最终生产出高品质的在线课程。

（五）“H（Hardware）”代表智能硬件

布局学习型智能硬件即是布局在线教育的未来。有道认为手机始终不是一个适合学生学习的工具。学生存在强烈的纸笔、语音交互需求，基于此，网易有道发布了有道翻译蛋、有道智能答题板、有道词典笔等智能硬件产品。

三、成效

（一）AI 赋能实现大规模个性化教学

基于人工智能、云计算与大数据的在线教育，相对于传统的教育模式是一次颠覆性的变革。通过应用上述技术，实现了对学生的学情分析，给出了适合学生的学习内容和路径，在此技术上提供包含“教、学、练、测”在内的几个标准化环节的完整课程。有道精品课在线教育平台覆盖了课前、课中、课后、课外的教与学全流程。课前可帮助学生预习、帮助老师备课；课中可提供互动课堂、帮助老师进行教学分析；课后给学生提供课堂复习及学习体验；课外可引导学生兴趣学习、助力老师汇集优质资源，向学生及老师提供规模化的个性教育平台。

2018 年 6 月 15 日晚，全国大学英语四六级考试的前夜，有道考神四六级考前直播课刷新在线教育行业同时听课人数纪录，平台的同时在线人数接近 5 万人。

（二）内容驱动促进平台快速成长

在线教育的本质是为用户提供最好的内容，有道精品课采用开放式合作的模式，面向社会广泛招募具有专业知识与授课经验的老师，并推出“同道计划”，启动“教育内容制作 + 内容策划 + 课程营销 + 流量资源分配”的名师工作室模式，通过团队经纪人式的服务，对老师及课程资源进行人性化包装，打造了一批风格独特、特色鲜明、深受互联网用户喜爱的课程资源。

（三）数据化推广提升学生学习效率

在市场推广方面，有道精品课以有道在线教育领域的 8 亿用户为基础，使用大数据技术，根据用户画像对不同用户群体精准地推送相应的课程内容，在提高学生学习效率的同时大大降低了平台的推广成本。后台数据显示，超过 60% 的有道精品课学生来自于三、四线城市，数据化推广将更多优质的课程资源推送给教学资源欠缺地区的学生，使他们有机会获取更多优质的教学资源。

案例10

电子工业出版社：工信产业人才培养在线教育平台

电子工业出版社

导读：中国共产党第十九次全国代表大会报告中指出：“加快建设制造强国，加快发展先进制造业，推动互联网、大数据、人工智能和实体经济深度融合，在中高端消费、创新引领、绿色低碳、共享经济、现代供应链、人力资本服务等领域培育新增长点、形成新动能。”工业和信息化（以下简称“工信”）产业是国家经济运行的支柱产业，是实施产业升级、转变国家经济发展方式的重要产业。工信领域中多为技术密集型产业，技术更新快，产业的发展需要大量高素质人才。院校教育作为人才培养的主力军，肩负着重要的使命，但院校教育普遍存在着知识更新慢、知识与产业前沿发展相脱节等问题。通过建立工信产业人才培养在线教育平台，利用信息化教育手段，促进产业与教育的融合，加速新技术、新知识在人才培养阶段的应用，有效提高工信产业人才的培养水平。

一、基本情况

（一）公司介绍

电子工业出版社隶属于中国工信出版传媒集团有限公司，是一家专业信息技术知识集成和服务提供商，其综合出版实力居全国前列。经过30余年的奋斗，电子工业出版社已发展成为一家以科技和教育出版、数字出版、软件研发、软科学研究为核心业务的现代知识服务企业。

电子工业出版社先后被国家新闻出版广电总局授予第一批传统出版单位数字化转型升级示范单位、国家复合数字出版系统工程试点示范单位、专业出版内容资源知识服务模式试点示范单位，是财政部文资办的中央文化企业版权资产管理与运营试点单位，是国家新闻出版广电总局第一批认定的融合出版重点实验室承建单位，重点开展基于用户行为分析的认知计算技术研究以及电子信息、通信技术领域的教学服务大数据分析等研究工作。电子工业出版社自主完成研发出版信息化、数字化等 10 余个项目。目前，均已投入运营，获批国家标准 1 项，取得软件著作权 11 项。

电子工业出版社拥有图书、音像制品、电子出版物出版许可证，是首批获批互联网出版资质的出版社。因此，承担单位电子工业出版社完全具备该项目建设和运营所需的图书、音像制品、电子出版物出版以及互联网出版等许可资质。电子工业出版社 2017 年实现出版码洋达 13 亿元。

（二）项目介绍

本项目以电子工业出版社建立的教育出版综合服务网站群为基础，对其功能和海量教学资源进行整合和创新，建立面向工业和信息化产业人才培养的在线教育平台。

该平台面向本科、高职、中职等广大院校师生以及工信产业人才，提供纸质教材、数字化图书、多媒体教学资源、数字化教学平台等全面综合的教学解决方案，加快行业教育信息化水平的提升，提高人才培养能力和水平，为工信产业发展提供多层次高素质人才。同时，为教育出版行业提供产品展示和信息化增值服务。

本项目投资 1000 万元，在现有网站、资源库的基础上，深度整合及开发，利用分布式云计算、大数据挖掘等技术以及人工智能思想，为工信产业人才培养提供理念先进、数据翔实、使用简单、效果明显的数字化综合教学解决方案。

二、主要做法

电子工业出版社在教育出版行业数字化服务过程中力求创新，开发了华信教育资源网、悦读悦学、华信 SPOC 等多个服务平台，致力于为读者提供良好服务。

专栏 1　华信教育资源网

华信教育资源网是为教材用户提供配套教学资源服务的专题网站，自 2003 年上线以来，已完成 5 次重大改版。每次改版通过调研用户需求的变化，使用最新的网络技术，为读者提供优质的教育资源服务，引领了国内同类网站的发展。至今，华信教育资源网已拥有20余万名教师会员，数万种教学资源，已成为教师选教材、获取教材资源服务的重要平台。

专栏2　悦读悦学平台

悦读悦学平台是电子工业出版社数字化出版资源的展示及服务平台。该平台提供1万余种电子工业出版社出版的电子版图书，采用版权保护技术，实现纸书与电子书的同步出版，免费提供电子书部分内容试读服务。悦学平台内有数万余种多媒体教学资源和海量图书知识碎片化内容，按照专业、课程分类，内嵌独特的关键词精确检索技术，用户可以通过关键词迅速找到所需查询的内容。

专栏3　华信SPOC平台

该平台是一个智能在线教学平台，它为院校开展数字化教学提供了便利。教师通过这个平台不仅可以实现慕课教学，还可以实现SPOC教学。SPOC教学模式是指教师可以把线下的教学班整体平移到线上，借助该平台实现师生互动、教学资源共享、学习数据分析、学习能力测评等新教学手段。平台创新性地克服了一般在线教育平台课程内容固化、适应性不强的缺陷，使用SPOC平台的教师能够根据自己实际教学的需要，灵活调整数字化课程内容，形成千人千课的个性化教学模式。

三、成效

（一）提供一整套智慧课堂的教学模式

电子工业出版社打造的工信产业人才培养在线教育平台，为开设相关专业课程的院校教师提供了全流程教学信息化综合服务。其服务模式如图27–1所示。

贯穿教学全流程的数字化服务模式，既为教学资料的选取提供了足够的便利，又跟踪和记录了课堂教学的全部过程，通过信息化技术实现了教师与学生的实时沟通，并为教学提供了丰富的测评方式和学习工具以及工信产业相关的数字化课程资源包。因此，教师通过工信产业人才培养在线教育平台，可以轻松实现智慧课堂教学，不断积累迭代教学经验，提升综合教学效果。

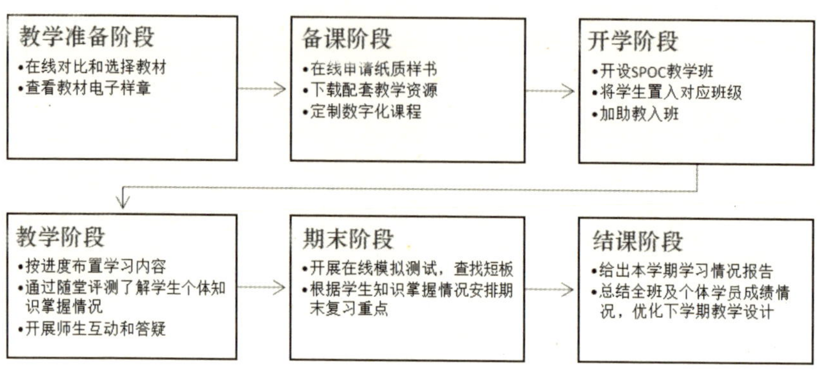

图27-1　工信产业人才培养在线教育平台的全流程数字化服务模式

（二）扩大优质教学资源的服务范围

平台提供了海量的高质量出版物内容资源和数字化教学资源，这些资源是电子工业出版社在长期出版实践中不断遴选后的经典沉淀。资源库中收录了畅销教材作者亲自录制的大量微课教学视频，这些内容不仅为学生提供了良好的预习、复习资料，而且为年轻教师提供了授课方法演示，对提高一线教学效果会起到明显作用。

悦读平台提供1万余种图书全文内容，并以数字化图书馆的服务方式面向教育机构提供服务。这些海量数字化图书内容涉及工信产业的大量前沿学科，为广大院校教师教学及学生的拓展学习提供了便利，更为知识的传播提供了一种有效途径。

海量的工业和信息化相关学科的优质教学资源，是工信产业人才培养在线教育平台服务内容的独特亮点。随着平台服务范围的不断推广，该平台将发挥出日益显著的社会效益，助力我国实现“智慧强国、网络强国”的发展目标。

第二十八章　行业类信息消费

当前，互联网技术及应用发展如火如荼，行业类信息消费顺势而为，积极践行《国务院关于进一步扩大和升级信息消费　持续释放内需潜力的指导意见》，重点发展面向垂直领域的电子商务平台服务，面向信息消费全过程的网络支付、现代物流、供应链管理等支撑服务，面向信息技术应用的综合系统集成服务。进入信息消费 2.0 时代，越来越多的企业在电子商务、现代物流和线上线下融合等多个方向进行了创新探索。

在遴选出的 3 个行业类信息消费案例的创新探索案例中，值得借鉴的做法和实践经验包括以下几类。

在电子商务领域，一是通过互联网平台的运用，推进线上线下融合发展，创新服务模式，有效整合企业资源，优化产业链结构，提升产业体系的流通效率；二是利用大数据和人工智能等技术，实现供需精准对接，降低运营成本。

在现代物流领域，一是直击物流空返率高、运力利用率低的痛点，构造“人、车、货”物流生态圈，整合区域车辆、货物、仓储等信息与资源，实现信息的及时共享与资源的高效精准匹配；二是将现有仓储设施进行升级改造，从货架、叉车到手持终端，全面联网化，建立智能仓储管理信息系统，将有形、无形资源高效运营起来，做强起始“一公里”。

案例11

敦煌网：敦煌网B2B跨境电子商务综合服务平台

世纪禾光科技发展（北京）有限公司

导读：目前，电子商务的发展速度远超过人们的预期，而相应的技术和服务更是日新月异，传统型企业普遍缺乏成功进入跨境电子商务的必要条件——电子商务专业技术以及外贸专业人才和团队。在海外电子商务领域，如何在盈利和长期发展间找到最佳的平衡点，成为众多传统型企业的困扰，因此本项目应运而生。

敦煌网 B2B 跨境电子商务综合服务平台作为中国首家且交易额最大的 B2B 跨境电商平台，是中国领先的在线外贸交易品牌，连续 8 年获商务部年度电子商务示范企业，也是商务部重点推荐的对外贸易第三方电子商务平台之一。目前，敦煌网已经实现 190 多万个国内供应商在线、超 1300 多万种商品，使用英、德、意、法、俄、西、葡、土 8 种语言，遍布全球 222 个国家和地区以及 1900 万个买家同时在线购买商品的规模。

一、基本情况

（一）公司介绍

世纪禾光科技发展（北京）有限公司成立于 2006 年，注册资金 3000 万元，为国家高新技术企业，员工总数为 800 余人。公司致力于应用大数据技术开展跨境贸易便利化实践，开创跨境贸易在信息流、大物流、跨境支付、互联网金融等各领域的创新整合，打造智慧跨境电商生态产业链，是中国首个实现信息流、资金流和物流“三流一体”的外贸 B2B 电子商务服务商。

世纪禾光公司在跨境电商大数据研发和应用领域处于业界领先地位，承载了公司成立 14 年以来的海量交易及买卖家信息数据，是国家发展和改革委员会批准的“跨境电子商务交易技术国家工程实验室”，并承担科技部“电子商务交易风险控制与防范”标准制定,跨境电商大数据有 97 个专利技术和软件著作权。通过公司大数据平台，可以提前了解市场、了解客户、找到订单，从而指导中国企业的设计生产销售等，使跨境贸易有的放矢。

目前，敦煌网正积极筹划新的战略布局，全面承建中国与亚洲、欧洲、美洲、大洋洲、非洲等区域的多个国家的双边网上丝绸之路，通过“敦煌海外数字贸易中心”,切实把“中国制造”带到世界各地,引领“互联网 + 传统外贸产业”升级。

（二）项目介绍

敦煌网 B2B 跨境电子商务综合服务平台打造“一站式”跨境电子商务全产业链服务，为传统外贸出口企业提供在线交易、支付、金融、物流服务、通关、海外营销、品牌建设等跨境电子商务服务，全面提升跨境电子商务产业的辐射效应和影响力。

本项目主要服务于全国从事跨境电商出口的企业，由交易与综合服务两大体系构成。**第一，交易体系**。敦煌网 B2B 跨境电商交易平台在跨境电子商务出口交易平台的基础上，共同打造数字丝绸，建设规模化数字贸易交易平台，推动新业态和新模式发展；构建数字贸易综合服务平台，吸引跨境贸易上下游企业入驻，培育、整合以跨境电子商务服务为核心的产业生态圈；推进基于数字贸易便利化的关检税汇试验；建设商品展示贸易中心；建设敦煌网跨境电商成果展示中心等。**第二，综合服务体系**。综合服务体系主要是线上平台为多语言平台，为国内各大企业提供贸易机会、产品线上展示、在线交易支持、多语言客服、互联网金融等跨境电子商务服务；线下构建跨境电商生态体系，打造并提升跨境支付能力并提供服务；提供跨境电子商务能力培训，使当地更多的从业者获得电子商务专业知识和技能；建设互联网金融生态圈，开展互联网金融合作；全方位拓展海外市场，设立数字贸易中心，构建海外销售服务体系等。

二、主要做法

敦煌网 B2B 跨境电子商务综合服务平台是针对传统贸易建立的一个完全基于传统贸易用户的外贸平台，致力于全球优质商品供需扁平化，将全球优质供应商直接推送给全球零售商，省去传统贸易中所有的中间环节，提高供应商的利润和品牌效应；期间平台提供包括产品包装、仓储物流、支付结算、清关报检、市场拓展、品牌建设、贸易融资等全程解决方案。因此平台根据客户的特点不断地对应用软件及综合服务业务进行升级改造。

（一）跨境电子商务应用软件升级改造

1. 平台系统升级改造

外贸机会关键取决于外贸渠道及语言沟通，该系统使用无国界的国际互联网作为外贸渠道，采用UNICODE字符集为基本字符集，打破传统俄罗斯语站点在不同国家、不同操作系统访问浏览与留言时出现乱码的技术障碍，使各个国家地区不同语言操作系统在访问该站点时，不用在各种字符集间来回切换，符合各个地区的使用习惯，更不会产生乱码的情况导致无法阅读。

2. 全球风险控制系统升级完善

敦煌网通过多年积累的交易数据，对买家行为进行深入分析，建立了全球电子商务交易风险数据库，基于此研发自主知识产权的风险控制系统。该系统通过发现和预警买家的欺诈行为，提供实时可靠的交易风险提示，尽可能减少卖家因此造成的不必要的损失。该系统在判定某单交易存在欺诈可能时，会即时建议用户终止交易，保证其合法权益得到保护。

3.TNS产品审核系统升级完善

TNS产品审核系统用于对用户上传的产品和图片信息进行审核，采取自动审核与人工审核相结合的方式，保证敦煌平台市场的安全和公平。第一，对国内企业卖家资料进行严格审核，通过审核身份证及营业执照等信息，确保没有冒充注册、伪造资料等虚假信息的出现，保证品牌所有人的权益不被侵犯。第二，通过人工审核的方式，严格审核卖家上架产品的商标许可及所经营产品的许可资料，对于不符合要求的产品不予上架，保证没有假冒伪劣商品进入平台销售，从而保护知识产权所有人的合法权益。

4.DHpay支付系统升级完善

DHpay支付系统是一个独立的支付平台，用于在线外贸交易的支付环节，具有稳定、安全、快速的特性。DHpay使用128位SSL安全连接技术及VeriSign数字认证技术，确保用户的个人信息及账户信息能够得到最大限度的保护，并且DHpay不会收集包括信用卡账号等用户个人信息。

5. 移动系统建设升级完善

手机用户利用智能手机即可登录敦煌网官方平台。移动客户端（App）可覆盖iOS、Android等主要的移动操作系统，可为交易平台带来强有力的流量增长，促进交易额大幅提升。

另外，还有轻应用、公众平台、App 开发联盟等建设完成移动端的生态系统建设。用户能够通过其移动通信设备浏览产品信息、在线下订单，并进一步使用其移动终端核查其账户、支付账单、转账以及接收付款通知等。这一点可以帮助国外采购商在任何时间、任何地点进行电子商务活动，实现随时随地购物与交易、在线电子支付以及进行各种交易活动、商务活动等。

6.CRM 软件升级完善

CRM（Customer Relationship Management），即客户关系管理。CRM 是电子商务应用中必不可少的软件之一。CRM 软件通过深入分析客户的详细资料，提高客户的满意程度，从而提高企业的竞争力。敦煌网开发的 CRM 软件包括对客户概况、客户忠诚度、客户利润、客户性能、客户产品、客户促销等信息的收集与分析，可以帮助企业有效地与客户保持信息沟通，便于开展精确的营销活动。

7. 客户通软件升级完善

客户通软件作为敦煌网个性化服务的一部分，可以让用户随时寻找、添加、结交生意伙伴，帮助客户与敦煌网客户及百万商人建立紧密的联系。DHtalk 软件是一种 IM（Instant Messager）软件，主要为企业提供基于互联网技术进行实时语音、文字传输的服务，通过使用 IM 即时通信系统，企业与客户的沟通可以不必通过电话、传真的方式来完成，可以大大节约企业的通信费用，并实现无纸化办公，为社会节省大量的资源。

（二）提供跨境电商综合服务业务

敦煌网提供的中外跨境电子商务平台服务，解决了大数据存储、服务分布式存储、应用自动化运维、智能化监控等关键问题，自主研发了分布式服务平台、分布式队列系统、分布式缓存系统、自动化部署系统等技术来完成对业务系统的支撑，实现了中外外贸出口的全程在线交易的可靠技术保障。平台将线下的外贸业务搬到线上，通过集成在线物流、在线支付、账号管理、订单管理、风险控制、信用评价等功能，把网店经营、物流、支付、客户关系管理、订单管理都集成在一个平台上完成，在技术层面实现外贸交易的彻底在线化。

本项目作为一个电子商务平台创新项目，不同于传统的电子商务的线上信息展示模式和外贸公司的线下出口代理模式，创新性地培育出一整套包括“线上出口代理、外贸人才孵化和售后服务”在内的增值服务体系，这是一种实现多赢的运营模式。

1. 全价值链电子商务模式

项目采取全新的线上出口代理模式，面向中国传统的制造商、贸易商，全权代理其产品的出口销售，利用敦煌网平台在线完成商品出口交易的全过程。通过建立起一整套包括海外推广、交易支持、在线物流、在线支付、售后服务、信用体系、纠纷处理等完整的服务支撑体系，从而极大地节省了国内企业的经营成本。

2. 全面的人才孵化平台

项目将招募客户服务团队通过敦煌动力营进行培训，选拔输出专业的外贸电子商务人才，建立起专业人才库。孵化出的人才面向企业提供一对一的专职服务，采用实名对接的方式全程负责销售客户产品，保证每天 16 小时在线、每周提交 1 次销售报表、向企业反馈销售建议。此外，还将为企业提供产品拍摄、后期图片处理、产品翻译、产品管理、网店形象设计、营销策划等个性化需求服务。

3. 完善的售后服务平台

敦煌网建立了规范的纠纷处理流程，一旦买卖双方出现纠纷无法协商的情况，敦煌网将积极进行协调和仲裁，以公正的立场帮助买卖双方尽快解决遇到的问题。同时，敦煌网制定了一系列旨在建立良好交易秩序的平台交易规则，通过对市场无形的约束和规范，鼓励和引导买卖双方诚信交易，既保障了交易双方的正当权益，又节省了双方的时间和精力。

三、成效

（一）国际影响

2015 年 11 月，由敦煌网发起并促成的中国第一个跨境电商双边协议“中国—土耳其跨境电商合作谅解备忘录”在中国国家主席习近平的见证下顺利签署，标志着中国“一带一路”、网上丝绸之路建设掀开新篇章，而敦煌网也成为唯一一家官方指定的中土跨境电商平台承建商。

继土耳其之后，敦煌网陆续发起、推动、促成了中国与西班牙、中国与智利、中国与秘鲁等国家的双边合作协议，通过一系列的平台建设、能力建设（培训）、中小企业信用体系建设等领域的密切合作，为全球的中小企业提供对接国际市场的机会与平台。同时，敦煌网正围绕着“一带一路”沿线国家，把这些经验、标准带给当地国家，赋能当地的企业，实现共同发展。

1. 助力中国提前成为数字贸易新担当

在 2016 年 APEC 领导人峰会期间，敦煌网创始人兼 CEO 王树彤女士作为 APEC 工商咨询理事会中国代表、中小企业组联席主席全程参与了各国领导人和 APEC 工商界代表的对话会，澳大利亚总理特恩布尔直接点名夸赞敦煌网——敦煌网开辟了一条全新的国际贸易通道，可以让澳大利亚偏远乡村的小企业、年轻女性都有机会做国际贸易。智利总统巴切莱特、墨西哥总统培尼亚、泰国总理都争相邀请敦煌网到当地落户。这些成绩让敦煌网深刻地感受到，作为跨境电商企业，有这样的机会助力国家提前成为数字贸易新担当，并帮助“一带一路”沿线国家的中小企业在数字贸易发展领域实现弯道超车。

2. 推动数字贸易便利化赋能中小企业融入全球价值链

贸易畅通是“一带一路”建设的重要内容。中国此前一直是国际贸易游戏规则的跟随者，但是，在跨境电子商务领域中国已处于全球领先地位，借由敦煌网等民间力量在双边或多边贸易自下而上的实践，将有助于在国家层面将相关秩序、标准输出成为全球规则，可以更好地构建连接全球的网上丝绸之路。

在践行“一带一路”网上丝绸之路国家战略时，敦煌网一个一个地连接更多的国家，促成中国和更多的国家签署双边、多边合作，促成更多城市的合作，促进国家之间跨境电商政策便利化；输出相关培训，推动国与国之间跨境电商合作协议的落地。

敦煌网与 Worldpay 等国际支付公司，UPS、DHL、EMS 等国际物流公司，平安银行、中信银行等金融机构，都有直接的战略合作。另外，软件研发公司、各类媒体等都有业务往来。因此，敦煌网的发展将大大促进整个“大电子商务”产业链条的协同和联动。

（二）国内影响

目前，敦煌网 B2B 跨境电子商务综合服务平台线下招募团队已进驻全国 50 个城市，通过产业集群的方式招募优质企业供应商入驻平台。2018 年，招募了 10 万家供应商，品类覆盖 3C、服装、时尚、美容美发、玩具、户外等 12 个核心产业；同时，进一步沉淀海外市场，通过海外线下 DTC 展馆拓展采购商，提供展示样品、售后等海外服务；通过线上与线下的方式拓展全球优质采购商。

1. 带动国际贸易产业链发展，促进外贸市场繁荣

项目平台一方面帮助传统企业规模化应用其电子商务平台，使其发展壮

大；另一方面直接推动国外买家在线采购“中国制造”的产品,大力拉动“中国制造”优质产品线的增长，增加产品线的丰富度，促进了海外买家的用户体验，这些都将促进中国外贸产业的繁荣发展。

围绕传统企业这一外贸 B2B 电子商务应用主体，敦煌网服务的客户分布在消费类电子、手机、建材、礼品、服装、体育等多个行业，基本上涵盖了 B2B 最活跃的产业链条，它整合了国内最好的外贸产品资源和服务，为海外买家提供了更丰富的产品选择和更好的消费体验，将大大推动“大外贸电子商务”的产业链和“产业生态集群”的进一步发展，并在电子商务这一强大“经济引擎”的驱动下,集体向前发展。敦煌网第三方外贸电子商务平台项目整合的全价值链服务将促使更多的海外买家了解和接触到中国市场，进一步促使中国与其他国家之间外贸交易的交融。

2. 助力传统企业踏上轻松出口外销之路

外贸 B2B 电子商务的发展，给中国传统的制造型和外贸型企业带来了新的发展空间，中国企业借助敦煌网平台展示、推广产品，打破了交易会受时间、空间和流通渠道的限制，企业在由传统的生产模式引入新的电子商务运行时也带来了企业内部规模、组织结构和人员的变化。

敦煌网平台促使中国的传统企业从事外贸出口交易的门槛进一步降低，让传统企业轻轻松松走上了出口外销之路，有效解决了传统企业和贸易商缺乏外贸经验和管理的难题，帮助卖家轻松实现在线交易，全程为传统企业卖家保驾护航，让外贸电子商务交易更加安全、便捷。

此外，传统企业在吸纳就业、增加税收、激发活力、保持稳定等方面也发挥着重要作用。从事外贸出口业务的传统企业分布于各行各业，敦煌网平台通过服务这些传统企业来推动出口，继而带动各行各业相关产品的研发、生产和服务。

案例12

阿里巴巴集团：数据技术助力零售业转型升级

阿里巴巴网络技术有限公司

导读：新零售是利用数据技术重构在零售产业链中的人（消费者）、货（库存）、场（销售渠道），用数据激活各类资源并优化配置，通过精准营销、创新供应链运营等线上技术助力线下企业认知客户、降低成本、提升效益。

自从2016年新零售概念提出以来，阿里巴巴集团基于云计算、大数据、物联网、VR、AR等新技术开展新业态、新商业模式的探索，与新制造协同发展，形成新产业。线上线下融合是2018年中国零售业发展的主要趋势，具体表现在随着线上线下融合加速落地，基于消费体验重构的融合、供应链效率提升与渠道下沉以及消费场景的延伸，配合大数据的采集与应用，为消费者提供个性、高效的服务，不再局限于强调产品的功能性，而更多地重视消费者的体验。新零售代表未来的消费方式、服务方式、贸易方式。新零售时代，信息化正在全面渗透和融合到消费活动中，人们的消费需求从时间到空间都得到无障碍的满足。

一、基本情况

（一）公司介绍

阿里巴巴集团于1999年在杭州创立。阿里巴巴怀着“让天下没有难做的生意”的愿景，一直在坚持通过互联网科技创新，为社会创造公平的商业环境，让中小企业通过阿里巴巴不断创新的优质服务来扩展自己的业务，并在参与国内及全球市场竞争时处于更有利的位置。

阿里巴巴集团已经成为网上及移动电子商务的技术变革者和引领者，也在我国科技创新工作中发挥着领军企业的作用。在毕马威发布的2018年全球科技创新报告中，阿里巴巴力压Facebook、亚马逊、Netflix和谷歌几家公司，成为全球颠覆能力最强的企业。这是中国企业第一次在这份报告中排在第一名。2018 年 7 月 27 日，中国互联网协会、工业和信息化部信息中心联合发布的 2018 年“中国互联网企业 100 强”榜中，阿里巴巴在连续四年内第三次荣登榜首。

阿里巴巴在发展中一直秉承“家国情怀”与“世界担当”。经过 19 年的发展，阿里巴巴集团已拥有 30 余个事业部，服务于 200 多个国家和地区的几千万企业会员、千万卖家、数亿消费者和众多的政府机构、企业。2017 年，阿里巴巴纳税总额达 366 亿元，带动生态上下游纳税金额超过 2900 亿元；带动产业链上下游直接间接创造 3300 万个就业岗位；带动四分之一的中国人参与公益事业；此外，阿里巴巴也成为国际奥委会全球顶级合作伙伴之一。

（二）项目介绍

新零售是以互联网为依托，多角色运用大数据、人工智能等先进技术手段，强化对消费者需求的洞察和链接，共同开创价值创造，从而对品牌、商品供应链、流通与全渠道销售过程进行升级改造，进而孵化和重塑业态结构与生态圈，并对线上线下服务和体验进行深度融合的零售新模式，从而提升企业的经济效益和社会效益。

与纯电商时代不同的是，新零售需要线上线下结合起来。它的目的是解决消费者和商家的痛点，提升消费者的体验，提升整个企业的运营效率，提升产业上下内外协同的运营效率。

新零售的核心是基于从以商品为核心的消费到以内容为核心的消费，洞察重构起点，充分利用互联网爆发的新零售力量，触发完成在企业内部组织之间的重构、职能之间的重构。走向新零售重要的标志是要完成消费者的可识别、可触达、可洞察、可服务。

二、主要做法

（一）天猫与品牌价值提升

推动各行各业全品类品牌的数字化转型与升级是新零售的重要使命。作为新零售的主力军，天猫是推动消费升级和社会数字化转型升级的引擎。天猫在 2019 年 3 月前将推动服饰、快消、汽车、电子、家居等不同类目 1200 个以上的品牌、30 万个以上的实体店铺完成数字化转型升级，用大数据驱动精准匹配，提升消费者体验，提升整个行业的运营效率。

以老字号为例，中华老字号大多有着百年悠久的辉煌历史，是数百年商业和手工业竞争中留下的优秀代表，也是中华民族的珍贵文化遗产。然而，随着科技、文化、经济的高速发展，对外交流和商贸的逐步扩大，人们对国际流行文化的追求，老字号品牌在现代化商业营销模式方面的缺失，导致老字号发展遇到困境，在一个阶段内生存和发展空间受到国际品牌的挤压。商务部网站显示，现存的 1248 家中华老字号企业，只有 10% 的企业在蓬勃发展，不少企业的经营出现危机。

自 2014 年以来，天猫商城便开始与老字号企业合作，推动和挖掘品牌在年轻消费人群中的全新价值，并开启了一系列针对传统品牌的扶持政策，借助一系列营销策划事件，为消费者创造惊喜，推动老字号和传统品牌的消费升级。这一系列商业跨界合作建立起的一整套完整的新零售运作模式，正在引领老字号食品行业的产业升级。

几年来，老字号服饰鞋帽、酒类、食品餐饮、日用品、医药类商品的销售额在天猫平台上保持着 30% 以上的年均增长。而文化与流行的结合成为推动老字号蓬勃发展的重要引擎，如寿全斋天猫旗舰店的销售额，从 2015 年开设至今，以每年 300% 的幅度高速增长，在年轻群体中拥有大量的支持者。截至 2018 年 6 月底，天猫上中华老字号品牌商家达到 755 家，超过 9000 万的消费者通过天猫平台购买中华老字号品牌的商品，交易金额超过 270 亿元，购买人数同比增长 25%，交易金额同比增长 40%。

（二）电子商务与“兴农扶贫”

产品上行工作是农村脱贫致富工作的重中之重。产品上行意味着实现农村地区从“输血”到自身“造血”的转变。新零售将电子商务与兴农扶贫结合的典型案例是新疆喀什巴楚县留香瓜。巴楚县农民在塔克拉玛干沙漠边缘种植库克拜热甜瓜，这些瓜清甜多汁，康熙年间就已成为进贡佳品，但由于生产技术陈旧，缺乏营销渠道，甜瓜一直难以进入全国市场。2014 年，在新疆挂职干部和村淘工作人员的共同推动下，一方面引进农业技术团队进驻巴楚，历时 3 年设定“一藤两瓜”的种植标准，打造“天猫沙漠蜜州”标准化农场模式，创造“巴楚 · 留香瓜”区域品牌，同时对当地 2000 多位农民进行职业培训；另一方面运用大数据对种植、仓储、物流、销售全流程进行整合，发展订单农业，构建分销渠道和销售保障体系，提高甜瓜的市场竞争力和销售保障力。

2017年7月15日，天猫聚划算平台开启了“巴楚·留香瓜”品牌上线活动，仅12个小时，百吨留香瓜销售一空。初步统计，2015年至今，当地500户贫困户亩均种植收入从400元提高到3600元。目前，阿里巴巴的“兴农扶贫”频道已覆盖8个省141个县，其中包含51个贫困县。

（三）盒马鲜生与社区零售创新

盒马鲜生通过互联网思维重构传统零售业态，形成线上线下一体化的商业模式，既包含可以饮食的生鲜超市，又有App的线上销售，还实现了3000米范围内的社区30分钟及时配送。盒马鲜生店内提供的平价进口海鲜、日日鲜的蔬果等水果直销直送。全部门店使用电子价签可以实现全国实时调价。对顾客而言，既新鲜方便又能有较好的购物体验，好货不贵。

在供应环节，盒马鲜生打造协同零供关系，不收进场费，系统定期自动结款；与上游农业产业公司共同确定种植节奏，在采摘、检测、加工、配送、销售等全流程环节嵌入追溯体系，增加居民对国产农产品的信心。盒马鲜生的食品安全追溯信息平台与内部采购系统、商品中心、门店、电子价签、电子秤、电商App、打印机等多个系统对接，打破业务数据交互障碍，做到产品数据及时更新，实现追溯信息链条合成。同时，预留了与官方重要产品追溯管理平台的接口，便于管理机构收集信息。盒马鲜生App可以关联到产品具体购买人，真正实现消费终端追溯，确保遇到突发问题时及时联系到消费者或提供帮助。

在做到高品质服务的同时，盒马鲜生的效率比同行要高。盒马鲜生的坪效是同行的3～5倍（3万～5万，1万）；人效是同行的两倍（120万，60万）；顾客交互频率是同行的3～5倍；供应链协同效率是同行的1倍以上，中国的蔬菜水果从源头到销售地整体的损耗率大约为30%，而盒马鲜生的生鲜商品的损耗率不到3%，远远低于全国平均水平。

盒马鲜生是线上线下一体化创新业态的活样本，兼顾了零售模式创新、便民生活服务、绿色环保发展、员工收益提高、食品安全追溯，它给城市重新树立了实体商业创新的信心和模板，促进所在地区的实体零售创新。

（四）银泰与百货行业创新转型

以消费者为中心，用大数据驱动全面提升服务体验，是银泰商业探索的百货业创新转型方案。银泰依托阿里巴巴互联网技术与大数据能力重新设计升级原有会员、营销、商品、交易、支付、物流和客服系统。新系统具备互联网企业级别的实时响应能力、弹性计算能力和安全保障能力，打造数字化零售基础设施。

在售前环节，银泰通过与阿里巴巴电商会员体系打通，实现与消费者无缝连接互动，消费者与百货店“未进店先互动”。2017 年“双 11”期间，银泰试行促销活动智能管理，当天 60% 的促销红包由消费者在店外打开，38% 的交易额与消费者在店外浏览有关。在售中环节，银泰推行线上线下同款同价，为消费者提供全渠道感知一体化的服务。在售后环节，银泰旗下实体门店为消费者提供绿色便捷的物流服务，实现消费者下单后最迟 2 小时内到货，配送效率远超同行次晨达的平均水平。

一方面，银泰推出多种零售体验创新示范店，为消费者提供集休闲、育儿、购物等为一体的差异化服务。银泰通过转变经营方式，尝试大数据技术加强选品能力，实现“好东西不贵”。另一方面，银泰通过大数据系统打造以销定产的供应链体系，实现精细化单品库存管理，提高供应链管理效率，提升卖场供给与销售的有效匹配度，以缓解库存成本问题。

2017 年，银泰商业全国实现销售额 217.9 亿元，同比增长 8.0%，较行业平均水平高出 5.6 个百分点。“双 11”营销活动拉动银泰实体销售逐年大幅提升，2017 年“双 11”，全国 50 家门店客流量同比增长 59%，整体销售额同比增长 35%。互联网助力百货业创新转型模式正在取得实质性的突破。

三、成效

（一）新零售助力产业转型升级

从产业发展的角度来看，阿里大数据平台通过数字化技术链接生产商 / 品牌商与消费者，从消费侧沿供应链向产业上游延伸，倒逼制造升级。推动传统制造业、B2C、期货等从以销定产、大批量出货、不关心是否适销对路，转向了需求驱动的 C2B 供应链，为品牌制造企业提供了前所未有的价值。

基于消费者线上真实的购物场景测试新品市场，帮助提升预测的精准度，大大降低了市场测试的成本；新品开发周期从以往的 1.5 ～ 2 年缩短到 9 个月。C2B 柔性供应链实现了起订量大大降低，极大地降低了研发新品带来的风险。

截至 2018 年 6 月，天猫新品创新中心已与全球 50 个集团达成战略合作，涵盖的一线品牌超过 600 个，为各大品牌的科学规划和发展起到了有力的支撑。

（二）新零售对销售链路的改变

从“人—货—场”的角度来看，销售链路将从离线的孤岛、相对割裂、受时空限制转变到“人—货—场”在线化、重构和高效精准连接，可识别、可触达、可洞察、可服务，超越时空限制，开展全生命周期会员管理、全生命周期商品管理。

将“人—货—场”从割裂、对立的关系转变为线上线下的有机联合，你中有我，我中有你；从“供应商仓—总仓—区域仓—门店—消费者”间割裂，门店比较少扮演物流角色，流转慢、流速低转变到多级混合正向逆向，将货提前布局到需要的地方，门店也是仓，就近取货与发货，货通天下，货如轮转。

（三）新零售对消费者的价值

从消费者的体验角度来看，新零售的可识别、可触达、可洞察、可服务，消费者反馈的信息能够更好地服务真正的商品设计者、商品生产者、品牌创造者，能够打造更好的品牌，生产更能满足消费者现在需要的商品。

新零售让消费者从看不见摸不着转变为便利、无时空限制，全渠道无缝自由穿越——想消费者所想，想消费者所未想，比消费者更懂自身需求；参与感、互动性强；从冷冰冰的千人一面转变到千人千面，一人一世界，精准触达，全生命周期一对一私人定制服务，智能提醒，提供有智慧、有温度的服务。

（四）新零售的社会价值

随着新零售的升级，曾经代表中国形象、传递中国文化的“中国名片”的茶叶、丝绸、瓷器，增加了更多的新鲜“血液”，众多随着“天猫出海”，让原本曲高和寡的中国传统文化飘扬出海有了新的载体，正在成为海外游子的乡愁寄托。

众多贫困地区的农产品通过“兴农扶贫”、电子商务企业合作扶助，更好地走向了城市，给贫困地区的发展带来了新的机遇。而“产—供—销”追溯链路的打通，让民众在享受安全购物和美食的同时，为优秀的企业扩大了品牌影响，重树消费者信心，助力“诚信中国”建设。

阿里巴巴推动的新零售工作并非颠覆传统的零售行业或制造业，而是通过大数据精准匹配供需，大幅提升消费者体验，提升企业、产业乃至整个社会的运营效率，产生良好的经济效益和社会效益。

案例13

江苏满运：运满满公路干线智慧物流大数据平台

江苏满运软件科技有限公司

导读：我国现行的物流整体运行效率亟待提高，据统计，2015 年我国社会物流总费用占 GDP 的比例为 16%，2016 年这一比例为 14.9%，而发达国家还不到 10%；卡车日行驶里程 300 千米，远低于发达国家的 1000 千米。公路物流完成了全社会接近 80% 的货运量和 33% 的货物周转率，平均每天都有 8400 万吨的在途货运量，而公路干线物流更是占据其中 90% 的市场份额，规模体量十分巨大，但交易信息不对称、资金流动难、车货匹配时间长效率低、司机空驶率高、货运市场总体呈现“小、乱、散、差”等状态，严重制约了国内物流业的快速发展。近年来，以互联网为代表的信息技术日新月异，引领了社会生产服务新变革，极大地提高了人类认识世界、改造世界的能力，给人们的生活带来了翻天覆地的改变。基于云计算、大数据、移动互联网和人工智能技术开发的货运调度平台——运满满，正是顺应时代发展的需要，着眼于解决行业“痛点”，提高物流效率，构建智慧物流生态体系的重要产品。平台上线以来，平台上司机的月行驶里数由 9000 千米提高到 13500 千米，平均找货时间从 2.27 天降低为 0.38 天，年节省柴油费用约为 860 亿元，减少碳排放量 4600 万吨，实现了降本增效经济效益和节能减排社会效益的双丰收。

一、基本情况

（一）公司介绍

运满满成立于 2013 年，隶属于江苏满运软件科技有限公司，是国内首家基于云计算、大数据、移动互联网和人工智能技术开发的货运调度平台。

运满满目前拥有两款移动 App 产品，分别为司机版和货主版。司机版直击货运物流空返率高、运力利用率低的痛点，构造“人、车、货”物流生态圈，为司机提供高效智能的配货服务，帮助司机在全国范围内随时随地用手机配货，降低空驶。货主版构建的精准车货匹配系统，为货主提供高效、精准、安全的发货服务，同时配备了动态、可视化的跟踪功能，以及行车评价服务，全面保证货物安全。

运满满管理团队由阿里巴巴、花旗、百度等高管及业内专家组成，有着深入骨髓的互联网基因。目前，平台实名注册重卡司机超过 520 万、货主超过 125 万，货物日周转量 136 亿吨，日撮合交易额约 17 亿元，员工总数接近 3000 人，业务覆盖全国 334 个城市。

运满满 App 的商业模式简洁高效，为货主和司机提供实时的信息匹配，在同一个平台上迅速实现车找货和货找车，从而大大减少了货运空载率、提高了物流运行的效率。

（二）项目介绍

运满满立足于构建覆盖全国物流的大数据平台，以公路运力交易服务为突破口和核心，形成以线上交易和相关服务为主要特征的物流供需撮合和保障服务手段，快速集聚物流供需资源。通过不断积累的用户、业务和信用基础，建立规范、科学、有效、可持续的物流产业新业态，形成商流、资金流、物流和信息流互动的良性机制，最终形成以物流大数据资源为支撑的智慧物流产业全新局面。通过建设完善的物流信息基础设施和高效的物流运营信息化支撑体系，打造跨行业和区域、供需对接、产业联动的智慧物流大数据平台，满足市场发展对物流的多样化需求；发挥智慧物流大数据平台的枢纽作用，聚合社会物流资源，促进区域物流信息和物流基础设施的共享，促成各种运输方式的互联互通和高效协作，提高物流组织效率，降低全社会物流成本，为物流业提质增效提供基础支撑。

作为智慧物流信息平台，运满满 App 通过互联网思维和信息技术手段打破区域边界服务整个社会，直接连接个体，有效整合资源，重构公路货物运输组织层，通过直接连接货主和卡车司机以及互联网思维新技术，运满满在一定程度上改变了传统物流行业“多、小、散、弱”的现状。

二、主要做法

基于云计算、大数据、移动互联网、人工智能技术等在公路物流领域的综合应用，依托中国公路干线物流最大的数据库，与全球顶级人工智能研究机构和科学家的合作，以复杂事件检测分析和处理技术、大数据智能分析决策技术创新为重点，运用先进的算法模型，基于嵌入式与定位追踪的智能调度平台，实现服务车主与货主的智能车货匹配、智能实时调度和智能标准报价，以及物流信息的全程追踪和可视化，显著提高了公路干线物流货源、车辆、路线、价格的匹配速度、精准度和运输组织的效率。

运满满进入干线配货市场，洞悉到空车配货这个大痛点隐藏着很多小的痛点后，运满满 App 在解决货运物流空返率高的基础上，由点到面，打造了一个基于公路物流全产业链服务的生态体系。

第一，线路优化＋运费预测。对货车司机来说，最重要的两件事莫过于去哪儿送货以及每次送货能赚多少钱。

运满满一方面围绕线路优化，将人工智能引入物流行业，创立“人工智能调度系统”。以复杂事件检测分析和处理技术、大数据智能分析决策技术创新为重点，通过数据挖掘实现服务车主与货主的智能车货匹配、智能实时调度、智能标准报价，在重构卡车司机运行轨迹的同时，也在逐步改变着中国公路物流运力的流量和流向。另一方面，运满满研发运费预测功能，通过挖掘、分析来往的货物信息和司机的流向，进而预测出明天甚至 7 天以后来往货物运费的价格。

第二，诚信体系。运满满通过对交易大数据进行深度分析和精准画像，为每位用户进行诚信评分，建立了行业的失信名单和“黑名单”，并形成我国首个面向物流从业人员群体的信用体系。在此基础上，运满满通过给司机授信，进而提供更加完善的金融解决方案。

通过线路优化、运费预测、诚信体系等一系列布局，运满满在提高效率、解放人力，建立智能物流系统的同时，极大地推动了行业的标准化与高效化进程。

当前，运满满发展的整体战略为“无车、无人、无处不在”，致力于打造一个万亿级的平台。“无车”即无车承运，运满满作为全国首批无车承运人试点企业，借助平台优势，为行业的标准化、大数据化和智能化做出了诸多贡献；“无人”即无人驾驶，无人驾驶在干线运输领域的应用可能会比人们想象中来得更快，运满满高度关注这一领域，并着手全产业链的布局；“无处不在”即覆盖司机等从业者生产生活的各个方面，将业务渗透到整个物流产业的链条中。

三、成效

运满满既是共享经济的参与者、践行者，也是共享经济的受益者和推广者。以运满满为代表的共享经济智慧物流信息平台新业态企业，拥有“线上信息广泛互联、线下资源优化配置、线上线下协同联动”的特征，智慧物流信息平台通过有效整合衔接货运资源、重塑供应链上下游联动、促进线上线下融合等方式，已逐步成为促进物流提质增效的新动力，运满满等信息平台型企业通过智慧物流建设，促进了人工智能、大数据等技术在物流领域的深度应用，丰富了共享经济的实践。除提供传统运输服务优化外，智慧物流信息平台企业通常涉及金融、保险、汽修等跨界业务，打开了物流业发展的新空间，将商贸、科技、金融、制造、服务等真正有机衔接起来，挖掘了增长的新动能。

（一）平台的经济价值

运满满解决了多年来货运领域运力极度分散、供需不匹配、信息不透明等问题，从而减少了货运空载率，提高了物流的运行效率。运满满通过共享经济思维和互联网技术迅速崛起，目前发展为中国乃至全球最大的整车运力共享平台之一，汇聚了全国接近 90% 的公路干线重卡运力，对经济发展产生了重大的影响。

1. 降本增效经济效益和节能减排社会效益明显

平台通过深度运用人工智能和大数据技术，让平台司机的月行驶里程由 9000 千米提高到 13500 千米，平均配货时长从 2.27 天降低为 0.38 天，空驶率从 37% 降低至 32%，月承运次数从 9 次提高到 11 次，降本增效成果显著；节省柴油费用 860 亿元，减少碳排放量 4600 万吨，促进物流“降本增效”和节能减排，成为国家级节能减排标杆。

2. 挖掘经济增长新动能

共享经济能够助力中国经济迎来新的发展，创建全行业商业文明生态体系。智慧物流信息平台除提供传统运输服务优化外，还具有极强的跨界融合创新能力。

（二）平台的社会效益

1. 助推国家精准扶贫、精准脱贫

党的十八大以来，党中央对脱贫攻坚做出新的部署，吹响了打赢脱贫攻坚战的进军号，脱贫攻坚取得显著成绩。习近平总书记强调，今后几年，我国脱贫攻坚面临十分艰巨的任务。越往后脱贫难度越大，因为剩下的大多是条件较差、基础较弱、贫困程度较深的地区。要把深度贫困地区作为区域攻坚重点，确保在既定时间节点完成脱贫攻坚任务。

运满满积极响应国家精准扶贫政策，响应习近平总书记号召，利用平台自身优势，帮助贫困地区闲散劳动力解决就业难、收入低等困难。运满满在国务院扶贫办、全国工商联的指导下，进行互联网精准扶贫、联合美团等企业，大力推行互联网精准扶贫伙伴计划，已与重庆、陕西等贫困地区开展合作，为当地贫困家庭的主要劳动力提供职业培训与就业辅导，对培训与辅导合格的人员提供优惠贷款购车，将其发展为平台用户，通过后台人工调度，为其提供优质货源和路线等信息，成功帮助了一部分人员和家庭脱贫。

2. 带动创新创业与劳动就业

2017 年 2 月 6 日，国务院印发《“十三五”促进就业规划》，进一步将共享经济带动就业创业写入“十三五”工作任务中，明确我国将支持发展共享经济下的新型就业模式。

搭建国内最大物流“双创”平台。共享经济将走向共创经济，除了整合线下闲置的社会资源，通过有序地组织输出产品和服务之外，未来，平台的作用会被大大加强，由平台设置机制，鼓励所有人共享协同的创造力，其所创造的价值将远远超出想象。运满满使百万司机用户和货主用户成为与平台共生共赢的创新微单元和创业合伙人，平台通过增值和赋能，显著提升他们的收入以及生产和生活水平，使他们拥有更多的获得感。

3. 优化物流布局结构，降低全社会物流成本

物流行业存在比较严重的供需不对称问题，也存在不同区域、不同物流业务类型、不同服务时间段的不平衡问题。通过公共信息平台的物流信息共享服务能有效缩短物流业务匹配的时间和经费成本，打通本地与外部区域的物流供需通道，促成物流资源基于实际需求引导的汇聚和分配，形成以物流需求为驱动的物流节点和线路聚合，降低物流成本，提高物流品质，从而降低全社会的物流成本。

4. 提高物流行业公信力和市场满意度

物流行业目前尚存在价格混乱、无序竞争、货物易损易失、费用拖欠等问题。通过公共平台公开透明的业务参与，结合物流交易服务板块资质诚信体系和担保结算机制，有利于减少物流及周边环节中的不诚信行为，提升行业的公信力，提高各方参与者彼此的满意度。

5. 促进两业联动和城乡物流配送体系的搭建和完善

制造业属于支柱产业，“两化”融合是一项重大课题。协同物流通过聚合的物流资源，依托专业的服务机构面向制造业提供更具成本和优质的物流服务，可有效降低制造业传统物流模式的高额成本，促进制造业和物流业的有效联动。同时通过物流平台统合零散的配送资源，可形成应对不同范围、不同层次、不同时间段、不同类型配送需求的普遍服务体系，为我国城乡三级物流配送体系的建设和持续完善提供资源支撑。

6. 为政府更好地服务物流行业提供保障

各级政府和职能部门长期重视物流产业的健康发展，但在部门协作提升行业管理和服务水平上尚有一定的发展空间。平台通过提供行业信用、行业扶持和决策支持，帮助政府在公共管理、行业服务、科学决策方面提供客观、实时、准确、智能的辅助手段，成为政府从事行业管理的重要智囊和工具，有利于进一步加强政府对物流产业的推动作用。

展望未来，智能终端所塑造的移动互联网和物联网新世界，将会是智慧物流的主战场。智慧物流信息平台作为基础和支点，以数据为战略性资源，将广泛集聚国内外技术、资源和人才，并加速跨界融合，实现商业模式的不断创新和用户体验的不断优化，更好地推动我国物流现代化转型和提升制造业的竞争力，推动供给侧结构性改革，促进数字经济发展。秉承“让公路物流更美好”的使命，运满满将在供应链经济融合发展，实践智慧物流领域贡献自己的力量。

第二十九章　新型信息产品消费

随着互联网、云计算、大数据等新技术与新应用的蓬勃发展，可穿戴设备、数字家庭产品等新型信息产品，以及虚拟、增强现实、智能网联汽车、智能服务机器人等前沿信息产品层出不穷，终端智能化、高端化、融合化水平不断提升，对促进我国技术创新能力提高、增强竞争优势乃至推动社会发展产生了重要影响。

本章共遴选 3 个新型信息产品消费案例，涵盖了数字家庭产品和电子产品应用。值得借鉴的经验和做法包括以下 3 个方面：一是加强“互联网 +”人工智能核心技术及平台研发，支持可穿戴设备、智能家居等产品创新和产业化升级，如研发的智能可穿戴设备，通过智能终端和云服务结合，实现用户个性化运动健康管理；二是打造智能生态圈，通过智能硬件平台、MIOT 平台、生态云的协同创新，实现人、智能硬件、智能服务的连接，为用户提供智能家庭和可穿戴设备的一体化解决方案；三是注重电子产品应用，利用物联网、大数据、云计算、人工智能等技术推动各类电子产品智能化升级，如在交通领域，百度人工智能平台推出的智能驾驶、智能网联汽车等，涌现了一大批新产品，催生了众多新业态、新应用，引领新消费。

案例14

UIOT：全屋无线智能家居系统

河南紫光物联技术有限公司

导读：万物互联的时代正向我们走来，智慧家庭作为物联网在消费领域的重要的载体之一，已经开始进入千家万户。UIOT 全屋无线智能家居系统利用 ZigBee（紫蜂）无线通信、物联网、大数据、人工智能等技术连接数字家庭网关、暖通、影音等设备，通过无线家庭设备组网平台、设备互通数据平台、大数据分析平台组成智慧家庭物联网，为消费者提供安全舒适、健康便利的智慧生活。从 2014 年启动市场至今，已在国内 16 个省市设立分支机构，在大型城市开设 21 家体验中心，全国超过 175 家高端建材 UIOT 全屋智能专营加盟店；累计拓展了 1200 多个城市合作伙伴，培训了 15000 名 UIOT 智能家居工程师。

一、基本情况

（一）公司简介

河南紫光物联技术有限公司创立于 2011 年 9 月，创始人叶龙毕业于北京大学物理系半导体专业，2005 年创立物联网研发实验室，进行智能家居的技术研发探索，2010 年创立 UIOT 研发全系产品，2014 年启动市场推广。

围绕全屋智能家居 28 个子系统（物联网门锁、智能对讲、智能情景面板、智能照明、智能安防、智能语音箱、智能窗帘、智能窗户、智能新风、智能地暖、智能湿度、智能空调、环境传感检测、智能睡眠监测、智能魔镜、智能插座、红外家电控制、家庭安全、智能背景音乐、智能家庭影院、智能景观、智能厨具、别墅智慧中心、大数据云中心、云视频管理中心、App、物业

备注：UIOT（Unbounded Internet of Things，公司注册商标）

监控中心、广告发布平台），形成了全系自主研发能力，拥有 120 余项专利。

（二）项目介绍

2011 年创立伊始，公司围绕客户需求不断创新，持续加大研发投入，聚焦家庭智能服务器和应用软件及智能基础电工设备的研发，打造了一套稳定可靠的全屋无线智能家居系统。该系统利用 ZigBee 无线通信、物联网、大数据、人工智能等技术连接数字家庭网关、暖通、影音等设备，通过无线家庭设备组网平台、设备互通数据平台、大数据分析平台组成智慧家庭物联网。经历第一代智能家居：手机操控（一部手机代替全部遥控器，操作简单，可远程控制）；第二代智能家居：场景控制（一键执行多个设备的不同功能）；第三代智能家居：联动控制（一个设备动作触发另外一个或多个设备联动）；第四代智能家居：语音交互（通过语音控制家中设备、场景，语音反馈设备状态，实现人与设备之间人性化交互）。目前，公司正在向第五代智能家居：人工智能（通过设备自学习、大数据分析等实现设备人性化控制）方向演进。

二、主要做法

（一）为智慧社区与智慧家庭提供链接

以 UIOT 全屋无线智能家居系统为基石，打通社区的安防、物业、医疗、消费、社区互动等系统，与智能家居相结合，实现社区各部分之间的互联互通。智能家居是智慧社区的基本单元，UIOT 全屋无线智能家居系统是打造智慧社区的基础工程，在市场的推广和实践应用中不断根据技术和市场需求，完善全屋无线智能家居系统。目前，公司与华为、阿里巴巴、腾讯、苏宁等行业巨头在打造智慧社区，建设互联互通生态方面达成合作，共同推动我国智慧社区、智慧城市的发展。

（二）开设高端体验店，零距离体验智慧生活

UIOT 通过在全国大量开设大型直营体验店，发展城市合作伙伴，在大型高端建材商场开设 UIOT 全屋智能专营加盟店，让消费者零距离体验智慧生活场景，时刻把市场需求作为技术创新的出发点和落脚点，给用户带来真正的智慧生活的体验。体验店的开设能为全国的消费者提供更好的售后服务，根据客户的生活习惯，制定相应的解决方案，从而更好地服务客户，让智慧生

活不再遥不可及，为消费者创造安全舒适、健康便利的智慧生活。

（三）从智慧家庭迈向智慧行业

随着人们生活水平的不断提高，人们对生活品质提出了更高的要求，智能生活全面覆盖已成为必然。UIOT 全屋无线智能家居系统面向市场各个行业，开发出了智慧酒店、智慧养老、智慧办公等行业优秀解决方案，使传统行业焕发生机，切实为实现全面智能化贡献力量。

专栏 1　UIOT智慧家庭

UIOT 全屋无线智能家居已经在万科、保利、碧桂园、绿城、复地、鑫苑、豫发集团等楼盘实施，累计服务千万家庭。UIOT 全屋无线智能家居给用户带来全新的智慧生活体验，如回家前远程打开地暖，让回家后的环境温度更舒适；也可远程监测父母家的环境指数，一旦超标则能自动开启新风系统，让室内空气更清新，同时开启空调系统，调至适宜温度。打开家门，回家模式立即启动，尽享舒适生活；走出家门，离家模式立即启动，安防模式自动设防；夜幕降临，漏水监测以及煤气监测展现贴心的呵护。

专栏 2　UIOT智慧酒店

UIOT 全屋无线智能家居系统与互联网平台融合，开发出智慧酒店解决方案，打造了全新的入住模式，实现了人与酒店、人与设备、设备与设备之间的高度连接与互动，并提出无前台酒店及体验式购物酒店的全新概念，是智慧旅游行业的先驱。UIOT 全层无线智能家居系统目前已与国内知名酒店联合打造了时尚的无前台智慧酒店，全程无须人工干预，可通过手机选房、支付，并根据客人自己的需求，提前预约控制客房温度，还能密码开锁、无卡入住，房间的智能设备可以通过手机、语音及墙体面板进行智能化操作。同时 UIOT 通过启用大数据分析，收集整理每位住店客人对温度、湿度、音乐、影视及智能化操控的喜好情况，为客人提供精准、定制的智能化服务体验。

专栏 3　UIOT智慧养老

UIOT 全屋无线智能家居结合目前养老行业打造出了智慧养老生态系统，利用“云平台 + 产品服务 + 智能终端 + App”，通过智能环境监测与治理改善老人居住环境，并通过智能设备信息采集与定位实现对环境信息、老人位置信息、报警信息、健康信息、睡眠信息的采集与分析，为老人、子女及工作人员提供全方位的服务。智慧养老的实施使养老机构降低了人工成本、提升了护工的响应速度、降低了护工的服务强度、提升了服务质量，从而提高了入住率，降低了空房率。

专栏 4 UIOT智慧办公

UIOT 全屋无线智能家居与办公行业的结合，掀起了智慧办公的浪潮，UIOT 运用 App 场景化的控制，定制了如手机控制（使用手机便捷高效地操控投影机、灯光、窗帘窗户、空调、新风、幕布吊架等），预备会议（环境准备工作，温度、新风、窗帘等自动调节到合适的环境），会议开始（切换投影、吊架、幕布、功放、灯光、窗帘、空调），会议洽谈（关闭投影、吊架和幕布、切换灯光和窗帘），结束会议（关闭所有设备），定时关闭（离开时忘记操作，到时设备自动关闭，杜绝设备损耗和安全隐患）等符合办公项目的智慧场景功能，打造智慧办公解决方案。为客户打造了安全、高效、节能、舒适、健康的办公环境，引领了智慧办公行业的发展趋势。

专栏 5 智慧月子中心

UIOT 全屋无线智能家居根据国内月子中心现状开发出了智慧母婴服务系统，在满足母婴家庭及机构对安全、健康、精神、护理、生活 5 大需求的同时，将智能化系统切入安全、便利、健康、舒适 4 大生活空间，智能化管理平台对母婴生命体征数据进行处理和信息反馈，为产妇及婴儿提供紧急呼救、跌倒报警、行踪监护、膳食及护理提醒、离床感知、睡眠监测、视频监护等系列服务。保障产妇及婴儿的安全，发生意外或遇到危险时自动通知，使产妇及婴儿能够得到及时的帮助和救治，为健康母婴提供全方位的呵护。

三、成效

UIOT 全屋无线智能家居从 2014 年启动市场至今，坚持围绕客户需求持续创新，通过不断地研发投入，开发出 28 个子系统，涵盖家居生活的方方面面。UIOT 已在全国开设 21 家直营示范店，其渠道伙伴在全国开设 150 余家高端建材体验店，均位于红星美凯龙、居然之家等高端建材市场，为当地消费者提供智慧家庭实景互动体验，累计拓展了 1200 余个城市合作伙伴、培训了 15000 名 UIOT 智能家居工程师，为消费者提供就近咨询、勘察、设计、施工、安调、售后服务，改善了用户的消费体验。UIOT 在地产市场稳步推进，已经覆盖了万科、保利、碧桂园、绿城、复地、鑫苑、豫发集团等楼盘。总之，UIOT 的产品已成功应用于酒店、办公、养老院、月子中心等领域，带动上下游产业链企业快速发展。

（一）有效推动了传统产业转型升级

2014 年以来，UIOT 与行业巨头在智慧生活大数据领域开展了广泛的合作。大型企业合作：华为智慧社区事业部核心配套商；智慧社区解决方案推荐品牌，在中粮、中海、保利、鑫苑中国等地产项目落地；阿里巴巴智能人居 ISV 和智慧社区 SI，已经在杭州万科、西安保利天悦落地 3500 套；京东智能战略合作伙伴，为京东、首创置业联合开发的首创智慧家提供全屋智能家居系统配套；腾讯智慧地产核心合作伙伴，已落地项目 3700 套；苏宁智能战略合作伙伴，联合开发的苏宁智能家居平台已经成功应用于苏宁 3300 套地产。大型产业链合作：与智能照明昕诺飞（原飞利浦照明）中国区、家庭影音天龙马兰士、电动床梦百合均已经完成产品融合，共同打造互联互通的物联网生态；采用了科大讯飞的人工智能语音平台，开发了自主知识产权的 UIOT 小星智能语音箱。目前，UIOT 正在与商汤科技、柔宇科技等紧密合作，引入人脸识别技术和柔性面板技术，以进一步提升用户体验。

（二）全面提升了用户消费体验

UIOT 通过招商加盟、开设直营店、办事处与大型高新企业及知名地产商合作进行市场推广，在上海、北京、深圳、广州、天津、武汉、长沙、昆明、重庆、成都、西安、无锡、南京、宁波、广西、吉林设立 16 个分支机构，实现全国市场战略布局，为广大消费者提供就近咨询、勘察、设计、施工、安调、售后服务。通过对家居线下体验模式进行全新赋能，为用户提供一套完善的智能家居解决方案，并通过智能科技的应用增强用户对线下家居体验馆的感知力，增强互动，进一步拉近消费者与智能家居的距离。

案例15

百度：人工智能开放平台，助力信息消费升级

百度公司

导读：随着人工智能技术不断突破和发展，人工智能开放平台在促进信息消费新供给、催生信息消费新业态、培育信息消费新动能中发挥着越来越重要的引领作用。作为中国人工智能技术的领跑者，百度通过人工智能开放平台把多年积累的核心技术和能力开放共享，降低了人工智能应用创新的门槛。从2017年7月发布人工智能开放平台至今，短短一年多时间，百度打造了业内覆盖功能最全、开放力度最大、用户调用量最多、生态最活跃的开放平台，持续为高效创新和商业化落地赋能。

一、基本情况

（一）公司介绍

百度于2000年成立于北京中关村，经过19年的发展，目前已成长为国际互联网及人工智能领先企业。2018年，公司全年营收为1023亿元。

百度是全球十大互联网企业之一，是全球最大的中文搜索引擎，也是全球最早投入人工智能技术的互联网公司之一。2013年年初，百度率先成立全球首个深度学习研究院，每年研发投入均超百亿元。部分技术国际领先，如人脸识别准确率超过99.7%，语音识别准确率超过97%。

百度的人工智能技术实力受到国内外广泛的认可，机器翻译曾获2015年度国家科技进步二等奖。2017年，百度获批牵头筹建国家“深度学习技术及应用国家工程实验室”。百度Apollo（阿波罗）成为科技部首批国家人工智能开放创新平台。2018年，百度作为“实时翻译”技术的代表企业，连续三年入选《麻省理工科技评论》评选的全球十大突破性技术榜单。《纽约时报》《财富》《大西洋月刊》等媒体均对百度人工智能技术予以高度评价。

（二）项目介绍

百度从2010年开始布局人工智能技术，在人工智能技术研发和行业应用领域都取得了长足进步，并通过平台把多年积累的核心技术和能力开放共享，打造了业内覆盖功能最全、开放力度最大、用户调用量最多、生态最活跃的开放平台，包括百度人工智能（Artificial Intelligence，AI）开放平台、DuerOS（百度度秘事业部研发的对话式人工智能系统）开放平台、Apollo自动驾驶开放平台等。这些平台让全社会的企业、个人都能跨越“智能鸿沟”，平等、便捷地获得先进的人工智能技术，因此推动涌现了一大批新产品，催生了众多新业态、新应用，引领新消费。

二、主要做法

（一）百度AI开放平台：为信息消费提供智能基础设施

基于自身的技术优势，百度面向企业、机构创业者和开发者推出百度AI开放平台，将百度在人工智能领域积累的技术以应用程序编程接口（Application Programming Interface，API）或软件开发工具包（Software Development Kit，SDK）等形式对外共享，开放全球领先的语音识别与合成、光学字符识别（Optical Character Recognition，OCR）、人脸识别、神经语言程序学（Neuro-Linguistic Programming，NLP）等158项核心AI能力，提供智能人机交互、机器翻译、增强现实、多媒体审核等多种解决方案，赋能能源、航空、农业地产、企业服务、物流、零售、教育、会展、智慧社区等多个领域。百度AI开放平台背后，百度完全自主研发的深度学习开源平台PaddlePaddle（百度自主研发的开源深度学习平台）是其基础。PaddlePaddle可完成毫秒级实时预测，特征规模达千亿级别，目前已开放超过20种经过内部打磨实践的工业级模型。借助该平台，广大创业公司和开发者不必自己研发或关注高深的底层技术，直接调用现有的接口或模型，就可以实现各领域的人工智能应用，大大提升了研发创新的效率，极大地促进“双创”发展。

（二）DuerOS对话式人工智能开放平台：打造智能设备和内容消费新生态

人工智能时代，对话式人工智能系统在各行业的应用潜力巨大，可有效提升产业的附加值，推动信息消费产品由传统信息产品延伸至新型智能联网硬件。在这方面，百度研发的对话式人工智能操作系统 DuerOS 是目前中国市场上唯一具备“听清、听懂、满足”实力的智能语音生态系统。搭载 DuerOS 的设备可以让用户以自然语言对话的交互方式，实现影音娱乐、信息查询、生活服务、出行路况等十大类目 1000 多项功能的操作。比如在家居行业，DuerOS 与 TCL 在德国柏林 IFA2017 期间发布了标杆式的对话式人工智能电视，用户可以通过语音操控电视，进行影片搜索、信息问答等，真正做到“听清、听懂和满足”用户所求，给用户带来极致的智能电视交互体验。2017 年 11 月，搭载 DuerOS 的 TCL 智能电视获得 2017 年中国用户体验创新大赛“精石奖”一等奖。

DuerOS 开放平台是百度为企业及开发者提供的一整套对话式人工智能解决方案的开放平台，包括智能设备开放平台和技能开放平台。目前，DuerOS 开放平台提供包括有屏设备解决方案、蓝牙设备解决方案、行业解决方案等在内的超过 20 个跨场景、跨设备的解决方案。

面对客户的未来使用需求，DuerOS 开创了全新的对话式内容服务生态，通过自然的语言交互满足人们的各类需求。与此同时，新型信息产品消费进一步带动了数字内容等信息服务消费，提升软硬件一体化的用户体验。例如，通过引入“凯叔讲故事”、Discovery、VIPKID 等优质数字内容资源，DuerOS 打破了内容场景的边界，为数字内容消费提供了新的触达方式和消费场景。

此外，DuerOS 开放平台率先打通商业模式闭环，发布亿元扶持计划在内的 4 种开发者获利途径，让开发者通过为 DuerOS 增添新技能来获取收益，这是国内首个让开发者有收益的对话式人工智能平台。

（三）Apollo 自动驾驶开放平台：推动新型信息消费跨越式发展

当前，自动驾驶汽车已成为全球关注的重点领域，这一新型信息消费产品有望改变全球出行领域，有着广阔的信息消费空间。为加速自动驾驶汽车商业化进程，百度在 2017 年 7 月 5 日的首届 AI 开发者大会上正式推出了 Apollo 开放平台，这是全球范围内自动驾驶技术的第一次系统级开放。秉承“开放能力、共享资源、加速创新、持续共赢”的理念，Apollo 平台将代码、服务、数据等技术能力开放给所有的合作伙伴，并提供一套完整的软硬件和服务的解决方案，促进合作伙伴间实现技术、数据共享和商业共赢。

面向量产，Apollo 平台发布了自主泊车（Valet Parking）、无人作业小车（Micro Car）和自动接驳巴士（Mini Bus）三套自动驾驶解决方案，帮助开发者及合作伙伴在3个月内打造出属于自己的量产自动驾驶汽车。Apollo还发布了量产车联网系统解决方案小度车载OS，最快只需30天就可以将传统汽车变为智能汽车。这种快速创新的开放生态将有可能成为中国汽车工业未来3～5年内跳跃式赶超的跳板。详情见表29-1。

表29-1　Apollo量产的典型案例

<table>
<tr><th>方案</th><th>合作方</th><th>典型产品</th><th>进展</th></tr>
<tr><td>自动接驳巴士（MiniBus）自动驾驶解决方案</td><td>金龙客车</td><td>L4级自动驾驶巴士“阿波龙”</td><td>第100台“阿波龙”正式量产下线，并以全项通过的“满分成绩”获得国家客车质检中心颁发的车辆安全测试报告</td></tr>
<tr><td rowspan="3">无人作业小车（MicroCar）自动驾驶解决方案</td><td>新石器</td><td>L4级量产无人驾驶物流车“新石器AX1”</td><td>将在雄安、常州两地实地运营</td></tr>
<tr><td>北京环卫集团</td><td>量产级别的中小型扫地车</td><td>计划2019年实现从生产到运营的全产业链打通</td></tr>
<tr><td>智行者科技</td><td>微型扫地车和微型物流车</td><td>2018年实现规模化量产</td></tr>
<tr><td>小度车载OS量产车联网系统解决方案</td><td>福特、北京现代、东风悦达起亚、奇瑞、拜腾、东风小康等</td><td>液晶仪表盘组件、流媒体后视镜组件、大屏智能车机组件、小度车载机器人组件</td><td>已达成量产合作计划</td></tr>
</table>

同时，百度视安全为自动驾驶发展的“第一天条”，Apollo平台新增代码的很大一部分是为了进一步确保更强的安全性。目前，百度已拿到汽车界必备的ISO 26262流程认证，成为中国首家拿下该认证的互联网企业。

三、成效

（一）极大降低了人工智能应用创新的门槛

对大多数企业和开发者来说，无论是算法模型训练所需的技术能力，还是GPU、FPGA等硬件购置花费的成本，人工智能技术的研发投入门槛仍然较高。在人工智能开放平台的帮助下，传统企业和开发者仅需要简单调用平台上的相关接口和资源，就可以满足多种智能化需求，而不必从零搭建人工智能的研发体系。利用百度各类开放平台，全社会都能基于领先的人工智能技术实现更快的技术和能力迭代，相当于站在巨人的肩膀上进行创新。目前，百度 AI 开放平台接入的开发者的数量超过 100 万，平台各项能力每天被调用的次数超过 4090 亿次，这帮助企业和开发者大大降低了研发成本，提高了创新效率，并不断拓展信息消费的内涵和外延。

（二）有效提升了信息消费新供给的智能化水平

历史经验表明，技术的进步推动产业更迭，催生新产品，带来新的消费体验。随着深度学习技术的发展，对语音的准确识别以及对语义的准确理解，让机器理解并执行人类语言指令成为可能。通过 DuerOS 开放平台赋能，任何一款搭载 DuerOS 的设备都“能听、会说”，并主动学习和了解用户在不同场景的个性化需求，让每个人都可以拥有温暖贴心的小助手。

截至 2018 年 12 月，搭载 DuerOS 的智能设备激活量已经超过 2 亿，月活跃设备超过 3500 万，DuerOS 平台已上线技能 1000 多个，语音交互达 16 亿次。DuerOS 平台生态持续扩大，合作伙伴数量已经超过 300 家，搭载 DuerOS 落地的主控设备超过 110 多款，在 DuerOS 平台上的开发者群体已经超过 27000 人，这 3 个数据均为国内第一。可以看到，层出不穷的智能设备为激发更多的消费需求和消费体验创造了现实条件。

（三）大幅加速了信息消费新产品的商业化进程

随着人工智能技术的不断突破，把技术变为信息消费新产品，找到合适的商业化路径，成为当前企业应用人工智能的迫切需求，也是把人工智能转化为经济新动能的前提。人工智能开放平台能够在比较短的时间内汇聚各方力量，实现数据、技术、能力、资源的共享和互补，加速创新和持续共赢，从而加快产品的商业落地。以自动驾驶汽车为例，百度 Apollo 平台上的开发者已遍布五大洲，合作伙伴达到 140 家，并达成超过 90 个产品研发合作，Apollo 平台已成为目前全球涵盖产业最为丰富、最为全面的自动驾驶生态。

正是依托 Apollo 自动驾驶开放平台，百度与金龙汽车合作的全球首款 L4 级量产自动驾驶巴士“阿波龙”第 100 台正式下线，并将发往北京、雄安、东京等地开展商业化运营，这比 Apollo 平台发布之前预计的量产时间提前了两年。尤其值得一提的是，在日本，阿波龙将被用于一些核电站内部的人员接驳，也会用于东京地区一些高龄化社区的穿梭接送，这是我国自动驾驶汽车的首次“出海”，为未来的产业发展探索全球化扩张的道路。图 29–1 为基于 Apollo 平台推出的多种车型。

图29–1　基于Apollo平台推出的多种车型

案例16

小米科技：小米智能生态

小米公司

导读：小米智能生态是围绕用户生活场景、泛终端设备智能物联、面向智能制造产业链构建的生态系统。通过智能硬件平台、MIOT 平台、生态云的协同创新，实现了人、智能硬件、智能服务的连接。对于用户个人及家庭生活来说，小米智能生态能够满足智能硬件产品功能体验、智能服务和管理等需求，是智能家庭和可穿戴设备的一体化解决方案；对于创新创业企业而言，小米智能生态可提供创新创业孵化、智能硬件接入，以及包括云计算、大数据和人工智能在内的增值服务，降低企业的创业成本，提高成功率。

一、基本情况

（一）小米公司介绍

小米公司于 2010 年 4 月在北京成立，是以手机、智能硬件和 AIoT（人工智能 + 物联网）平台为核心的互联网公司。作为一家高速成长的创新型科技企业，小米公司将人民群众的科技生活需求作为奋斗目标，做“感动人心、价格厚道”的好产品，走出了一条高端产品大众化，大众产品品质化的高质量创新之路。2018 年 7 月，小米公司作为香港资本市场第一家“同股不同权”企业成功上市。

（二）小米智能生态介绍

小米智能生态是面向个人与企业，智能生活和智能制造相结合的创新智能生态系统，以智能硬件平台、MIOT、生态云为核心，三者以消费端设备、中程控制、后台服务的角色构成智能闭环，带动产业共同推动制造业的转型升级，满足用户消费升级和智能生活需求。图 29-2 所示的为小米智能生态的逻辑示意图。

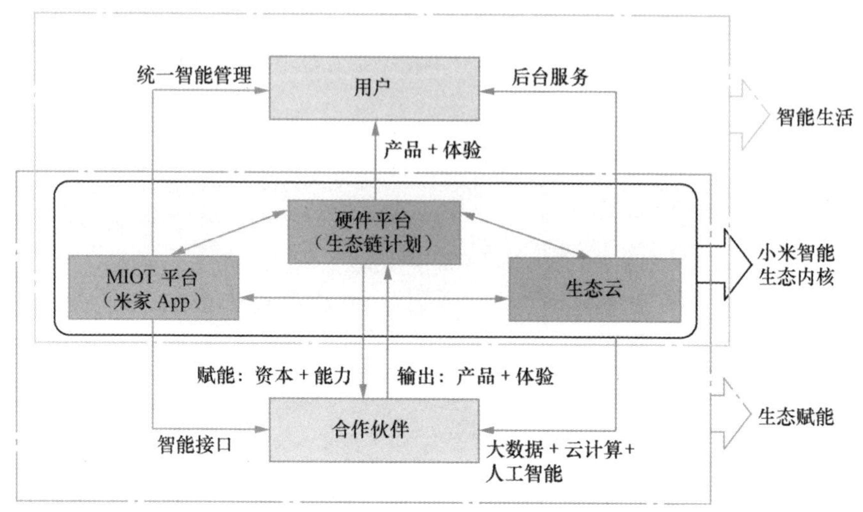

图29-2 小米智能生态的逻辑示意图

小米智能生态是布局最广的商用智能硬件系统之一，具体表现在以下几个方面。

全球最大的智能硬件产品孵化平台：小米投资孵化由超过210家公司组成的生态系统集群。

全球智能硬件领域出货量最大：发布产品超过216款，用户遍及80余个国家和地区，出货量达到数亿级。移动电源、空气净化器、平衡车等多个产品位居中国和世界第一。

全球最大的智能家居平台：MIOT平台连接设备数量超过1.32亿台，日新增数据达7亿条，日自动化场景执行2000万次。

生态云承载超过3亿用户的数据，是全球智能硬件用户数据最多、维度最丰富、活跃度最高的“一站式”云服务平台。

二、主要做法

（一）商业模式创新：投资孵化共创生态

小米智能生态中的智能硬件平台发展采用了“投资＋孵化”的“生态链计划”，向合作伙伴（即生态链公司）输出资本、资源及产业要素能力，共同打造优质产品和优良体验。其不同于一般制造企业的发展拓展，生态链计划具有典型的合作共赢、协同创新的特征。

1. 合作原则

投资不控股、帮忙不添乱。小米公司向生态链公司投资，但股份比例较低，不拥有公司的决策权，鼓励生态链公司的独立发展。

2. 管理逻辑

集体智慧、中层决策。小米公司将互联网运用到实体制造领域，广泛吸收用户的建议和反馈，协同创新，帮助产品优化迭代，同时鼓励中层管理人员参与产品的最高决策。

3. 产品逻辑

解决行业痛点，打造爆款产品。小米公司通过研究不同行业的产业痛点，坚持做满足大众核心需求的产品，品质为先，重视设计，提升商业效率，兼顾研发创新。

4. 产业赋能

将小米积累的各项能力赋能合作伙伴，搭建专业的投资、项目管理、供应链采购管理、市场分析、设计及包材团队，负责协助生态链中的合作企业解决制造业创业的核心痛点。

（二）产品创新：科技创新，质高价优

产品聚焦于个人可穿戴设备、智能白电、智能交通、手机周边、安防监控、极客酷玩等领域，产品兼具技术创新、质高价优、操作便捷、美观实用、智能管理等特点。

以小米净水器为例，小米净水器独创 4 层 5 向 11 条立体集成水路，取代传统净水器产品 40 余个管接件组装方式，彻底杜绝漏水风险；采用 400G 大通量 RO 反渗水滤芯，保证实时出水量，降低废水比；取消储水罐，避免二次污染。用户通过米家 App 可以获得机器运行、水质净化、滤芯寿命等实时信息。该产品获得 2016IF、红点设计奖，以及百余项发明专利，零部件创新比例超过 90%。

（三）应用创新：安全便捷，开放可延展

MIOT 是创新的技术服务平台，提供连接人、设备、服务的专业解决方案，由设备接入部分和客户端管理部分（米家 App）两个部分组成。设备接入平台提供了丰富的软硬件接入方案，包括模组接入、软件 SDK 接入、协议接入、服务器对接方案等，合作企业可以根据自身需求选择接入方案，更加灵活，成本更低，目前接入 MIOT 平台的设备数量超过 1 亿台。同时，MIOT 接

受不同品牌、不同领域的智能设备接入平台，提供无差别的技术和应用服务。

米家 App 是 MIOT 平台中面向用户、适配多种智能产品、实现统一管理和控制的客户端软件。它解决了行业普遍存在的智能设备联网率不高、服务单一、系统封闭的痛点，创新地实现了单一平台对多品类设备的集成管理。在手机锁屏界面集成设备控制中心，简化了操作流程，统一了设备连接入口，实现了多设备间的互联互通。

MIOT 的核心能力来自 MIJIA Link 设备互联互通协议解决方案。

1. 小米智能模组

小米自主研发了智能 Wi-Fi 模组和 Wi-Fi/BLE 双模模组，通过对模块网络层协议的优化，降低了设备接入网络、连接互联网的门槛，同时也降低了设备智能化的硬件成本。该模组集成了小米的智能家居标准协议“MIJIA Link”，让使用该模组的产品不仅可以接入生态云，还可以让不同厂家的产品互联互通、实现联动。

2. “一芯一密”的物联网安全解决方案

小米首创的“一芯一密”硬件加密方案，率先为每个接入小米智能生态的设备植入全球唯一的秘钥，从机制上保证了物联网设备的通信安全。

3. “MIJIA Link”协议——统一的语义化数据的服务与协议

小米发布了应用于智能硬件设备间互联互通的应用层协议“MIJIA Link”，并将该协议植入小米智能模组中，使用该模组设备意味着具备了自描述能力以及和小米云通信的能力。在服务器端，通过对异构数据的描述、清洗、聚合，对不中断的高吞吐流数据进行收集与处理，实现设备间信息的共享互通。

（四）技术服务创新：汇聚多维数据，整合多种硬件，挖掘更多智能

生态云为小米智能生态提供“一站式”云服务及人工智能解决方案。基础云服务包括容器集群、分布式存储、离线计算、日志分析消息队列、深度学习、监控报警等。以智能语音为主要发展方向的小米人工智能则是一个基于人工智能技术的云端智能引擎，由语音识别、语义理解、智能搜索和语音合成 4 个部分构成。通过与 MIOT 平台深度整合、小米 ID 跨端打通以及与智能硬件的互联互通，智能引擎能够促进用户与机器更加自然、智能地交互。

小米生态云发展特点及趋势如下。

1. 开源

生态云大量使用开源技术，关注接口的标准化以及与业界主流产品的兼容性。同时，在各个基础服务提供商之上建立抽象层，屏蔽了下层不同厂商

的细节差异，确保不会被特定的产品和技术锁定，可自由切换迁移。

2. 开放

“水滴计划”是一个面向开发者开放的智能语音平台，目的在于使更多开发者能够高效、便捷地将其服务接入可以落地的小米全生态硬件产品，并为小米智能生态用户创造更多个性、时尚、有趣的智能语音应用场景，从而搭建一个更广泛的小米智能生态。

3. 国际化

小米生态云在中国、新加坡、日本、欧洲法兰克福、北美俄勒冈 5 个地区部署了线上高可用系统，为小米智能生态在全球的多种云端业务和海量数据保驾护航，将大数据、人工智能等能力产品化、标准化，高效安全地输出落地，助力小米智能生态快速、高效、低成本且安全可靠地开展全球业务。

三、成效

（一）让每个人享受科技的乐趣

小米投资孵化超过 210 家公司组成的生态系统集群，移动电源、空气净化器、平衡车等多个产品位居中国和世界第一。小米 IoT 平台连接超过 1.32 亿台硬件设备，成为全球最大的消费物联网平台；AI 智能助理（小爱同学）月活跃用户超过 3400 万人，成为中国最活跃的人工智能交互平台之一。

（二）助力创新创业，探索制造业转型升级

小米智能生态三大平台具有的共同特点是开放。从大数据和人工智能服务的开放共享，到产品定义、技术研发，再到品牌建设和销售推广方面的孵化扶持，最后到品质把控、供应链管理多层次赋能。小米智能生态不仅扫清了传统制造业转型到智能设备和物联网业务方向的障碍，也帮助制造业创业者解决了在制造资源整合、品牌和渠道两个方向的掣肘难题。

据估计，小米智能生态可带动相关产业收入达 1000 亿元，拉动数万专业人才和数百万的制造工人在制造业领域实现就业和发展，推动更多制造能力的升级迭代。

（三）产生巨大的聚合效应

语音交互、体感交互、人脸识别等技术将成熟地应用于智能家居等物联网

环境中。随着智能设备产生的数据增多，家庭私有云承载的数据量有限，家庭私有云和公有云的结合将成为趋势。大数据管理与分析能力也将提升，为个性化线下生活服务提供数据支撑。机器人技术将融合交互、云计算、无线通信、图像识别等技术，满足家庭医疗、服务、教育等需求。小米坚持技术服务于产品的理念，将在智能交通、环境保护、政府工作、公共安全、智能家居、老人护理、个人健康等多个领域展开探索。

第三十章　信息消费支撑平台

信息消费支撑平台建设是进一步扩大和升级信息消费的重要环节，通过信息消费展示体验中心建设、开展信息技能培训等一系列举措，着力提升用户消费技能、增强信息消费体验和培养消费者消费习惯、扩大信息消费影响力和受众群体。

本章共遴选3个信息消费支撑平台案例，涵盖了智能家装、网络安全、在线旅游、在线视频等领域，值得借鉴的经验和实践做法包括打造信息消费体验平台、提升用户消费体验。360公司围绕网络安全推出多种信息安全产品，并向智能硬件、物联网等领域延伸，为用户打造全方位的网络安全环境。腾讯依托物联网、云计算、大数据、人工智能、人脸识别等多项核心技术，打通酒店、餐饮、景区、商业等旅游产业全链条，着力解决传统旅游方式的困扰。网丁科技在高清视频领域，通过卡顿优化大师平台，监测视频服务质量，精准定位问题环节，提供有效的优化手段，帮助终端用户及视频服务类企业解决视频卡顿等体验问题。

案例17

360公司：利用安全大脑，为信息消费保驾护航

360公司

导读：当前，信息消费已成为创新最活跃、增长最迅猛、辐射最广泛的经济领域之一。信息消费的形态、内涵和外延正在发生深刻变化。消费群体持续扩大，消费边界快速拓展，消费模式深刻调整，共享经济等新模式创新活跃，商品交易、交通出行、旅游住宿、餐饮外卖、教育医疗等传统产业快速信息化、互联网化，智能网联汽车、可穿戴设备、工业互联网等新兴产业蓬勃发展，这些都离不开信息消费的强大支撑。但是应该看到，全球网络安全事件频发，信息消费安全也面临严峻挑战。为落实“网络强国”建设，360公司结合其多年的网络安全实践，提出和发布了“安全大脑”，以解决大安全时代的网络安全问题，为信息消费保驾护航。

一、基本情况

（一）360 公司介绍

360 公司于 2005 年在北京创立，是中国最大、全球规模第二的互联网安全公司和最有影响力的互联网公司之一。目前，360 公司拥有 5 亿 PC 用户和 11 亿移动用户，是国内最大的浏览器和网址导航服务商、最大的移动应用分发服务商和第二大搜索引擎服务商；政企用户超过 300 万家，70% 的中央部委、80% 的央企、90% 的大型商业银行使用了 360 公司提供的安全服务。2011 年 3 月，奇虎 360 公司在纽交所挂牌交易。为更好地服务于国家网络安全建设，360 公司于 2016 年 7 月 18 日正式从纳斯达克完成退市，成为一家纯内资网络安全公司，并于 2018 年 2 月 28 日在 A 股上市。

360 公司致力于提供高品质的免费安全服务，为中国互联网用户解决上网时遇到的各种安全问题，旗下产品包括杀毒软件、安全助手、安全浏览器

等诸多优质产品，并计划逐步向智能硬件、物联网等领域延伸，为用户打造全方位的安全环境。同时，依托大数据、云计算、人工智能技术，360 公司还为广大用户提供包括直播、游戏、影视、金融、新闻等在内的其他互联网服务。

（二）“安全大脑”介绍

中国特色社会主义进入了新时代，网络安全也随之进入了新时代，这个新时代是指从“信息安全”时代进入了“大安全”时代。“大安全”主要体现在两个层面：一是随着信息化和物联网渗透到方方面面，网络安全风险无处不在；二是网络攻击的危害已从网络空间扩展到了现实世界，危害到国家安全、国防安全、社会安全、经济安全、人身安全。没有网络安全就没有国家安全，更无法建成“网络强国”。

面对“大安全”时代的新威胁和大挑战，必须融合大数据、云计算、人工智能、IoT、移动通信、区块链等新技术，按照整体防御策略，构建强健有力的“安全大脑”。具体来讲，**“安全大脑”是各种网络安全传感器、数据采集装置、数据传输系统、大数据存储和计算系统、人工智能算法、区块链技术等，加上 360 公司多年积累的专家知识库以及人机交互分析系统，所构成的一套解决“大安全”时代网络安全问题的分布式智能系统。**“安全大脑”具有感知能力、学习能力、推理能力、预测能力和决策能力。

二、主要做法

（一）全天候、全方位感知态势，实时监测网络威胁

没有意识到风险是最大的风险。网络安全具有很强的隐蔽性，一个技术漏洞、安全风险可能隐藏几年都发现不了，结果是“谁进来了不知道、是敌是友不知道、干了什么不知道”，长期“潜伏”，一旦有事就会发作。

“安全大脑”利用网络安全大数据，形成全天候、全方位的网络安全态势感知能力，能够在全球、国家、城市、行业、单位等不同层级，发现网络威胁的蛛丝马迹。“安全大脑”的智能感知能力在国家重大政治活动中发挥了极其重要和独特的作用。例如，十九大期间，360 公司利用“安全大脑”的态势感知能力发现了一个规模巨大的物联网僵尸网络，配合公安部仅用一天时间就将犯罪分子抓获，保障了十九大的顺利召开。

（二）对网络攻击进行精准溯源，形成网络威慑

网络攻击具有很强的隐蔽性，致使有时遭到攻击，却不知道源头在哪里，吃哑巴亏。“安全大脑”拥有强大的关联分析和智能推理能力，能够对复杂网络攻击进行跟踪分析和追踪溯源，并锁定幕后实施的组织和个人，从而震慑敌对分子。目前，“安全大脑”已经成功追踪溯源到 38 个长期实施网络攻击的境外 APT 组织。

（三）及时预测网络攻击，将风险防范于未然

维护网络安全，首先要知道风险在哪里，是什么样的风险，什么时候发生风险。习近平总书记说“聪者听于无声，明者见于未形”。“安全大脑”可以监测网络空间发生的扫描行为，发现攻击前兆并及时预警。2016 年，美国东海岸发生大规模断网事件，360 公司的“安全大脑”提前 45 天率先监测到异常，并提前 6 天在全球发布预警报告。

（四）自我学习进化，自主分析发现未知威胁

网络攻击技术在不断变化，必须以技术对技术，以技术管技术。“安全大脑”具备超强的“自学习、自进化”能力，能够不断提升安全能力。例如，“安全大脑”无须频繁升级，就能自我学习、自我进化，查杀 90% 以上的变种病毒。再如，用户上传一个文件，“安全大脑”就能在浩如烟海的数据里进行匹配，灵活调用智能引擎进行远程诊断。2017 年，Wanna Cry 勒索病毒全球爆发后，“安全大脑”在一个多小时内便找出了它的数百个变种，从根本上解决了传统杀毒软件“不升级病毒库就杀不了新病毒”的重大难题。

（五）自动挖掘安全漏洞，掌握网络攻防先机

漏洞是网络安全的“命门”，谁掌握了自动漏洞挖掘技术，谁就掌握了网络攻防的先机。过去的漏洞挖掘主要靠高水平的安全专家利用人工方式尝试发现，可遇不可求、效率低下。“安全大脑”具有强大的漏洞分析和高效挖掘能力，可以将“安全大脑”和安全专家结合，弥补安全专家的不足，可以实现规模化、自动化的漏洞挖掘。例如，360 公司发现的区块链平台 EOS 价值百亿级美元的安全漏洞，就是综合利用了“安全大脑”和安全专家的分析能力。

三、成效

作为新兴的消费领域，信息消费是近年来创新最活跃、增长最迅速、辐射最广泛的经济领域之一，2017 年整体规模达 4.5 万亿元人民币。信息消费包括智能手机、可穿戴设备、数字家庭等各类信息产品消费，以及通信服务、互联网信息服务、软件应用服务等信息服务消费。信息消费催生了网络购物、网上外卖、在线旅游、共享出行、在线教育、远程医疗等新兴消费业态，打造了数字经济新生态。随着网络安全的形势日益严峻，360 公司注意到，网络诈骗、勒索软件、系统、App 漏洞等威胁在信息消费领域层出不穷，信息消费领域也面临严重的安全挑战。

在 2018 年 5 月 17 日举办的天津世界智能大会上，360 公司发布了“安全大脑”1.0 版本。这个“安全大脑”已经是全球最大的分布式智能安全系统，正在捍卫国家网络安全、维护社会网络安全、守护个人安全，也在保卫信息消费安全方面发挥着重要作用。

（一）利用“安全大脑”，打击电信网络诈骗

近年来，我国电信网络诈骗案件呈现高发态势，且具有小额多发、异地作案、身份隐蔽、调查取证难等特点。为了更加全面有效地打击电信网络犯罪，2015 年 5 月，360 公司与北京市公安局合作建立了猎网平台。猎网平台是一个面向全体网民开放的网络诈骗信息举报平台，致力于建设一套“警、企、民”联动的反网络诈骗信息系统，充分结合公安机关的刑侦能力、360 公司“安全大脑”技术和全国网民的举报线索，实现诈骗风险第一时间发现、诈骗行为第一时间阻拦和诈骗犯罪第一时间打击。

截至 2017 年年底，猎网平台已与全国 300 多个地区的公安机关建立联系，累计收集各类诈骗举报超过 20 万次，举报总金额达 3.5 亿元；协助侦破 100 多起重大网络诈骗犯罪案件，涉案金额为 1.7 亿元，打掉 10 余个组织严密、分工明确的大型诈骗团伙，得到多地公安的认可和致谢。

（二）利用“安全大脑”，应对勒索软件的大规模攻击

2017 年以来，360 公司“安全大脑”监测到大量针对普通网民和政企机构的勒索软件攻击，勒索软件已成为对网民直接威胁最大的一类木马病毒。2017 年 1 ～ 11 月，360 公司“安全大脑”共截获电脑端新增勒索软件变种 183 种，新增控制域名 238 个。全国至少有 472.5 万多台用户电脑遭到了勒索软件攻

击，平均每天约有 1.4 万台国内电脑遭到勒索软件攻击。

2017 年 5 月 12 日，全球爆发了 Wanna Cry 勒索病毒攻击事件，360 公司“安全大脑”在国内率先发布紧急预警。当时，全球 150 个国家的 80 万台电脑受到波及，欧洲一些医院不能做手术，中国一些加油站的自助终端不能收钱、不能加油，有些地方新车上牌、出入境办理工作也不能正常进行。利用“安全大脑”，360 公司在 72 小时内共发出 9 个版本的安全预警通告，制作了 7 个安全修复指南文档和 6 个安全软件修补工具，共出动超过 1500 名安全应急响应人员，制作了 5000 多张工具 U 盘或光盘，为 1700 多家政企机构提供现场应急处置服务。

（三）利用“安全大脑”，保卫用户终端安全

随着移动互联网的普及，手机已经成为互联网用户信息消费最重要的载体。根据 360 公司“安全大脑”的监测，手机特别是安卓手机的系统和 App 存在大量安全威胁，对用户的信息消费安全造成严重威胁。“安全大脑”分析显示，87.5% 的 Android（安卓）设备受到中危级别漏洞的危害，93.9% 的 Android 设备存在高危漏洞，88.1% 的 Android 设备受到严重级别的漏洞影响。

在 PC 端，2017 年 1 ～ 10 月，360 公司的“安全大脑”共扫描检测网站 104.7 万个。其中，扫出存在漏洞的网站 69.1 万个，占扫描网站总数的 66%。由此可见，信息消费安全形势十分严峻。

“安全大脑”在保卫用户终端安全方面发挥了巨大作用。2017 年，360 公司的“安全大脑”累计截获安卓平台新增恶意程序样本 757.3 万个，共为全国手机用户拦截各类钓鱼网站攻击 28.8 亿次；为用户标记各类骚扰电话号码约 2.42 亿个；共拦截 380.9 亿次骚扰电话；共拦截各类垃圾短信约 98.5 亿条。2017 年 1 ～ 10 月，“安全大脑”共为 187.5 万个网站拦截各类网站漏洞攻击 26.4 亿次。

未来，“安全大脑”将在现有版本上不断进化，并通过众包等方式汇聚全球人脑群体智慧，通过“安全大脑 + 人脑”实现对网络世界更高级别的认知、判断、决策和反馈，能在大到一个国家，小到一个城市、一个行业、一家企业的范围内，实现更加智能化、整体化的网络安全防护。360 公司将集中资源和人才，把“安全大脑”打造成科技创新的国之重器和杀手锏，更好地为信息消费保驾护航。

案例18

腾讯公司：一部手机游云南

深圳市腾讯计算机系统有限公司

导读：作为旅游大省，旅游业已经成为云南省经济增长最快的产业之一，2017 年云南省接待海内外游客达 5.67 亿人次。但在传统旅游体验中，存在交通拥堵、景区排队难、消费者担心挨宰等诸多痛点，智慧化旅游平台“游云南”App 尝试依托物联网、云计算、大数据、人工智能、人脸识别、小程序、腾讯云、微信支付等多项核心技术，打通酒店、餐饮、景区、商业等旅游产业全链条，逐步解决传统旅游方式的困扰。目前，“游云南”App 的功能覆盖了云南省 16 个州市、129 个县（市区）和所有 A 级及部分非 A 级景区，为游客提供游前、游中、游后的贴心服务。

一、基本情况

（一）腾讯公司介绍

腾讯公司成立于 1998 年 11 月，是目前中国最大的互联网综合服务提供商之一，也是中国服务用户最多的互联网企业之一。自公司成立以来，腾讯一直秉承一切以用户价值为依据的经营理念，始终处于稳健、高速发展的状态。腾讯公司通过在移动社交平台、游戏平台、媒体平台、在线支付、生活服务等领域的全面深化发展，进一步加快了公司在互联网各领域的发展速度。经过近 20 年的发展，腾讯将“科技”和“文化”作为企业定位，继 2016 年成为亚洲市值最高的公司之后，2017 年更是首次跻身全球市值最高公司前五。

（二）“一部手机游云南”介绍

“一部手机游云南”是由云南省旅游发展委员会、腾讯公司联合打造的全域旅游智慧平台，由云南省省长阮成发牵头力推，利用物联网、云计算、大数据、人工智能等技术，为云南打造一个智慧、健康、便利的省级全域旅游生态项目；通过游云南 App、微信公众号和微信小程序，全面覆盖游客在云南的游前、游中、游后的各项需求，旨在整治旅游行业乱象、推动旅游产业升级，让云南旅游“自由自在、无处不在”。云南省政府对“一部手机游云南”寄以厚望，希望实现“游客体验自由自在、政府服务无处不在”。从长远来看，它将为云南旅游市场治理提供新载体和新思路，既能重构云南旅游新生态，也能为全国旅游产业转型升级起到带头、引领和促进作用。对腾讯公司而言，“一部手机游云南”是其在“互联网 + 全域旅游”领域打造的首个省级合作项目，整合了包括微信公众平台、小程序、腾讯云、微信支付、人脸识别、AI、智慧零售在内的多项核心技术与能力，是其帮助云南省建设“数字云南”的新尝试和新突破，助推云南旅游转型升级和全域旅游建设步伐，使互联网技术更好地为实体经济服务。2018 年 6 月 1 日，“游云南”App 正式上线，同步上线的 7 个微信小程序，为赴滇游客提供购买门票、景区导览、找厕所等服务，打通酒店、餐饮、景区、商业等旅游产业全链条，逐步解决传统旅游方式的困扰。

二、主要做法

（一）一机搞定游前、游中、游后各项需求

在旅游前，游客可通过 VR 看云南、全景直播等平台功能提前熟悉景点情况，提前规划好旅游线路。同时，智能客服还围绕精品线路为游客提供一站式咨询服务。

在旅游中，游客可通过扫码、人脸识别直接入住酒店。游览时，平台将为游客推送准确的目的地线路及导航服务，游客不仅可以通过扫码乘坐公交和景区直通车，还可以在进景区时通过扫描二维码实现 30 秒购票，并通过人脸识别系统进入景区，实现 1 秒“刷脸”入园，告别之前排队拥挤、购票难、等待时间长的状况。同时，游客可以通过小程序享受智能查找停车位、找厕所、智能语音讲解等服务；在看到喜欢的特产时，也能直接扫码支付并通过手机快递回家，平台对游客所购买的商品全面承诺质量保障及投诉处理。游客在旅行过程中遇到任何问题，还能通过手机平台及时向政府相关部门寻求帮助。

在旅游后，游客依然可以享受购物、申请电子发票、投诉、信用评价、

无条件退款等服务，得到诚信体系的保障，并分享自己在云南的美好感受。

（二）平台七大功能共同发力，让政府服务无处不在

“一部手机游云南”由36个省级部门共同推进，通过整合本地及全国数据资源，通过对旅游交通、景区基础设施建设和管理、应急指挥管理等方面的改造升级，打造全省统一的智慧旅游大数据平台。

在平台管理端，七大功能共同发力，让云南旅游综合管理无处不在。“一部手机游云南”不仅建立起省、市、县三级旅游机构综合管理功能，还帮助政府建立旅游舆情大数据，建立舆情监测与引导功能，及时掌握和处理舆情，建立旅游投诉响应功能，以便政府相关部门在收到问题后及时回应，确保游客的利益和体验。旅游局、工商行政管理局、税务局、发展和改革委员会等部门通过联合执法功能让旅游监管无处不在；建立运营管理功能，景区运营、排名、舒适指数尽在掌握；建立旅游市场监管功能，实行全省旅游价格监管；建立旅游应急管理功能，提高对综合性应急事件的处置效率。

“一部手机游云南”是国家大数据规划总目标的省级体现，是全面建设“数字云南”的开端，将形成云南战略性数据资源库，形成“省级＋基层＋服务型政府”的三元社会治理框架，形成自主可控、安全保障的“数联网”架构。其在全省打造的移动支付、电子发票、位置大数据、人工智能、旅游管理平台等丰富多元的数字技术和内容，预示着云南旅游全面迈入数字经济时代，或将在全国树立起数字经济和旅游大数据标杆。

（三）全面“互联＋AI”协作，打造旅游大数据平台

“一部手机游云南”有来自QQ、微信、优图实验室、腾讯地图、腾讯云、腾讯旅游、AI-Lab、QQ浏览器、大数据平台、云鼎实验室的多位技术5家加入，试图利用互联网最先进的技术和理念，打造一个线上和线下、G端与B端C端智慧连接，公共服务、商业服务应有尽有，权威、全面、方便的云南旅游平台。“一部手机游云南”通过腾讯云计算、大数据等技术创新，构建了平台的7大体系，其中包括数字身份体系，用于用户行为理解、识别、追溯，精准提升体验和服务保障，如基于个人兴趣的旅游产品推荐、多维度数字化内容辅助决策等；数字消费体系，用于支付、营销、服务行为与消费数据的耦合，多维合一；数字诚信体系，以建立游客、商家、政府3方共赢的诚信市场生态；地理信息开放体系，实现开放、共享、精准的地图应用；基于LBS数字化资源服务体系，用于找厕所、智能停车、自驾营地资源周边服

务。通过提供实时动态的商业聚合服务，让用户随时随地获取所需的各种商业服务信息，大幅提升用户体验，提升用户转化率。

（四）依托互联网技术，腾讯“互联网 + 旅游”合作全面开花

在“互联网 + 旅游”领域，早在 2015 年 10 月，国家旅游局信息中心与腾讯公司就签署了对未来互联网行业影响深远的战略合作协议，意图推动我国旅游与互联网融合发展的广度和深度，提高旅游创新能力和创新优势，挖掘旅游发展的潜力和活力，以加速提升我国旅游业的发展水平。从腾讯智慧旅游到优先打造的开放 SaaS 平台，再到腾讯旅游大数据，腾讯全面接入优质服务，搭建完整、健全、先进的智慧景区服务体系，其大数据平台的精准营销更是一直给客户带来优质的体验。

“未来，我们希望利用腾讯技术优势，使‘一部手机游云南’项目的先进经验和创新模式逐步辐射拓展到全国和海外，腾讯将始终秉持开放与合作的态度，和政府、各个生态合作企业一起为全域旅游时代的开启带来全新体验，通过互联网使大家的生活更加便捷、美好。”腾讯公司董事会主席兼首席执行官马化腾如是说。

三、成效

“一部手机游云南”项目，由为政府决策提供依据的旅游大数据中心（“一个中心”）和游客服务平台、政府监管服务平台（“两个平台”）构成。自 2018 年 10 月正式上线运行以来，通过满足游客游前、游中、游后的需要，提升赴滇游客的旅游体验，初步实现“一机在手、全程无忧”的目标。截至目前，“游云南”App 下载量达 160 万，11 个小程序激活使用量突破 1400 万次。

（一）“带手机游云南——说走就走，全程无忧”已基本实现

在到云南旅游之前，游客可使用“游云南”App 订票、订酒店，通过“目的地”功能了解目的地信息，用“直播”功能观看景区美景，借助“自由行”功能规划旅游线路；在部分景区，提前通过 App 购票并录入人脸信息后，可实现“刷脸”入园；“导览”功能如同如影随形的讲解员；“找厕所”功能将把游客准确引导至附近的卫生间；“无感支付”功能增加了便捷、快速的高速公路收费站缴费方式，降低因收费造成堵车的概率；“购物”功能为游客提供购买云南特产的渠道，平台销售的所有产品经过相关部门的严格审核，确保

货真价实。在旅途中，人工智能机器人“小云豆”将实时帮助游客制定个性化行程，省去了游客查资料、做攻略的麻烦。

作为中国西南边陲省份，云南地形复杂，高山江河阻隔。交通是云南人生存发展的关键性因素，而在云南发展交通又比其他平原地区难度更大。

自高速公路发展起来之后，从客运旅游到货物通行，云南人都十分依赖高速公路的出行方式，这也让“公路堵”成为云南人的“心头堵”。一到旅游旺季、下雨天气、节假日返乡，总有大片车流堵在收费站口。停车找零、取卡还卡、ETC 充值等种种不起眼的小原因都可能造成大堵车。

2018 年 10 月 30 日，全国首创的“ETC+ 无感支付”在云南省全境高速上线。截至目前，已有 19.5 万用户绑定，累计访问次数达 932 万次，月度 DAU 达 2.5 万，已累计通行 186.7 万次，累计交易金额近 5000 万元。

（二）“一部手机游云南”将成为云南重构旅游行业投诉、诚信体系的抓手

在投诉方面，游客在任何时间、地点都能通过“游云南”App 的在线投诉、语音投诉和电话投诉 3 种渠道进行投诉。县级指挥中心专人督办专案，省、州市指挥中心及相关行政管理部门负责监管，投诉处理进度和状态可实时在线查看，实现“一键投诉、及时响应、联动处置、实时反馈”。在诚信方面，政府部门、专业机构、游客分别对企业经营管理进行评价，形成规范指数、品质指数和体验指数 3 项诚信指标体系，设置商家和产品上线准入门槛，建立淘汰机制，倒逼企业诚信建设。

（三）“一部手机游云南”成为云南旅游转型升级的重要内容

作为最大的景区实时直播平台，截至目前，“一部手机游云南”App 1400 路直播观看量达 462 万次；作为景区地理信息最全的平台，“一部手机游云南”已上线 142 个 3A 级以上景区景点的地理位置信息、手绘地图，并上线 16 个州市城市片、129 个县区名片、339 个景区名片；作为提供景区导游导览服务最多的平台，游客可自由选择人工智能机器人“小云”或“小南”对云南 119 个景区进行语音导游导览；作为旅游投诉处置最快的平台，“一部手机游云南”首创“1+16+129+*X*”旅游投诉联动体系，实现 3500 余起投诉 100% 办结，游客投诉 24 小时办结率达到 99%，办结时长从 7 个工作日缩短到 7 个小时。

案例19

网丁科技：打造卡顿优化大师平台，推进高清视频防卡顿计划

成都网丁科技有限公司

导读：目前，国内 OTT TV（互联网电视机）终端数量累计部署达 2.4 亿，OTT 视频业务发展迅猛。一方面，用户对高清视频体验的要求更高；另一方面，用户观看体验频繁受到网络问题的影响。而最棘手的是整个视频服务链涉及众多环节，从视频源到 CDN，再到互联网，最后到终端环境，问题错综复杂。如何有效提升用户高清视频体验已成为业内难题。

网丁科技有限公司重点打造卡顿优化大师平台，以视频用户体验为中心，向 OTT 视频企业及最终用户提供端到端体验的保障方案，该平台能够及时监测视频服务质量，精准定位问题环节，提供有效的优化手段，最终帮助用户及视频服务类企业解决视频卡顿等体验问题。以卡顿优化大师平台为依托，网丁科技有限公司在业内启动了“高清视频防卡顿计划”，联合产业链内的主要企业，共同推进用户体验提升。目前，该计划已覆盖了 1 亿宽带用户，累计服务用户超过 3000 万，取得了良好的经济效益和社会效益。

一、基本情况

（一）网丁科技简介

成都网丁科技有限公司成立于 2009 年，公司总部设在成都，在重庆、北京、福州、昆明、南京、吉林等地设有分公司及办事处。公司专注于视频体验和宽带品质保障领域，产品覆盖业务感知监测、端到端定位、智能管道优化、用户服务支撑全流程，是提供“视频体验和宽带品质精细化管理与服务”解决方案的新兴高新技术企业。网丁科技有限公司的产品已为超过 1 亿用户

提供了优质的服务。

作为技术型企业，网丁科技极其重视技术的创新和运用，与北京邮电大学联合成立了“国家宽带网络重点实验室”。网丁科技公司是“国家宽带发展联盟”和“视频体验联盟”会员，同时与国内众多互联网前沿企业保持良好的合作关系。网丁科技拥有 20 余项国家专利技术和 6 项软件著作权。

（二）项目介绍

截至 2018 年一季度，国内 OTT TV 终端数量累计部署达 2.4 亿，OTT 视频业务发展迅猛。而根据 2018 年 6 月发布的中国视频消费用户体验白皮书，OTT 视频的用户体验评分为 2.19，显著低于 IPTV 体验评分 3.08。在 4K 高清时代，OTT 视频端到端性能将面临更大的挑战。最为棘手的是整个视频服务链涉及众多环节，从视频源到 CDN，再到互联网，最后到终端环境，问题错综复杂，因而如何有效提升用户高清视频体验已成为业内难题。

网丁科技重点打造卡顿优化大师平台，以高清视频用户体验为中心，向 OTT 视频服务企业及最终用户提供端到端体验保障方案，可助力视频行业打造“三位一体”的高清视频体验保障体系。该平台主要由 3 个部分组成：一是卡顿优化大师 App，将服务前置，面向最终用户提供“视频卡顿智能诊断优化 + 自助排障引导”服务；二是视频质量管理平台，面向服务企业提供专业化视频质量监测和端到端分析优化手段，从面上保障全网视频体验质量；三是智能管道能力平台，提供宽带提速、协议优化、测速等基础能力。

在视频体验联盟的指导下，网丁科技依托卡顿优化大师平台，联合 OTT 服务链上的各方企业，在业内启动了“高清视频防卡顿计划”，共同推进用户体验的提升。该计划自实施以来，已累计服务了数千万视频用户，取得了良好的经济效益和社会效益。

二、主要做法

（一）确立用户体验端到端闭环保障思路

宽带发展联盟的公开数据显示，2018 年第一季度，全国固定宽带用户的平均可用下载速率为 20.15 Mbit/s，而观看 4K 视频至少需要保证稳定的 30 Mbit/s 带宽；如果想要播放流畅，至少需要保证稳定的 50 Mbit/s 以上带宽；未来的 8K、AR/VR、全息业务需要更高的带宽。另外，4K 高清时代的高品质视频体验对端到端性能提出了很高的要求，终端、家庭网络、互联网、业务平台的性能短板会对4K高清用户体验造成较大影响，而这些环节涉及用户、终端厂商、网络设备商、运营商、CDN服务商和视频服务商，这些角色交织在一起，最终决定了用户观看视频的体验。

因此，要保障和提升用户体验，需要以端到端视野联合OTT视频服务链上的各方企业和最终用户，通过“发现问题、分析问题、解决问题”的闭环管理思路，建立端到端的保障体系，具体如图30-1所示。

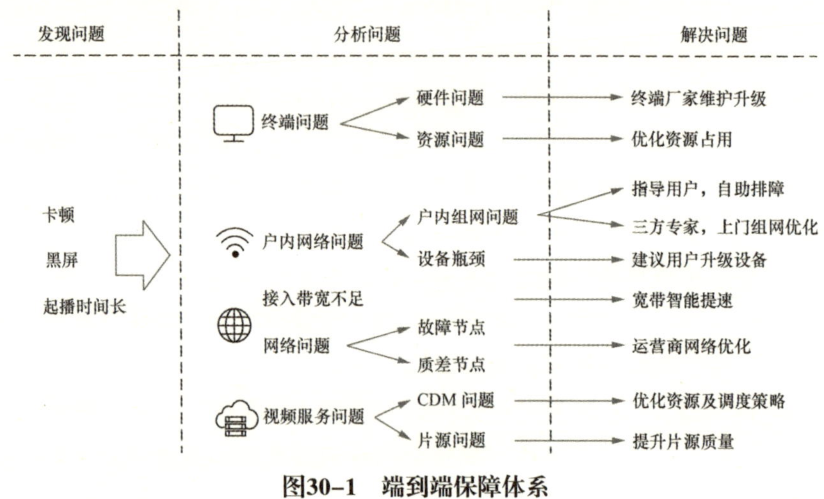

图30-1 端到端保障体系

（二）打造用户体验端到端保障产品体系

为实现用户体验端到端保障，网丁科技有限公司重点打造了卡顿优化大师产品体系。

1. 卡顿优化大师App

用户在观看高清视频时经常会遇到卡顿问题，用户既搞不清楚卡顿的原因，也无法消除卡顿，要么盲目投诉，要么放弃观看，严重影响了用户观感。

卡顿优化大师App集视频质量监测、网络端到端诊断、宽带提速/测速、视频传输协议优化等多项先进技术于一身，可实时感知卡顿问题，为用户分析诊断卡顿原因，精确定位问题点，并帮助用户进行网络质量优化、改善卡顿现象，大幅降低了用户投诉量，提升了用户满意度。

例如，因用户当前带宽不足以观看4K视频而导致卡顿时，卡顿优化大师会自动为用户进行宽带提速，将20 Mbit/s带宽提升为100 Mbit/s；因视频传输性能不足而导致的卡顿，卡顿优化大师会自动优化视频传输协议，大幅提升视频下载速率；因用户的户内网络性能不佳而引起的卡顿，卡顿优化大师会指导用户优化无线网络或更换性能差的路由器；因运营商网络拥塞而引起的卡顿，卡顿优化大师会引导用户向运营商申告问题。

2. 视频质量管理平台

当前，视频终端厂商、视频服务商面临大量视频卡顿类投诉，由于缺乏有效的视频质量监测和管理手段，只能被动地接受卡顿用户的投诉，无法采取主动维护服务的措施。

视频质量管理平台通过部署在终端上的软探针，监测终端用户的视频体验，为企业提供视频业务质量监测和质差精准定位手段，指导企业在视频业务运营的过程中进行主动维护与优化视频质量。

视频质量管理平台采用大量先进的探测技术，如新一代智能探针技术，并且采用先进的 AI 机器学习技术，具备自主思考能力，能够根据感知态势决策监测行为；端到端智能检测新技术能够高效地进行网络路径探测，减少路径盲点，通过机器算法自动发现故障或质差段落。

通过新技术的运用，对于卡顿、黑屏、起播时间长等体验劣化问题，视频质量管理平台可精确定位质差环节，包括终端的批次质量问题、家庭网络性能问题、运营商网络质量问题、CDN 节点性能问题、跨网访问问题、视频源问题等。视频服务相关企业可以有针对性地采取主动维护手段进行优化，或协调合作方进行整治，从而有效提升视频体验质量，提升用户的满意度和品牌竞争力。

3. 智能管道能力平台

智能管道能力平台由 3 个部分组成：宽带智能提速统一平台、宽带测速能力平台和视频传输协议优化引擎。

宽带智能提速统一平台为业内独有，已覆盖三大运营商上亿宽带用户，实现了“一点接入全网覆盖”，可为用户提供实时宽带提速服务，包括下行提速和上行提速，可满足高品质视频的带宽要求，大大提升用户的视频体验。通过宽带智能提速，用户可以体验更高质量的视频，从而吸引用户购买视频服务套餐包或升级为更高带宽的资费套餐，以实现视频服务商、电信运营商的多方共赢。

宽带测速能力平台可向公众用户和业界合作方提供优质的测速服务。目前，该平台已在全国部署了上百个测速节点，覆盖所有运营商网络，可满足海量用户并发测速。该平台运用了先进的高带宽、小流量测速技术和智能调度技术，技术水平和节点规模在国内处于领先地位。

视频传输协议优化引擎采用目前业内领先的传输协议优化技术，可显著提升视频下载速率。例如，用户虽然拥有 100 Mbit/s 的宽带线路，但观看 4K 视频的下载速率只有十几兆比特每秒，通过视频传输协议优化引擎，可将 4K 视频下载速率优化到 50 兆比特每秒以上，可以让用户流畅地观看 4K 视频，不会出现卡顿情况。

智能管道能力平台将上述三者有机结合，可以为卡顿优化大师 App 或厂家的视频体验保障服务提供强大的智能管道加速能力，显著减少卡顿等体验类问题的发生。

（三）大力推进“高清视频防卡顿计划”

为了提升 OTT 视频的用户体验，在视频体验联盟的指导下，网丁科技依托卡顿优化大师平台，联合视频终端厂商、视频服务商、网络运营商等企业，在业内启动了“高清视频防卡顿计划”。卡顿优化大师平台的体系化服务为视频服务链上的各类企业提升视频体验提供了有效的支撑手段，显著提升了企业的视频服务品质，获得了合作方的高度认可。

目前，业内大部分视频终端厂家和视频服务商都参与了该计划，卡顿优化大师系列产品得到了广泛应用；同时该计划也受到了网络运营商的重视，为网络品质优化提供了有效支撑。到 2018 年年底，“高清视频防卡顿计划”已拓展到国内主要的视频终端厂家和视频服务商，并实现与电信、移动、联通、广电 4 大运营商的广泛合作。

三、成效

卡顿优化大师平台自 2017 年年底推出至今，获得了业内的广泛认可。随着“高清视频防卡顿计划”的推进，网丁科技已与业内大部分主流视频终端厂家和视频服务商开展了合作，产品覆盖 1 亿多宽带用户，已累计为超过 3000 万用户提供了视频体验提升服务，成为业内领先的视频体验保障平台。通过广泛实践，网丁科技取得了以下几点经验心得。

（一）用户视频消费体验保障的核心是精细化管理

用户视频体验涉及终端、家庭网络、互联网、业务平台等环节，这些环节涉及用户、终端厂商、网络设备商、电信运营商、CDN 服务商、视频服务商等角色。各种复杂的环节和角色交织在一起，只有通过精细化管理，贯彻发现问题、分析问题、解决问题的闭环管理思路，协调各方共同努力提升网络端到端性能，才能在整体上提升用户的视频体验。

（二）推进产业链共赢是提升用户视频消费体验的核心驱动力

视频体验联盟及网丁科技通过大量调查，发现在视频产业链当中，各类生产型企业和服务型企业对用户体验的认知程度参差不齐，凡是高度重视用户体验的企业，往往市场发展很好；而观念落后、不重视用户体验的企业，市场发展则处于停滞、萎缩状态。例如，一些发展较好的视频终端厂家，只要客户投诉视频质量问题，不管是不是终端的问题，都要想方设法地帮助用户解决，这类厂家的市场占有率相应更高。不过，这些企业虽然对视频用户体验高度重视，但由于缺乏相应的支撑手段，不能在端到端视野上推动整个视频质量的提升。因此，在视频体验联盟的指导下，网丁科技有必要推动产业链中的各类企业依托服务平台，开拓端到端的视野，使企业之间互相沟通、互相学习、互相帮助、互相促进，共同提升用户视频消费体验，从而促进用户满意度、企业效益、行业水平共同提升，实现共赢。

（三）用户在信息消费过程中应享有知情权和自主权

对于用户在视频信息消费过程中遇到的卡顿等体验类问题，企业应该让用户有知情权，能够搞清楚问题产生的原因；同时，提供自服务手段供用户选择：用户可以在指导下自行解决问题，或使用直接优化手段，或寻求第三方的帮助间接解决问题。例如，对于用户家庭网络的问题，用户可以通过指导自行进行组网优化，也可以寻求第三方专家的帮助，上门进行有偿组网优化服务；对于宽带不足的问题，用户可以直接使用智能提速提升带宽，也可以向运营商购买更高带宽的套餐。

在信息消费的过程中，让用户充分享有知情权和自主权，既能促进用户消费水平的提高，又能促进企业服务水平和经济效益的提升，通过用户驱动整条产业链的健康发展。